AF533724

Gerd Wolfgang Sievers

La Cucina Veneziana

Küchengeheimnisse Venedigs
vom Centro Storico bis in die Lagune

Gerd Wolfgang
Sievers

la cucina veneziana

Küchengeheimnisse Venedigs vom Centro Storico bis in die Lagune

braumüller

Bibliografische Information der Deutschen Nationalbibliothek
Die Deutsche Nationalbibliothek verzeichnet diese Publikation in der Deutschen Nationalbibliografie; detaillierte bibliografische Daten sind im Internet über http://dnb.d-nb.de abrufbar.

1. Auflage 2018

Servitengasse 5, A-1090 Wien
www.braumueller.at

Fotos: Gerd Wolfgang Sievers
Andere Quellen: Cover: shutterstock/©freeday, S. 86: shutterstock/©EQRoy, S. 128, 137: © Taverna La Fenice, S. 138: shutterstock/©Laurie Search, S. 241: shutterstock/©Mattia B, S. 317: shutterstock/©5PH, S. 328: shutterstock/©Oleg Znamenskiy, S. 336: shutterstock/©ChiccoDodiFC

Druck: EuroPB, Dělostřelecká 344, CZ 261 01 Příbram
ISBN 978-3-99100-227-7

Für meine venezianischen Freundinnen und Freunde

Inhalt

DOLCI & LIQUORI

Zum Buch

Eines gleich vorweg: Dieses Buch ist kein Kochbuch im herkömmlichen Sinne und es ist auch kein Restaurantführer. Sicher, es geht um die venezianische Küche und ihre Rezepte samt deren Schauplätzen, jedoch nicht um eine Ansammlung von einzelnen Küchenanleitungen, sondern vielmehr um die Geschichten, welche sich dahinter verbergen. Es handelt sich hierbei also um ein Lesebuch, das nicht nur einen Einblick in die Töpfe der Serenissima geben will, sondern auch in das gesellschaftliche und gerichtliche Umfeld, in dem die großen Klassiker der venezianischen Küche entstanden sind.

Immer wieder ist davon zu hören und zu lesen, dass die Küche Venedigs nur mehr ein Fragment dessen sein soll, was zur Hochblüte der Serenissima aufgetischt worden ist. Nun, das mag in Einzelfällen stimmen, aber erstens wurde diese großartige Küche des Mittelalters nur von einigen wenigen Patrizierfamilien genossen, während das venezianische Volk in bitterer Armut lebte. Zweitens hat sich die Küche bei näherer Betrachtung gar nicht so sehr gewandelt wie man denken mag. Das, was die venezianische Küche berühmt gemacht hat, war zu keiner Zeit eine populäre Volksküche, wie es beispielsweise die böhmisch-österreichische Küche war und ist, sondern schon immer ein politisches Mittel um Potenz, Macht und Einfluss zu dokumentieren.

In jenen Zeiten, als Venedig eine Kolonialmacht war, mit Monopolen auf Zucker, Gewürzen und anderen Luxusgütern, liegt das auf der Hand. Seit dem Verlust der Kolonialmacht um die Jahrhundertwende zum 15. Jahrhundert, verlegte sich die Serenissima mehr und mehr auf die Einnahmen aus dem Tourismusgeschäft. Die Zurschaustellung von eigenem Reichtum wich mehr und mehr der gastronomischen Notwendigkeit, große Menschenmengen verköstigen zu können. Das Prahlen mit opulenten und verschwenderischen Tafeln mutierte dahingehend, dass das Essen mehr und mehr zur Einnahmequelle wurde und somit wirtschaftlichen Zwängen unterworfen war. Dies führte unabwendbar dazu, dass die Zutatenlisten der Rezepte immer weiter rationalisiert wurden – zumindest, was die allgemeine Küche betraf.

Wenn man sich das gastronomische Venedig der letzten dreißig Jahre ansieht, so könnte man auf den ersten Blick den Eindruck gewinnen, dass man es mit einer einzigen großen Massenkantine zu tun hat. Pizza, Pasta und Sandwiches wie Tramezzini und Panini bestimmen das gastronomische Bild, die kleinen Happen namens *cicchetti* gelten schon als „Spezialität".

Die Gründe dafür sind vielfältig. Zum einen trifft die traditionelle venezianische Küche, die weniger auf Fisch, sondern mehr auf Fleisch und vor allem auf Innereien basiert, nicht den Massengeschmack der Touristen und wäre somit nicht mehrheitsfähig. Zum anderen gibt es die Erwartungshaltung der Touristen, die auf der einen Seite nur möglichst wenig Geld für Essen ausgeben wollen, aber auf der anderen Seite – wenn es mal etwas Feineres sein darf – erwarten, guten Fisch und frische Meeresfrüchte zu bekommen. Diese Erwartungshaltung führte schließlich dazu, dass sich die Küchen der Serenissima dem internationalen Einheitsgeschmack unterordneten und die eigene Identität mit der Zeit aufgaben.

Die traditionelle Küche Venedigs wurde letztlich nur mehr in einigen wenigen Osterien gepflegt, in die sich kaum ein Ortsfremder verirrte, oder ist in einer Handvoll teurer Luxusrestaurants erhalten geblieben. In den 1980er- und 1990er-Jahren war das besonders schlimm, in den letzten zehn Jahren hat sich das kulinarische Bild gebessert und immer mehr Lokale trauen sich mittlerweile wieder, Innereien, Schnecken, Frösche und andere heimische Spezialitäten aufzutischen. Das Schöne daran ist, dass es nicht nur die berühmten Restaurants der Stadt sind, welche sich der Tradition verpflichtet fühlen, sondern auch die einfachen *bacarì* und Osterien.

Seit ich denken kann, faszinieren mich drei Städte aus kulinarischer Sichtweise ganz besonders und zwar Wien, Triest und Venedig. Dieses kulinarische Dreieck halte ich für eine der spannendsten kulinarischen Regionen der Welt, nicht nur aus genießerischer Sichtweise, sondern insbesondere aus geschichtlicher. Seit meiner Kindheit habe ich neben dem Kulinarischen ein Faible für Kunst, Kultur und Kurioses. Von journalistischer Neugier getrieben, tauchte ich immer wieder hinab in die zum Teil doch sehr skurrile gesellschaftliche Welt dieser Städte. Das dort Erlebte behielt ich nicht für mich, sondern erzählte es – zumeist in lockeren weinseligen Runden – Freunden und Bekannten. Und weil die Geschichten gefielen, war schnell die Idee geboren, diese in einem Buch zusammenzufassen, womit der Grundstein für dieses Buch gelegt war.

Der Titel „*La Cucina Veneziana* – Küchengeheimnisse Venedigs vom Centro Storico bis in die Lagune" war schnell gefunden, ebenso das Konzept: Anhand von Rezepten und deren Geschichten ermögliche ich eine neue Sichtweise auf die Serenissima und deren Einwohner. Es geht nicht darum, die Geschichte neu zu schreiben, sondern darum, das Leben in dieser einzigartigen Stadt aufzuzeigen. Im Falle der Serenissima ist das ganz besonders spannend, denn kaum eines der typischen Regionalrezepte ist rein „zufällig" entstanden. Alle hatten ihre Legenden, ihre Ursprungsgeschichten und fast immer fand sich ein Grund dafür, warum genau dieses Rezept an exakt diesem Ort so gekocht wurde.

Es war schlichtweg faszinierend; je mehr ich mich mit der Küche der Serenissima befasste, desto mehr griff das eine in das andere, bis sich ein sehr homogenes sozialpolitisches Bild des Venedigs herauskristallisierte. Am meisten überrascht war ich über den Sachverhalt, dass sich – zumindest was den erlauchten Kreis der alten venezianischen Familien betrifft – in den letzten Jahrhunderten scheinbar relativ wenig verändert hat. Gänzlich anders sieht es aber bei der kulinarischen „Basis" aus, denn das Volk und das Bürgertum essen heutzutage bedeutend besser als in vergangenen Zeiten. Und auch was die Hygiene der Stadt betrifft, hat sich einiges zum Guten gewandelt, denn niemand Geringerer als Johann Wolfgang von Goethe lästerte über die Venezianer: „Wenn sie nur ein wenig sauberer wären …"

Die kulinarische Spurensuche, auf die ich mich begab, führte mich bis in die Römerzeit zurück – mit vielen Einblicken in ein geschmackliches Universum, das einen überwältigenden Bogen vom Orient in den Okzident spannt. Doch erst im 11. Jahrhundert entwickelte die Serenissima das, was wir heute als venezianische Küche bezeichnen. Angetrieben durch die hochentwickelte Küche von Byzanz, kreierte die Serenissima eine eigene Stilistik. Mit dem Handel kamen neue Zutaten in die Stadt und mit den Händlern neue Techniken und Zubereitungsformen. Das verhältnismäßig tolerante, weltoffene und liberal eingestellte Venedig nahm all diese Einflüsse auf, kopierte sie aber nicht, sondern kombinierte sie zu etwas Eigenem, etwas Neuartigem und Authentischem.

Das war kein Zufall, Venedig war seit jeher bestrebt, eigene Wege zu gehen – und mit dem Essen ließ sich das wunderbar nach Außen darstellen, ohne ein einziges Wort darüber zu verlieren. Essen als diplomatisches Mittel einzusetzen, war nicht neu, aber die venezianische Art und Weise dies zu tun schon. Eine gehörige Portion Egoismus setzte der ganzen Sache den i-Punkt drauf, denn den engagierten und zielorientierten venezianischen Kaufleuten waren nahezu alle Mittel recht, um ihre Konkurrenten aus dem Weg zu räumen. Als es ihnen schließlich gelang, mit dem emilianischen Comacchio einen der wichtigsten Nebenbuhler in Sachen Salz und Handel aus dem Feld zu schlagen, führten die traditionellen Handelsrouten nunmehr allesamt durch die Serenissima. In kurzer Zeit stieg der einst so verschlafene byzantinische Vorposten zu einer der mächtigsten Handelsmetropolen aller Zeiten auf.

War es vor dem Emporkommen der Serenissima üblich, nur eine Karawane pro Jahr abzuwickeln, so durften in Venedig ab sofort vier Karawanen die Dogana am Canal passieren und ihre unvorstellbar wertvollen Güter aus dem vorderen Orient, aus Zentralasien, Indien und dem Fernen Osten abladen. Dazu kamen die Reichtümer der griechischen Kolonien, Afrika und dem westlichen Mittelmeerraum. Gewürze, Zucker, Salz, Wein, Seide, Gold, Silber und Edelsteine wurden umgeschlagen und mit zehnfachem Aufschlag nach Nord- und Westeuropa exportiert. Auf viele Güter hatte Venedig ein Monopol, insbesondere auf Zucker und exotische Gewürze, das bis in die Zeit der großen Entdecker (allen voran Vasco da Gama, der das Geheimnis um die Molukken, die sogenannten Gewürzinseln, von denen Muskatnuss und Nelke herstammen, lüftete) anhielt und für dauerhafte Einkünfte sorgte, die es der Serenissima ermöglichten, eine sehr teure und aufwendige Außen- und Innenpolitik zu finanzieren.

Eine der Leidenschaften der Serenissima wurde der Erlass von Gesetzen und Verordnungen, die zum Großteil erhalten geblieben sind. So können wir heute nachvollziehen, dass eine besondere Verordnung der Stadtverwaltung enormen Einfluss auf die Küche nehmen sollte: Diese erlaubte es den in der Stadt ansässigen Ausländern, jeweils einen Brauch und eine Eigenheit ihres Heimatlandes beizubehalten und auszuüben. Insbesondere die venezianischen Köche zeigten sich aufgeschlossen und erweiterten ihr Küchenrepertoire mit Nelken, Muskat, Zimt, Ingwer, Galgant oder exotischem Rosenwasser. Aber auch Spinat, Rosinen, Auberginen, Pinienkerne, Mandeln oder Dörrobst kamen aus der arabischen Welt in die Nordadria und ultimo, ma non per importanza die Artischocken, welche zum Wahrzeichen der Insel Sant'Erasmo werden sollten.

Auch der Wert von Festen zum Erhalt des sozialen Friedens war den Stadtvätern sehr wohl bekannt – gleichzeitig erlaubten derartige Anlässe, sich nach außen als liberal und weltoffen zu präsentieren (ohne es tatsächlich zu sein). Zeugnis davon geben die vier großen Stadtfeste, die der Doge jedes Jahr ausrichten ließ und die zum Großteil bis heute praktiziert werden: Es sind dies der 25. April (Tag des Stadtpatrons San Marco), der 15. Juni (San Vito e Modeste), der 30. September (San Gerolamo) und Christi Himmelfahrt, das eine besondere Bedeutung erlangen sollte. Der Doge lud nicht nur die Patrizier der Stadt ein, sondern auch Regierungsbeamte, Diplomaten und eine Hundertschaft von einfachen Arsenalarbeitern. Sorgsam nach sozialer Herkunft abgestuft, saßen die Geladenen in verschiedenen Sälen des Dogenpalastes und bekamen ein ihrem Rang entsprechendes Mahl vorgesetzt. Doch nicht allein die Speisen standen im Mittelpunkt des Geschehens, sondern auch das gemeinsame Tafeln in ausgelassener Runde – ein Brauch, der im heutigen Venedig zwar immer noch gerne praktiziert wird, aber dennoch leider immer mehr der neuzeitlichen Hektik zum Opfer fällt und daher mehr und mehr in Vergessenheit gerät.

Anfangs sollte dieses Buch rund achtzig Rezepte und ihre Geschichten vorstellen. Da die Serenissima allerdings sehr viel zu erzählen hat, wurde das Material derart umfangreich, dass nun insgesamt mehrere Bücher dazu erscheinen werden.

Im vorliegenden Buch *La Cucina Veneziana* liegt der Schwerpunkt auf dem gesellschaftlichen Venedig, auf dem, was ihr den Beinamen „Allerheiterste“ eingebracht hat. Es geht um die Geschichten und Legenden, um das Leben und Lieben in der Stadt und um die großen Protagonisten, die uns diesen Lebensstil dankenswerterweise literarisch überliefert haben. Aber auch der Stadtverwaltung muss ein Dank ausgesprochen werden, denn die Serenissima sammelt seit Jahrhunderten alles an Akten und Informationen, was irgendwie von Bedeutung sein könnte. Dabei ist es vollkommen egal, ob es sich um einen Kaufvertrag, eine Heiratsurkunde, ein Gerichtsurteil oder ein „einfaches“ Verhör handelte – alles wurde aufgezeichnet, denn die Venezianer hatten (und haben bis heute) zwei Leidenschaften: sammeln und zählen. Aus diesem Grund ist es nach wie vor möglich, einen einzigartigen Blick hinter die Kulissen einer der traumhaftesten Fassaden der Welt zu erlangen. Selbstredend, dass nicht alles Gold ist, was glänzt, aber spannend ist es allemal.

Im nächsten Buch über die Serenissima wird das politische und kaufmännische Venedig, welches das Essen auch immer als Teil einer (Macht-)Inszenierung angesehen hat im Mittelpunkt stehen. Denn in einem Punkt war die Serenissima (milde ausgedrückt) immer sehr konsequent: beim Durchsetzen eigener Interessen.

Und nun verbleibt mir nur mehr der geneigten Leserschaft viel Vergnügen zu wünschen – stellen Sie sich einfach vor, dass wir in einem gemütlichen *bacaro* stehen und bei *ombra* und Prosecco über „Gerichte mit Geschichte“ plaudern … und mit ein wenig Fantasie erwachen all die Figuren aus der Vergangenheit wieder zum Leben und geben das Erlebte und Geliebte preis.

Herzlichst,
Ihr – Euer Gerd Wolfgang Sievers

Antipasti, cicchetti & Co

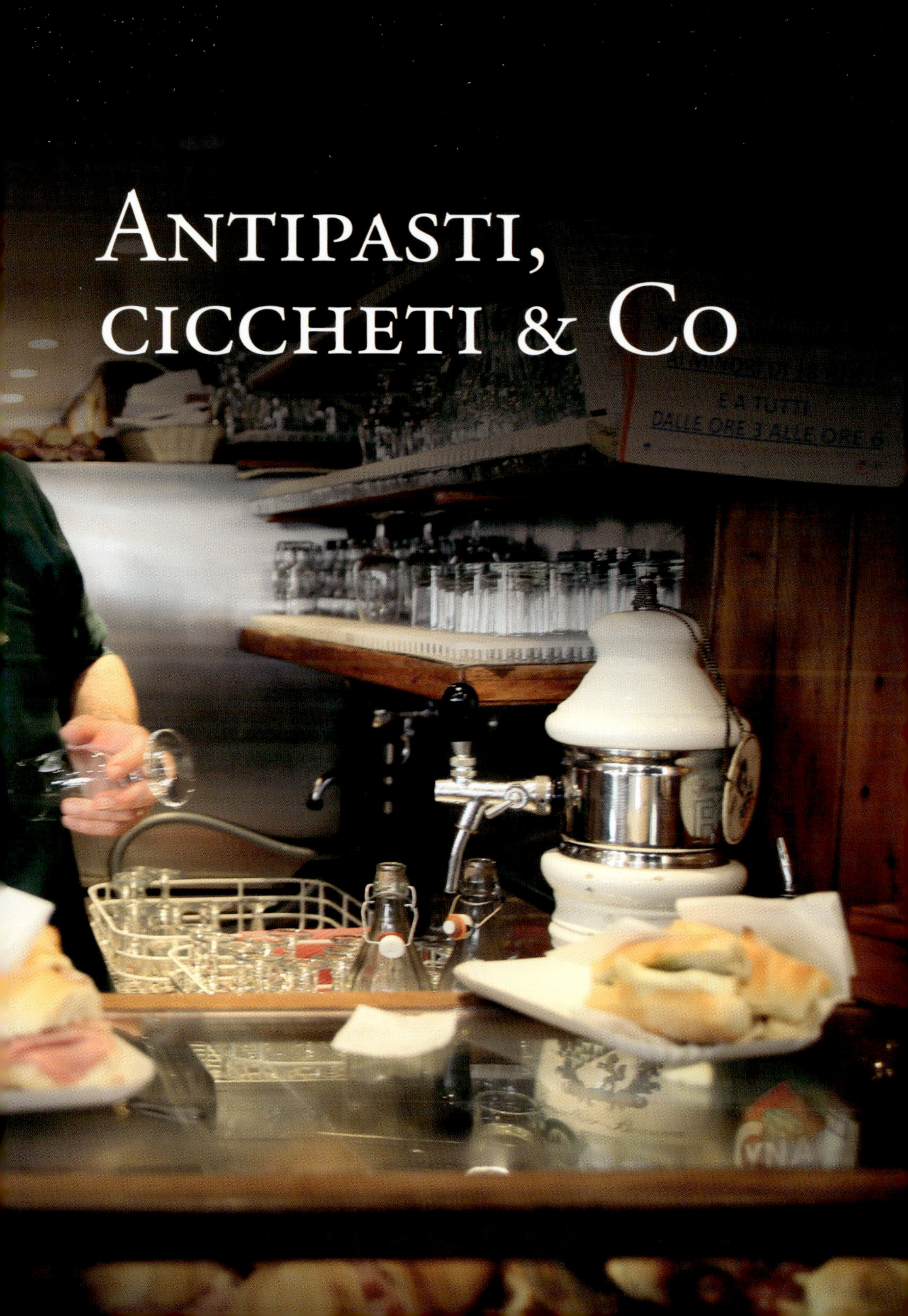

BACCALÀ
W P da "TECIA"
AL KG
€ 34,00

Baccalà mantecato

Der *baccalà mantecato* gehört zu den wichtigsten historischen Rezepten der Serenissima, wenn er nicht überhaupt das wichtigste Rezept schlechthin ist. Was soll man über ein Rezept schreiben, um dessen Originalität und „Schutz" sich eine ganze Bruderschaft kümmert? Schwierig zu beantworten, wenn man als Autor selbst Mitglied der *dogale confraternita del baccalà mantecato* ist. Mein Freund Stefano von der Osteria Da Poggi war es, der mich vor vielen Jahren in diese kulinarische Loge brachte. Tolle Gourmetabende durfte ich seitdem erleben, egal ob in der Ristoteca Oniga mit ihrer traditionell geprägten Küche oder im Ristorante Wagner del Casinò di Venezia (benannt nach Richard Wagner, der hier im Palazzo Vendramin Calergi nach einem allzu wilden Liebesspiel mit seiner Geliebten Carrie Pringle an „Herzanfall aufgrund einer Ekstase" verstarb, wie der Arzt später wörtlich diagnostizierte), es waren immer wunderschöne und stilvolle Abende, bei denen selbstverständlich der Stockfisch im Mittelpunkt stand – und natürlich durfte niemals besagter *baccalà mantecato* fehlen.

Lange war man der Ansicht, dass der Name *mantecato* vom spanischen Wort *manteca* (= Butter) abstammen würde, weil die Spanier in Gestalt der *brandade* eine ähnliche Stockfischcreme kennen – mehr noch, man vertrat die These, dass das Gericht überhaupt aus der spanischen Küche übernommen worden sei. Grund dafür war der unsägliche Umstand, dass die Venezianer seit einigen Jahrzehnten aus dem gewässerten und gekochten Stockfisch eine cremig weiße Masse herstellen, die sowohl der Mayonnaise als auch der spanischen *brandade* ähnlich ist. Das Unsägliche dabei ist, dass diese cremig-homogene Konsistenz weder original noch originell ist – nur optisch ist die schneeweiße Creme attraktiv! In Wahrheit wird der venezianische *baccalà mantecato* nicht mit dem Schneebesen und schon gar nicht mit dem Mixer zubereitet, sondern mit einem schlichten Holzlöffel geschlagen! Das Ergebnis ist dann ein ganz anderes; zwar wird die Masse grundsätzlich ebenso schön cremig, beinhaltet aber auch gröbere Stücke darin, die für den perfekten Geschmack sorgen – diese unregelmäßige Konsistenz bekommt man eben nur mit einem Holzlöffel zustande. Und deshalb ist es unwahrscheinlich, dass die Bezeichnung *mantecato* von der spanischen *manteca* abstammt, zumal das Wort *mantecato* wörtlich übersetzt nichts anderes als „(glatt) verrührt" bedeutet.

Der *baccalà mantecato* ist im heutigen Venedig omnipräsent und gehört somit zu den wenigen Traditionsgerichten, die tatsächlich noch in (halbwegs) ursprünglicher Form verkostet werden können. Jede Osteria, jede Taverne und jedes gute Restaurant (sowieso!), die etwas auf sich und ihre Küche halten, wird das Stockfischpüree im Angebot haben. Und jedes Lokal wird versichern, dass der Stockfisch selbstverständlich hausgemacht ist – und das trifft in den allermeisten Fällen sogar wirklich zu. Das bedeutet aber auch, dass die Creme überall ein wenig anders schmeckt. Daher sollte man wissen, welche Merkmale einen echten *baccalà mantecato* auszeichnen: 1. Das Püree darf nur mit der Hand und einem Löffel, niemals mit einer elektrischen Küchenmaschine verarbeitet werden. 2. Gewürzt wird das Püree ausschließlich mit Knoblauch, Salz und wenig weißem Pfeffer, allenfalls etwas Petersilie ist als Garnitur erlaubt. 3. Das Wichtigste: Nur ein leichtes, mildes und nur leicht aromatisches Olivenöl extra darf an den Fisch – vorzugsweise eines vom Gardasee (die schweren oder bitter-scharfen und daher zweifelsohne sehr hochwertigen Öle aus Istrien, dem Friaul oder gar der Toskana kommen für einen echten *baccalà mantecato* nicht infrage). Und ultimo, ma non per importanza wird das Püree 4. im Original ausschließlich mit Brotscheiben vom Vortag oder mit einem Stück weißer oder gelber Polenta genossen – in Tramezzini oder Ähnlichem hat der *baccalà* nicht wirklich etwas zu suchen.

Der *baccalà mantecato* wird in Venedig zwar das gesamte Jahr über gerne genossen und daher angeboten, dennoch schmeckt er im Winter besonders gut – schließlich ist der getrocknete Kabeljau ein traditioneller Winterfisch. In Istrien, dessen Küche sehr von der venezianischen geprägt worden ist, sieht man das anders, denn hier ist das Stockfischpüree ein traditionelles Gericht für Weihnachten.

Der geneigte Leser wird sich nun die ganze Zeit über gefragt haben, warum denn ausgerechnet ein konservierter Fisch und dann noch nicht einmal ein heimischer aus der Lagune zur kulinarischen Ikone der venezianischen Fischküche werden konnte. Da liegt das Meer mit all seinen Köstlichkeiten, im wahrsten Sinne des Wortes, direkt vor der Haustür und dennoch lieben die Venezianer einen Fisch, der aus Tausenden Kilometern Entfernung stammt. Denn nicht der nähergelegene portugiesische (stark eingesalzene) Klippfisch ist des Venezianers Leidenschaft, sondern der (eher ungesalzene) nordische Stockfisch – den liebt man hier im Nordosten Italiens so sehr, dass man nur in der Region Venetien heutzutage fast 80 Prozent der gesamten norwegischen Jahresproduktion verbraucht. Nun weiß man, dass die Norweger das Trocknen von Fischen bereits seit dem 8. Jahrhundert praktizieren und daher besonders gut beherrschen, doch das ist nur ein Grund, ein anderer – wesentlich wichtigerer– findet sich in der venezianischen Seefahrergeschichte:

In Venedig ist der *baccalà* seit Mitte des 15. Jahrhunderts bekannt. Er wurde von einem gewissen Pietro Querini, Patrizier und Kapitän der Löwenrepublik, in Norwegen entdeckt und über abenteuerliche Wege nach Venedig gebracht.

Querinis Reise zum *baccalà* – und damit unsere Geschichte – nahm am 25. April 1431 (also am Markustag) in Kreta ihren Anfang. Dort hatte Querini mit seiner Mannschaft edelste Güter gebunkert: aromatischen kretischen Wein, Pfeffer und andere duftende Gewürze, Kaffee, Baumwolle, Gobelins und Glas. Die Ware war für nordische Händler bestimmt, genauer für Händler der Hanse, der ersten Europa umspannenden Handelsorganisation, die als Grundlage der Europäischen Union angesehen werden kann. Es war eine waghalsige Reise, denn ein einsames, schwer beladenes Handelsschiff war nicht nur eine willkommene Beute für Piraten, sondern auch für Konkurrenten, insbesondere für kastilische oder englische Freibeuter.

Etwa auf der Höhe des heutigen Cádiz geriet das Schiff zwar nicht in die Hände von „Feinden", aber in einen heftigen Sturm. Zuerst brach das Ruder, dann der Mastbaum und das Schiff geriet außer Kontrolle. Ohne die Möglichkeit, dem Unheil entgegenzusteuern, wurde es durch den Sturm nach Norden gedrängt. Mit Müh und Not gelang es der Besatzung, sich in die Beiboote zu retten. Doch der Sturm nahm kein Ende und als das grö-

ßere der beiden Rettungsboote bei den Lofoten (!) kenterte, fanden 54 der anfänglich 68 Seeleute den Tod. Das kleinere Boot wurde gegen die Felsen der Lofoten geschleudert, wo es zerschmetterte, doch die Besatzung konnte sich retten. Hungernd und frierend saßen die Venezianer am Ufer und ernährten sich von Muscheln und Meeresschnecken, als der Sturm plötzlich auch einen riesigen Fisch – später wurde berichtet, dass er über 200 Pfund schwer gewesen sein soll – an Land spülte. Endlich gab es etwas zu essen, doch der Schein war trügerisch, da die Venezianer noch nicht wussten, wo sie waren – denn auf den Lofoten gab es nichts, absolut nichts, wovon man sich ernähren konnte. Schon gar nicht im Winter.

Wie der Überlebende Pietro Querini später dem „Gericht" erklärte, wurden er und seine restliche schiffsbrüchige Besatzung am 6. Januar 1432 von Fischern der nahe gelegenen Insel Røst gefunden und aus der Notsituation gerettet. Ganze 110 Tage verbrachten sie bei den Fischern, die sie ernährten und pflegten, bis ihre angeschlagene Gesundheit so weit wiederhergestellt war, dass sie die beschwerliche Heimreise antreten konnten. Vom Oktober 1432 bis zum Januar 1433 dauerte die Reise durch die deutschen Lande, bis sie schließlich Venedig erreichten. Hier verfasste Querini einen umfassenden Bericht, der auch viele Details über das damalige Leben der Fischer auf den Lofoten verrät. Es ist das erste venezianische Dokument, in dem der Stockfisch erwähnt wird.

Querini schreibt davon, dass sich die Bewohner hauptsächlich von Fisch ernährten, weil es keine Früchte gebe, und dass es drei Monate im Jahr (Juni, Juli, August) immer hell sei und die Sonne nicht untergehe dafür aber in den entgegengesetzten Monaten ständige Dunkelheit herrsche. Es ist von Unmengen an Fischen die Rede, welche bewundernswerte Größen erreichen würden. Die Fischer würden sie im Überfluss aus dem Meer holen und den *stocfisi* im Wind ohne Salz trocknen, wobei die Fische hart wie Holz werden würden. In große Fässer verpackt würden sie dann gehandelt, meist aber getauscht in Gegenstände, die die Fischer bräuchten – den großen Gewinn würden die Händler dann in England und Deutschland machen. Querini berichtet auch darüber, wie der Stockfisch ursprünglich gegessen wurde; man hat einfach mit einer Axt auf den getrockneten Fisch eingeschlagen und die dadurch entstandenen Splitter gegessen (vom Kochen ist in Querinis Bericht keine Rede).

Wie es damals üblich war, musste der Kapitän Rede und Antwort stehen – schließlich hatte er eine ganze Schiffsladung wertvoller Fracht verloren. Und all die Antworten wurden penibel aufgeschrieben und zusammen mit den Aussagen der anderen Überlebenden im Staatsarchiv eingelagert, weshalb wir die Geschichte heute ziemlich genau nachvollziehen können.

Die Venezianer hatten eine neue Handelsware, sie kannten nun den Stockfisch und seine Vorzüge als Konserve. Zudem wussten sie, dass er (damals) in schier unbegrenzten Mengen verfügbar war und als wertvolles Handelsgut durchaus einen beträchtlichen Wirtschaftsfaktor darstellte – da stellt sich doch die Frage, warum aßen sie ihn damals (zumindest noch) nicht? Salopp gesagt: Wer was auf sich hielt, aß keinen Fisch. Patrizier, hohe kirchliche Würdenträger sowie Beamte oder auch vermögende Bürger schlemmten Fleisch und Geflügel, aber kaum Meeresfrüchte und Fische. Der Grund ist das bekannte menschliche Phänomen des kulinarischen Snobismus: Was im Überfluss vorhanden ist, dient allenfalls als Grundnahrung für die Massen, aber wer es sich leisten kann, isst teure Importware. Das war damals so und ist bis heute nicht anders. Im Venedig des 15. Jahrhunderts gab es praktisch alles, was das gastronomische Herz verlangte – nur war Fleisch (obwohl auch in der Lagune Viehzucht betrieben wurde) eben nicht im Überfluss vorhanden und somit das teuerste Nahrungsmittel und ein Statussymbol.

Mit dieser Information stellt sich die nächste Frage: Was war ausschlaggebend dafür, dass dann ausgerechnet der *baccalà* zur Ikone werden konnte? Die naheliegende Antwort wäre auch in diesem Fall, dass der Stockfisch

eine teure Importware gewesen ist. Doch dann wäre er ja relativ bald zum Kultstatus erhoben worden, nicht erst mehr als hundert Jahre nach seinem ersten Eintreffen in Venedig. Es war also etwas anderes, das den *baccalà* derart bedeutend werden ließ.

Die Antwort auf die Frage finden wir im Jahre 1563. Während des Konzils von Trient im Dezember des Jahres, wurden einschneidende Neuerungen beschlossen. Die Kirchenväter waren der Ansicht, sie müssten sich mehr und mehr in das weltliche Leben und in die Bedürfnisse ihrer Schäfchen einmischen und beschlossen daher, dass umfangreiche Fastenzeiten gerade für jene gesundheitlich nützlich seien, welche die meiste Zeit des Jahres im Überfluss lebten. Es muss ein harter Schlag für die lebensfrohe Schlemmergemeinde Venedigs gewesen sein, als festgelegt wurde, die Einhaltung der Fastengebote – die zwischenzeitlich mehr oder weniger untergegangen sind und nicht mehr beherzigt wurden – strenger zu kontrollieren. Vierzig Tage vor Ostern und vierzig Tage vor Weihnachten musste nun auf das geliebte Fleisch verzichtet werden und weil man die Fische aus der Lagune sozusagen „über" hatte, genauso wie die in den Sumpfgebieten im Überfluss vorhandenen „Wassertiere" wie Schnecken oder Frösche, mussten Alternativen her – vor allem solche, mit denen man gleichzeitig reüssieren konnte: Somit wurde der teure Stockfisch plötzlich ein begehrtes Gut der Reichen und Schönen sowie des Klerus – frei nach dem Motto, wenn schon Fisch, dann kein preiswerter heimischer, sondern zumindest teure Importware.

Mit einem Schlag wurden Dutzende Rezepte für den aus Norwegen importierten Stockfisch entwickelt und einige von ihnen derart populär, dass sie bis heute nicht nur zur Fastenzeit, sondern das gesamte Jahr über genossen werden. Zu diesen Rezepten gehören allen voran der *baccalà alla vicentina* (hierfür wird gewässerter Stockfisch in einer cremigen Sauce aus Milch, Weißwein, Zwiebeln, Knoblauch, Sardellen, Zimt und Parmesan stundenlang im Ofen geschmort und mit fester Polenta serviert), der *baccalà alla cappuccina* (gewässerter Stockfisch wird in einer Pfanne mit Knoblauch, Petersilie und Milch gegart, bis er weich und zart ist, danach mit Pinienkernen und Rosinen verfeinert) und schließlich der *baccalà mantecato*, das legendäre Stockfischpüree Venedigs (bestehend aus gewässertem und mit Zitrone, Lorbeer und Knoblauch gekochtem Stockfisch, der mit feinem Olivenöl extra ursprünglich zu einem sehr groben Mus, heute einer feinen Creme zerstampft wird und mit etwas Pfeffer und eventuell etwas gehackter Petersilie verfeinert wird – *baccalà mantecato* isst man auf weißen Polentawürfeln oder mit altbackenem Weißbrot), sehr beliebt ist besonders der *baccalà fritto* (früher wurde hierfür gewässerter und leicht vorgekochter Stockfisch mehliert und in Fett gebacken, heute nimmt man meist frische Kabeljaufilets, salzt sie ein und taucht sie in einen Backteig, bevor sie in Olivenöl goldbraun frittiert werden).

Daneben gibt es noch einen weiteren Klassiker der venezianischen Küche, der mittlerweile aber vollkommen in Vergessenheit geraten ist, den *baccalà in turbante*; ein Rezept, das Elemente aus der Küche der sephardischen Juden mit der Küche Venedigs verbindet und gleichzeitig die Verbindung zum Orient darstellt, denn das Gericht kommt in der Form eines großen Turbans auf den Tisch. Die Zubereitung ist einfacher, als man denken mag: Den gewässerten Stockfisch kochen, dann etwas abkühlen lassen, sorgfältig entgräten, häuten und in Stücke schneiden. Das Fischfleisch mit ein wenig Mehl vermischt in reichlich Butter anrösten, dann so viel Milch zugießen, dass man eine feste Creme erhält. Nun blanchierten Spinat hinzufügen und die Mischung mit Eiern legieren; danach mit Salz, Pfeffer und Muskatnuss würzen. Eine runde ofenfeste Tonform mit Butter einfetten, die Masse einfüllen und in ein Wasserbad stellen – im Ofen bei 160–180 Grad garen, wobei die Masse aufgehen wird und anschließend die Optik eines „Turbans“ hat.

Angesichts der Fülle an Stockfisch-Rezepten, die man in Venedig und Venetien kennt, verwundert es schon, dass gerade einmal zwei bis drei von ihnen kultiviert und gepflegt werden. Genau genommen ist im gastronomischen Venedig fast ausschließlich der *baccalà mantecato* existent – der aber dafür flächendeckend. Im großartigen Ristorante Quadri hat mein von mir sehr geschätzter Kollege Massimiliano Alajmo den *baccalà mantecato* in einer vielleicht vollendeten Variante aufgetischt – cremige Konsistenz mit kleinen aromatischen Fischstücken darin und das Püree mit einem Olivenöl angerührt, das schlicht zum Niederknien war! Es ist aber Obacht zu geben, denn neben Stockfischpüree werden im heutigen Venedig auch gerne Fischpürees aus (normalem) Kabeljau, Brassen (vor allem Zahnbrasse und Dorade), Branzino oder auch Makrelen angeboten – sie alle können durchaus formidabel schmecken, doch sie sind eines nicht: echter *baccalà mantecato*.

Baccalà mantecato

1 Stockfisch | 1 l leichtes Olivenöl extra vergine (vorzugsweise ein Öl vom Gardasee | 1 Lorbeerblatt | 1–2 Knoblauchzehen | ½–1 Zitrone | Pfeffer aus der Mühle | Salz | geröstete Weißbrotscheiben oder Scheiben von weißer Polenta

---

Der sonnengetrocknete Fisch (meist Kabeljau oder Dorsch) kann zunächst mit einem Fleischklopfer bearbeitet werden und muss anschließend 2–3 Tage gewässert werden; dabei sollte man das Wasser immer wieder erneuern. (In Venedig kann man gewässerten Stockfisch bereits küchenfertig kaufen.)

Den gewässerten Stockfisch von Gräten und Haut befreien, danach nochmals waschen. In einem großen Topf mit kaltem Wasser, einem Lorbeerblatt, Knoblauch, etwas Salz und einer halbierten Zitrone aufsetzen. Zum Kochen bringen, die Hitze zurücknehmen und den Fisch 10 Minuten garen lassen. Den Fisch herausnehmen und von allen verbliebenen Unreinheiten, Gräten und Hautresten befreien. Das Kochwasser durch ein feines Sieb seihen.

Das sauber filetierte Fischfleisch in Stücke schneiden und in einer Schüssel mit einigen Esslöffeln Kochwasser und ein wenig Olivenöl verrühren (dafür einen Holzlöffel verwenden). Nach und nach (wie bei einer Mayonnaise) das Olivenöl einarbeiten und das Ganze mit einem Schneebesen zu einem cremigen Püree verarbeiten. Man wird mindestens die gleiche Menge Öl einarbeiten (manche Köche nehmen bis zu dem 1,5-fachen), als man an Fischgewicht hat.

Das fertige Fischpüree (es sollte cremig und weiß sein, aber auch kleine Fischfleischstücke beinhalten) mit Pfeffer aus der Mühle und Salz würzen – eventuell noch etwas Kochwasser einarbeiten. Auf gerösteten Weißbrotscheiben oder gegrillten Polentascheiben (aus weißer Polenta zubereitet) servieren.

Tipp: Bei einem Festessen zu *carnevale* habe ich einmal eine Variante genossen, die zwar nicht authentisch sein mag, aber dennoch so ungemein gut gemundet hat, dass sie hier angegeben sein soll: Für dieses Rezept wurde ein Teil des Olivenöls durch süße Sahne ersetzt und das auf gerösteten Brotscheiben angerichtete Püree mit hauchfeinen Streifen von weißer Trüffel garniert.

1323
HARR
HARR

Carpaccio

Eines gleich vorweg: Ich kenne – vom Wiener Schnitzel einmal abgesehen – kaum ein zweites Gericht auf der Welt, dem tagtäglich so viel Unrecht angetan wird wie dem Carpaccio. Was da alles als Carpaccio auf den Speisekarten rund um den Globus angeboten wird, würde Giuseppe Cipriani wohl die Tränen in die Augen treiben. Und selbst in seinem Heiligtum der Harry's Bar, der Geburtsstätte des Carpaccio, wird alles unternommen, das kulinarische Erbe zu stürzen, weil auch hier ein *Carpaccio di salmone* (Carpaccio vom Lachs) angeboten wird.

Das Carpaccio hat seinen Namen einem berühmten Maler namens Vittore Carpaccio zu verdanken, weil Giuseppe Cipriani erstens das spezielle Rot des Rindfleisches an die berühmten Rottöne des Malers Carpaccio erinnerte und zweitens weil Cipriani alle seine Kreationen nach (venezianischen) Künstlern benannt hat – allen voran den vielleicht berühmtesten Cocktail aller Zeiten, den Bellini. Aber nur weil das Gericht seinen Namen dem roten Farbton verdankt, bedeutet das noch lange nicht, dass alles, was irgendwie rot (oder roh) ist, ein Carpaccio sein kann!

Was habe ich im Laufe meiner langen Genuss-Karriere nicht alles an Carpaccio vorgesetzt bekommen: Carpaccio vom Lachs (das ist ja immerhin noch rot), Carpaccio vom Wolfsbarsch oder Dorade, Carpaccio von der Jakobsmuschel oder von Hirsch, Reh, Lamm, Ziege, Gänseleber und was weiß ich nicht alles – zum Teil großartige Speisen, aber allesamt leider kein richtiges Carpaccio.

Giuseppe Cipriani war sich sicherlich nicht bewusst, dass er mit dieser einfachen Speise eines der wichtigsten Gerichte Venedigs auf den Teller gebracht hat. Mein großes Glück war, dass ich essensaffine Erziehungsberechtigte hatte, die zudem Venedig liebten. Aus diesem Grund kam ich schon als Kind mehrmals im Jahr in die Lagunenstadt und unter anderem in Harry's Bar. Schon damals verspürte ich den Drang in mir, dass ich irgendwann einmal Koch werden möchte, und hatte aus diesem Grund die Angewohnheit entwickelt, kurzerhand in jedem Restaurant, Lokal oder jeder Kneipe zu fragen, ob ich mir wohl einmal die Küche ansehen dürfte – so natürlich auch in der Harry's Bar. Der von mir befragte Kellner holte beflissen den Patron des Hauses und so wurde mir die Ehre zuteil, Giuseppe Cipriani höchstpersönlich kennenzulernen – er war damals nur mehr selten da, weil er 1957 das Hotel Cipriani übernommen und seinem Sohn Arrigo die Geschicke der Harry's Bar übertragen hat. Nur ab und an war er noch in seinem Reich. Es war für mich ein unvergesslicher Moment, als mich der Patron an der Hand nahm, um mich in das Reich der Kulinarik zu führen. Giuseppe konnte perfekt Deutsch; er ging nämlich in Schwenningen am Neckar zur Schule, die Familie zog es allerdings mit Ausbruch des Ersten Weltkrieges nach Italien zurück. In der Küche übergab er mich einem seiner Köche, der Deutsch konnte und mir alles erklären sollte, was ich wissen wollte. Nun ja, ich wollte so viel wissen und kosten, dass meine Mutter nach dreißig Minuten kam und meinte, dass sie mich in zwei Stunden abholen würde – kein Problem, meinte ich, ich bleibe gerne auch länger da.

Wir hatten zwar schon „eine Kleinigkeit" gespeist, dennoch war ich nicht abgeneigt, von allem zu kosten, was mir vorgeschlagen und empfohlen wurde – so schulte ich meinen Gaumen beispielsweise an endgültig flaumigen *polpetti*, unvergleichlichen Sandwiches (von Urzeiten an eine der Säulen der Harry's Bar), Risotto, Carpaccio und noch ein paar *dolci* (insbesondere das Eis ist in der Harry's Bar legendär). Ich erfuhr alles, was ich wissen wollte – nur keine Rezepte. Der Patron Giuseppe gab keine Rezepte heraus, ausnahmslos niemandem und daran hatte sich auch das Personal zu halten. Erst viel später erfuhr ich warum, denn es lag an einer schlechten Erfahrung: Giuseppe hatte einmal ein Scampi-Rezept hergegeben und das zutiefst bereut. In der Folge wurde es derart verunglimpft, dass die Leute – im Glauben, das unfassbar schlechte Rezept sei von hier – das Scampi-Gericht auch nicht mehr in der Harry's Bar bestellten.

So habe auch ich zwar kein Rezept erhalten, konnte aber mit eigenen Augen und Ohren viel mitnehmen. Das Carpaccio beispielsweise wurde nicht von tiefgefrorenem Fleisch geschnitten, sondern von einem in ein Tuch gewickeltes Filet, das zwischen Eisblöcken gut gekühlt wurde und dann mit dem Messer – wie Schinken – aufgeschnitten wurde. Der Risotto wurde nicht jedes Mal frisch gemacht, sondern eine Basis aus Reis, Brühe und Butter angesetzt, die dann später in wenigen Minuten mit den jeweils gewünschten Ingredienzien weiterverarbeitet und vollendet wurde. „Risotto, Brodo, Burro" wurden zu geflügelten Worten der Harry's Bar. Ich bekam noch ein Buch geschenkt – *L'angolo dell'Harry's Bar* – und wurde dann von meiner leicht erzürnten Mutter in Empfang genommen – der Sohnemann war nämlich aufgrund einiger alkoholhaltiger Eisgetränke leicht „angeschlagen" und daher kaum im Stande zu folgen …

Seit dieser Zeit wurde die Harry's Bar für mich zu einer Art Wohnzimmer, doch nur höchst selten zum Speisesaal. Ich trinke und plaudere hier gerne mit Leuten, ich arbeite hier an meinen Büchern (insbesondere jene über Venedig sind fast allesamt zu einem Großteil hier entstanden – intellektuell zumindest), ich flirte und manchmal auch mehr … Aber so richtig gegessen habe ich seit damals nur mehr einmal hier und es war nicht so wie seinerzeit. Daher habe ich für mich beschlossen, die Harry's Bar das sein zu lassen, was der Name vorgibt: eine Bar nämlich und zwar eine der schönsten, traditionellsten und zurecht berühmtesten der Welt. Und ich bin sicher, dass es mir Giuseppe Cipriani nicht verübeln würde, denn er eröffnete die Harry's Bar ja ursprünglich nur als Bar, das Essen kam erst später dazu; erst kochte seine Frau und dann – als der obere Saal nach Auszug der dortigen Anwaltskanzlei übernommen werden konnte – die Legende Enrico für mehr als fünfunddreißig Jahre. Leider konnte keiner der Nachfolger Enrico auch nur annähernd das Wasser reichen, was auch daran liegen wird, dass Enrico seinen Beruf liebte und lebte und jede Woche nicht weniger als achtzig Stunden in der Küche der Harry's Bar verbrachte; ja nicht einmal in Pension wollte er gehen, sondern arbeitete weiter, als wäre es das Einzige, wozu er berufen war (und er war es wohl wirklich). Alles, was die Harry's Bar bis heute kulinarisch auszeichnet, sind Kreationen von diesem einen Meister, den die Küchengeschichte viel zu wenig würdigt – anscheinend ist auch er letztlich der venezianischen Eigenheit, keinen Personenkult zu praktizieren, zum Opfer gefallen. Daher möchte ich an dieser Stelle den „schweigsamen" Enrico posthum für seine Verdienste um die Küche würdigen.

In der Harry's Bar ist man seit jeher der Ansicht, dass es keine unterschiedlichen italienischen Regionalküchen gäbe, sondern nur eine „italienische Art zu kochen". Diese würde sich darauf beziehen, dass ausschließlich mit italienischen Produkten gekocht wird. Und in diesem Zusammenhang stünden die großen Protagonisten Pasta, Polenta, Riso, *pane e fagioli* (Pasta, Mais, Reis, Brot und Bohnen) für eine Ernährung ganzer Generationen von Italienern. Aus diesem Grund würde sich die heutige Harry's Bar weder als venezianisches Restaurant bezeichnen, noch als reine American Bar sehen, wie das ursprünglich der Fall war, sondern als italienisches Restaurant mit besonderen Qualitätsansprüchen.

Ich möchte diese Ideologie gerne fast unkommentiert stehen lassen, weil ich die Ansicht nicht vollumfänglich teile, sondern auf ein politisches Statement zurückführe. Viele der Venezianer sind nämlich mit dem Risorgimento und dem daraus resultierenden Nationalstaat Italien nicht glücklich und wünschen sich eine unabhängige Republik Venedig zurück. In der Harry's Bar denkt man seit jeher global, weltoffen und nur wenig regional – wie also könnte man seine proitalienische Gesinnung diplomatischer zum Ausdruck bringen als über das Essen, denn über den Geschmack lässt sich nicht streiten.

Der Begriff „Regionalküche" ist genau genommen erst im Zuge der Globalisierung der Welt entstanden, in den 1960er-, 1970er- oder 1980er-Jahren hat das noch niemanden gekümmert. Da gab es nur eine französische Küche, die deutsche Küche, eine italienische Küche, aber keine österreichische Küche, seltsamerweise aber die Wiener Küche. Auf der Suche nach einem Wiedererkennungswert in der immer größer werdenden Welt suchten die Menschen nach einem kleinen gemeinsamen Nenner und was war da naheliegender als regionale Spezialitäten – diese waren politisch unantastbar und man konnte, ohne Repressalien fürchten zu müssen, wieder so etwas wie einen selbstbewussten Regionalstolz ausleben.

In diesem Zusammenhang ist auch das Carpaccio zu sehen, denn das Essen von rohem Fleisch ist so unvenezianisch wie das Essen von gekochtem Rindfleisch in den USA. Und doch spannt das Gericht – ohne dass es wahrscheinlich gewollt wurde – einen Bogen über viele Kulturen hinweg; vom Tartar der Russen, Franzosen und Engländer kam die Inspiration, rohes Fleisch zu essen, und vereinigte sich in Venedig mit dem Purismus der italienischen Küche. Aus der französischen Küche stammt mit Sicherheit die Idee der Sauce, denn in Frankreich ist es üblich, das dortige *Beefsteak à la Tartar* mit einer separat gereichten *Sauce à la Tartare* zu servieren – bei genauerer Betrachtung ist das Carpaccio nicht wesentlich anders.

Giuseppe Cipriani schreibt in seinem Buch, dass er das Gericht 1950 für eine gewisse Contessa Nani Mocenigo kreiert habe, weil sie aufgrund eines ärztlichen Attestes mehr Fleisch essen sollte, aber kein gekochtes Fleisch mochte. Das Grillen von Fleisch war damals noch nicht so üblich wie heute, also musste es ein rohes Fleisch sein.

Giuseppe verweist als Erstes auf die Qualität, denn beim Carpaccio ist jeglicher Betrug verboten, ja genau genommen sei dieser sinnlos, weil man die Qualität des rohen Fleisches sofort erkennen würde. Er schreibt weiter, dass er die französische Küche nicht besonders liebe, weil sie die Zutaten zu sehr maskieren würde. Im gleichen Atemzug ist aber die Rede davon, dass er selbst das rohe Fleisch als ein wenig „geschmacklos" empfunden habe und daher mit ein wenig von der Cipriani-Standardsauce übergoss (also im Grunde nichts anderes gemacht hat als die Franzosen, welche ebenfalls eine Sauce dazu servieren). Ein paar Blätter Rucola in der Mitte des Tellers dienten als einfache Dekoration und ein Welterfolg ward geboren, dabei war das letztlich doch nichts anderes als ein Tartar in neuem Gewande.

Wäre das Gericht nicht in der Harry's Bar entstanden, wäre es dann auch ein derart großer Erfolg geworden? Ich weiß es nicht, wahrscheinlich aber schon. Im Laufe der Jahrzehnte habe ich allein in der Harry's Bar Dutzende unterschiedliche Versionen von Carpaccio gesehen und zum Teil verkostet – das lag daran, dass ein jeder mit dem ich hier war mindestens einmal ein Carpaccio kosten wollte. Darum kann ich sagen, dass es heute nicht mehr so schmeckt wie früher. Das hat viele Gründe: Das Fleisch wird nicht mehr vom Filet, sondern vom Contrefilet geschnitten, dann wird es nicht mehr per Hand sondern mit der Maschine aufgeschnitten und es wird nicht mehr nur gekühlt, sondern tiefgefroren und die Sauce wurde ebenfalls modernisiert – im Grunde genommen sind das alles Veränderungen, die dazu führten, dass man nicht einmal mehr in der Harry's Bar selbst ein echtes Carpaccio bekommt. Aber wie sagte noch Arrigo Cipriani: Mein Vater hat immer nur so viel verändert, dass dem Stammpublikum nicht aufgefallen ist, was gerade verändert wurde. Würde man aber ein Foto der Bar von 1950 mit einem von 1980 vergleichen, könnte man sehen, wie viel tatsächlich verändert wurde.

Man kann es sich wünschen und einbilden, aber die Zeit ist auch in der Harry's Bar nicht stehen geblieben. Sie hat nicht einmal vor der berühmten Uhr hinter der Bar haltgemacht – diese ist zwar immerhin seit Anbeginn der „Harry's-Bar-Zeit" unverändert an selbiger Stelle hängen geblieben, doch hat sie heute kein mechanisches Uhrwerk mehr, sondern ein elektrisches. Was für ein passendes Schlusswort das doch ist.

800 g sauber pariertes Rinderfilet (am besten einer italienischen Rasse wie Piemonteser Rind) | feines Meersalz | Pfeffer aus der Mühle (heute nicht mehr, wurde aber früher gemacht)

Mayonnaise: 2 Eigelb | 2 TL Essig | ¼ TL Senfpulver | 375 ml mildes Olivenöl (z. B. vom Gardasee) | Zitronensaft | Pfeffer aus der Mühle | Salz
Sauce: 200 ml Mayonnaise | etwas Milch | 2 TL Worcestershiresauce | Pfeffer, Salz und Zitronensaft zum Abschmecken

---

Das Fleisch äußerst sauber parieren, dann in ein Tuch wickeln und gut kühlen – es darf unter gar keinen Umständen eingefroren werden.

Für die Mayonnaise müssen alle Zutaten die gleiche Raumtemperatur haben. Eine Rührschüssel heiß ausspülen und abtrocknen. Zuerst das Eigelb, Essig, das Senfpulver, etwas Salz und Pfeffer mit einem Schneebesen verquirlen (man kann auch ein Handrührgerät mittlere Stufe verwenden). Dann zunächst ein Drittel vom Olivenöl tropfenweise einarbeiten, wenn dies gut untergemischt ist, das restliche Öl in einem dünnen Strahl einfließen lassen und rühren, bis man eine Emulsion hat. Schließlich die Mayonnaise mit Zitronensaft, Salz und Pfeffer abschmecken und kaltstellen.

Das Fleisch mit einem scharfen Messer in dünne Scheiben schneiden und diese auf vier kalten Tellern anrichten. Leicht salzen und für einige Minuten in den Kühlschrank stellen. Die Mayonnaise mit Worcestershiresauce und Zitronensaft würzen, mit Milch zu einer sämigen Sauce verrühren und mit Salz und Pfeffer abschmecken. Früher hat man einfach einen Löffel voll Sauce kreisförmig über das Carpaccio gegossen, später hat sich dann das Carpaccio-Saucengitter entwickelt. Mit einigen Blättern Rucola garniert auftischen.

carciofo
violetto
di Sant'Erasmo

Castraure al forno

Vieles ist über sie geschrieben worden, die *castraure* von Sant'Erasmo; doch nur die wenigsten Nicht-Venezianer sind jemals in den Genuss gekommen – der Grund: Sie sind leider extrem selten. Aber der Reihe nach.

Zunächst sei geklärt, dass es unterschiedliche Sorten von Artischocken gibt. Die auf Sant'Erasmo angepflanzte Variante wird *Violetto di Sant'Erasmo* genannt, die violette Artischocke von Sant'Erasmo, der Name ist auf die violette Färbung ihrer Früchte zurückzuführen. *Castraure* sind dabei keine weitere Sorte, sondern junge Triebe, welche von der Artischockenpflanze zwischen Ende März und Anfang April gebildet werden. *Castraure* bedeutet wörtlich übersetzt: die „Herausgeschnittene". Tatsächlich werden hierfür ausschließlich die jungen, an oberster Stelle der Staudenmitte befindlichen Früchte mit einem speziellen Messer abgeschnitten. Jede Pflanze liefert daher nur eine einzige *castraure*, danach verzweigt sie sich und bringt im Laufe des Sommers noch bis zu achtzehn Früchte. Die Artischocken, welche sich in der nächsten Etage unter der Spitze befinden, werden *botoli* genannt, sie sind besonders zart und werden zumeist für Fischgerichte verwendet oder in Olivenöl eingelegt. Alle anderen Früchte an der Pflanze sind die *carciofi*, also die eigentlichen Artischocken, und wesentlich größer, weshalb sie zumeist zu Artischockenböden verarbeitet werden.

Seit Jahrhunderten werden in der venezianischen Lagune – nicht nur auf Sant'Erasmo, sondern auch auf anderen Inseln – Artischocken dieser Art gezüchtet. Der Grund, warum dieses Gemüse hier so gut gedeiht, liegt an den Bedingungen: Artischocken lieben einen groben Boden, wie den auf Sant'Erasmo, der mit Schlamm aus den Kanälen der Lagune aufgeschüttet wurde und sich im Laufe der Jahre mit der normalen Erde gut vermischt hat. Nun ist er derart fruchtbar, dass auf die Verwendung von Düngemitteln meist verzichtet werden kann.

Wer jemals echte *castraure* genossen hat, darf sich glücklich schätzen, denn ihr zartbitterer Geschmack ist einzigartig herb, würzig-krautig, leicht süßlich mit intensivem Artischockenaroma. Natur oder blanchiert in Öl eingelegt sind sie besonders geschmackvoll. Um in diesen Genuss zu kommen, fahre ich, wann immer es mir im Frühjahr oder Frühsommer möglich ist, zu iSAPORI (kurz für den Gemüsehof: I Sapori di Sant'Erasmo), einem der größeren landwirtschaftlichen Betriebe auf Sant'Erasmo.

Eine venezianische Freundin hat mich vor vielen Jahren dorthin geschickt. Carlo versprach am Telefon, mich an der Bootsanlegestelle abzuholen. Ich staunte nicht schlecht, als er mit einem Piaggio APE (Dreirad mit Pritsche) daherkam und meinte, dass ich mich hinten auf die Pritsche setzen solle. Gut, dass das Ding eine entsprechende Tragkraft hat, dachte ich nur bei mir. Wir fuhren zuerst zu einigen Artischockenplantagen, dann lud er mich zu sich nach Hause ein, wo seine Frau Cosetta bereits einen Imbiss vorbereitet hatte: Es gab natürlich *castraure*, eingelegte *botoli, carciofi al forno* und gebackene *carciofi,* dazu einen gradlinigen, einfachen roten Landwein und Grissini. Das Einfache kann so wunderbar sein, dass es mich immer wieder aufs Neue überrascht. Cosetta hat eine kleine Broschüre über die Artischocke von Sant'Erasmo verfasst und in dieser auch eine Rezepte-Sammlung eingefügt – allerdings pflichtete sie mir bei, dass Artischocken nichts brauchen, außer vielleicht ein wenig Wärme, ein wenig Öl, einen Hauch von Knoblauch (ich ziehe hier schwarze Trüffel vor) und eine Prise Salz – basta! Ich mag diese traumhafte Frucht puristisch am liebsten und verzichte hier gerne auf Risotto, Pasta, Fleisch und anderes Gemüse; allerdings habe ich im Ghetto Sardinen mit *castraure* genossen und das war auch wirklich gut! Insofern wundert es mich nicht, dass in fast allen venezianischen Kochbüchern der letzten dreihundert Jahre, die mir in die Hände gekommen sind, kaum Rezepte für *castraure* und *botoli* zu finden sind, wenn dann überhaupt nur für die verhältnismäßig einfachen Artischockenböden.

In Sachen *castraure* kannte Cosetta keine Kompromisse und klärte mich als Erstes darüber auf, dass es *castraure* von Sant'Ersamo nur bei ihnen gäbe – am

Rialtomarkt würden welche aus Livorno verkauft werden, die seien auch gut, aber etwas anderes. Die Artischocke ist das kulinarische Erbe von Sant'Erasmo, das auf eine fast zweitausend Jahre alte Geschichte in Sachen Landwirtschaft zurückblicken kann. Die Artischocke selbst stammt aus dem Nahen Osten und wurde von den Arabern in Italien eingeführt. Auf Sant'Erasmo und den nahe gelegenen Inseln wie Vignole oder Mazzorbo fand sie einen idealen Lebensraum. Die violetten Artischocken der Lagune sind fleischiger und zarter als handelsübliche Sorten und haben einen unverwechselbaren Eigengeschmack – die Einheimischen nennen sie übrigens *articioco*.

Von Cosetta erfuhr ich auch, dass die alten Männer von Sant'Erasmo beim Kartenspiel gerne Artischocken genießen. Hierfür von jungen Artischocken die äußeren Blätter entfernen, dann die Frucht in die einzelnen Blätter zerlegen und diese kochen. Danach werden sie mit dem unteren Ende in einen Dip getaucht und der untere weiche Teil vom harten oberen Blattende wird abgeknabbert. In früheren Zeiten wurden die Blätter nicht gekocht, sondern roh mit dem unteren Ende in eine Sauce aus Öl, Pfeffer und Salz getaucht – weil die frischen Artischockenblätter dabei fasern, nannten das die Altvorderen das „Zähneputzen mit Zahnseide".

Von den *botoli* konnte ich gar nicht genug bekommen – in Öl eingelegt waren sie eine Wucht, doch in Backteig getaucht und in Sonnenblumenöl frittiert, fast noch besser: für den Teig 3 Eier, 4 EL Mehl, etwas Soda- oder Mineralwasser, Pfeffer aus der Mühle und Meersalz verrühren, bis man einen zähflüssigen Teig hat, den man etwas rasten lässt. Die küchenfertig vorbereiteten (und eventuell blanchierten) *botoli* in den Teig tauchen und anschließend im Öl knusprig braten – welch ein unfassbarer Genuss!

Dann ließ mich Cosetta eine weitere Spezialität kosten – *Articiochi in tecia* nannte sie die Zubereitung. Dafür wurden küchenfertige *carciofi* (also größere Exemplare) in eine schwere Pfanne mit Olivenöl gesetzt, mit Salz und Pfeffer gewürzt und mit etwas Gemüsebrühe untergossen; eine Minute auf moderater Flamme gegart macht auch diese Zubereitung Spaß. Doch, ich gebe es zu: An den unvergleichlichen Genuss der gebratenen *botoli* oder der *castraure* kam Letzteres für mich tatsächlich heran.

Und während ich mir noch einige eingelegte *castraure* in ihrer Bestimmung als Gaumenschmeichler zuführte, meinte Cosetta schnippisch, dass man auch diese gegart essen könne, und nahm Zettel und Bleistift zur Hand, um in kurzen Zügen aufzuschreiben, was sie mir auf den Weg mitgeben wollte, nämlich das Rezept für *castraure al forno*, das nachstehend zu lesen ist. Doch mühen Sie sich nicht ab, liebe Leserinnen und Leser, denn *castraure* werden sie wahrscheinlich nicht bekommen! Und im Wissen darum erwähnte ihr Mann Carlo beiläufig, dass man hierfür auch ganz kleine, junge und zarte Artischocken nehmen könne. Auf der Rückfahrt zur Fermata machten wir einen Abstecher bei Orto,

einem Weingut auf der Insel mit einem kleinen *frasca* (Heurigen), wo mir Carlo bei Wein in einer gefühlt stundenlangen Litanei davon berichtete, dass ihr Hof über fünfzig verschiedene Obst- und Gemüsesorten anbauen würde, und dass er es falsch fände, dass die Insel immer nur mit Artischocken und Erbsen in Verbindung gebracht werden würde, denn sie hätte auch eine große Weinbautradition und war früher Ackerland, Heimat vieler Mühlen und ein bedeutender Hafen. Doch dazu mehr im zweiten Band (beim *Risi e pisi*). Meines Erachtens sind die Artischocken so einzigartig, dass man sie für sich alleine stehen lassen soll.

Castraure al forno

36 *castraure* oder kleine, junge und besonders zarte Artischocken | 2–4 Knoblauchzehen | 4 EL gehackte glatte Petersilie | 125 ml Olivenöl | Pfeffer aus der Mühle | Meersalz

---

Die Artischocken küchenfertig vorbereiten; Stil abschneiden, Außenblätter abbrechen, Spitzen wegschneiden, Heu entfernen und danach in Zitronenwasser legen (diese Vorbereitung ist bei *castraure* nicht nötig, die Knospen können so weiterverarbeitet werden). Das Öl in eine ofenfeste Terrakottaform gießen, die groß genug ist, um alle Artischocken in einer Lage aufzunehmen. Auf den Herd stellen, Artischocken hineingeben und einige Minuten sautieren, bis sie etwas Farbe haben. Dann den geschälten und halbierten Knoblauch sowie die Petersilie dazu geben, salzen und pfeffern.

Im auf 200 Grad vorgeheizten Ofen etwa 15–20 Minuten offen garen, nach 10 Minuten prüfen, ob sie gar sind, und darauf achten, dass sie nicht zu stark bräunen oder austrocknen; falls nötig Hitze reduzieren und öfters wenden.

Gegen Ende der Garzeit mit der Spitze eines Messers prüfen, ob die Artischocken weich sind, dann den Knoblauch entfernen und die Artischocken samt dem aromatischen Öl auf einer Platte angerichtet auftischen. Dazu reicht man Grissini und Weißbrot sowie einen kräftigen Landwein.

Insalata dei Dogi

Die venezianische Küche kann vieles, doch kaum Salate. Nur ganz wenige Rezepte dieser Art kennt man in der Lagunenstadt, neben dem hier beschriebenen gelten genau genommen nur ein Artischockensalat mit Fenchel, ein lauwarmer Zucchinisalat sowie ein Bohnensalat mit verschiedenen Kräutern (heute meist mit Rucola zubereitet) als regionaltypisch. Einer der Gründe ist, dass Gemüse zumeist rar und teuer und daher kein fixer Bestandteil der „normalen" Küche war, ein anderer der, dass die Venezianer bis heute lieber „gekochte" Speisen als Rohkost zu sich nehmen.

Es ist also kein Zufall, dass es ausgerechnet ein Salat ist, in dem zumindest einmal das Wort „Doge" erwähnt wird. Bei genauerer Betrachtung der venezianischen Rezepte fällt nämlich eines auf: Es gibt kein einziges traditionelles Rezept, das nach einem Dogen, einem Patrizier oder überhaupt einer Person benannt wurde (Carpaccio, Bellini & Co, die nach berühmten Malern benannt wurden, stammen aus der Harry's Bar und wurden erst in der Neuzeit kreiert).

Die Stadt hat bewusst keinen Personenkult betrieben, was besonders für die Patrizier und den Dogen galt. Einen Adel im klassischen Sinne gab es nicht, die Patrizier bestanden aus freien selbstständigen und reichen Kaufleuten, nicht aus Personen, die von einem Herrscher instituiert wurden und somit auch von ihm abhängig waren, wie das im restlichen Europa mit dem Lehnwesen der Fall war. Der venezianische Adel hat sich quasi selbst instituiert. Venedig war nie Teil des Heiligen Römischen Reiches oder unterstand jemals einem König – ganz im Gegenteil, es versuchte krampfhaft, sich aus allen Machtkämpfen zwischen Kaisern und Päpsten herauszuhalten. Der Stadtstaat Venedig wurde somit von einer geschlossenen Gesellschaft von Oligarchen regiert; denn nach der Schließung der sogenannten *serrata* (Großer Rat) im Jahre 1297 kam keine neue Patrizierfamilie hinzu. Es war definiert, wer zum Rat gehörte und wer nicht – Fremde, Neureiche oder Emporkömmlinge waren also von Regierungsgeschäften ausgeschlossen. Die Patrizierfamilien der sogenannten *case vecchie* (alteingesessenen Familienclans) wollten zunächst nicht nur ihre Macht gegenüber den neureichen

Die „Dogen" der Künstlerin Fiorella Mancini

case nuove festigen, sondern vor allem eine Erbmonarchie verhindern. Zudem wurden hohe Ämter meist nur für kurze Zeit vergeben, andere länger oder gar lebenslang besetzte wie das Dogenamt streng kontrolliert. Die feine Abstimmung der Machtverhältnisse sorgte schließlich für eine einzigartige politische Stabilität über viele Jahrhunderte. Das war maßgeblich dem eher repräsentativen Dogen zu verdanken. Übrigens, jene Patrizier, welche sich selbst als Nobilhomini bezeichneten, wurden erst unter der Habsburgerherrschaft Kaiser Franz Josefs zu etwas Ähnlichem wie Adelige.

Das Wort Doge lässt sich auf das lateinische Wort *dux* (Feldherr, Führer) zurückführen. Den Titel „Dux" hatten die Befehlshaber der Grenzprovinzen des Römischen Reiches inne; nach dessen Ende waren aber Teile Oberitaliens und Venetiens im Besitz von Byzanz, der Herrscherin über das Oströmische Reich, verblieben. Der Doge war somit ursprünglich der lokale Stellvertreter des byzantinischen Statthalters. Als dann die Langobarden weite Teile Oberitaliens eroberten, gelangte Venedig in eine für Byzanz strategisch wichtige Position als Außenposten; durch diese verstärkte außenpolitische Bedeutung erlangte Venedig mehr Rechte und eine spätere Emanzipation von Byzanz. Als Erster von der Volksversammlung Venedigs (der *arrengo*) frei gewählter Doge gilt Orso Ipato, der um 730 herrschte. In den folgenden Jahrhunderten kam es immer wieder zu brutalen Geschlechterkämpfen um die Vorherrschaft einer Familie, der eine oder andere Doge versuchte (letztlich erfolglos) die absolute Macht an sich zu reißen und ein Erbrecht einzuführen: Meist wurde ein derartiges Vorhaben mit Ermordung oder Verbannung bestraft. In der Frühzeit der Republik war der Doge allerdings noch uneingeschränkter Herrscher, das sollte sich in der Folge ändern.

Unter dem Dogen Sebastiano Ziani (1102–1178) kam es zu einer ersten umfassenden Verfassungsreform. Die Kräfte wurden auf verschiedene Gremien aufgeteilt: Der Große Rat, der Kleine Rat, der Rat der Vierzig und später dann auch noch der Rat der Zehn sollten für gegenseitige Kontrolle sorgen. Außerdem wurde der Doge mittlerweile von Wahlmännern gewählt und nicht mehr durch den *arrengo*. Bei Sebastiano Ziani waren es noch elf Wahlmänner, bei seinem Nachfolger bereits vierzig; Grund dafür war Eifersucht unter den Patrizierfamilien und die Sorge, dass eine Familie zu mächtig werden und die Herrschaft an sich reißen könnte. Im Zuge dieser Reformen war der Doge kein „Herrscher" mehr, sein Amt wurde mehr oder weniger entmachtet.

Ab dem 13. Jahrhundert sollte es zu einer weiteren Entmachtung des Dogen kommen, ab diesem Zeitpunkt war er de facto nichts weiter als ein gewählter Staatsrepräsentant. Daran sollte sich bis zum Ende der Republik nichts ändern. Und weil der Doge ein Diener – oder wie der Schriftsteller Petrarca es treffender formulierte „der Sklave der Republik" – war, gab es auch keinen Personenkult. Und das wiederum verhinderte die persönliche Widmung von Rezepten, wie es in vielen anderen Teilen Europas üblich war. Das einzige Privileg des Dogen war, dass er auf Lebzeiten gewählt wurde. Er durfte seine Wahl weder ablehnen noch frühzeitig abdanken, allerdings konnte er abgesetzt werden. Der Doge war Oberbefehlshaber der so wichtigen Marine, konnte jedoch keine Kriegserklärungen aussprechen – über Krieg und Friede entschied die *serenissima signoria* (der Große Rat). Der Doge hatte zwar den Vorsitz über alle Verfassungsorgane, durfte aber nur Gesetzesanträge stellen. Um sicherzugehen, dass der Doge auch wirklich seine Pflichten erfüllte (und diese Liste war bedeutend länger als die seiner Rechte), wurde ihm diese Liste anfangs jährlich, ab dem 16. Jahrhundert dann alle zwei Monate vorgetragen.

Die wichtigsten Punkte der sogenannten *promissione* besagten, dass der Doge Entscheidungen nur mit Zustimmung der *consiglieri* (Dogenberater) treffen durfte, er durfte allein keine Gespräche mit Fremden führen und später dann nicht einmal an ihn gerichtete Briefe ohne Beisein der *consiglieri* lesen. Ferner musste er für seine prunkvolle Garderobe selber aufkommen, durfte diese aber nur innerhalb des Dogenpalastes tragen – auswärts musste er die Privatgewänder eines Patriziers anlegen. Dogenporträts auf Münzen zu drucken, war untersagt. Weder der Doge noch die Dogaressa (Ehefrau des Dogen) durften irgendwelche privaten Geschäfte tätigen. Und das Wichtigste war, dass nach dem Tod des Dogen alle seine Amtsgeschäfte von den *Inquisitori sul doge defunto* (einer Kommission) untersucht und überprüft wurden; konnten Unregelmäßigkeiten oder gar Bereicherung festgestellt werden, musste die Familie des Verstorbenen für den entstandenen Schaden aufkommen – man stelle sich das einmal heute vor, wer von unseren Politikern würde mit solch einer schweren Bürde ein derart verantwortungsvolles Amt übernehmen?

Alle Familienmitglieder des Dogen wurden überwacht und auch für sie galten strenge Regeln – insbesondere für die Dogensöhne, die keine Schlüsselpositionen in Ämtern und auch fast keine kirchlichen Ämter übernehmen durften, genauso wenig war es ihnen gestattet, Geschenke anzunehmen, aber sie durften auch keine machen – so versuchte man, Bestechung und Korruption zu unterbinden. Während man am Wiener Hof eine veritable Heiratspolitik pflegte, die mit dem *Bella gerant alii, tu felix Austria nube* sprichwörtlich wurde, so war es den Söhnen des Dogen untersagt, Töchter fremder Herrscher zu ehelichen.

Apropos ehelichen; bis heute ist es als Fremder schier unmöglich, in eine der „alten“ Patrizierfamilien einzuheiraten – eine strikte Heiratspolitik wird hier als Tradition und quasi Kulturgut gepflegt.

Mit diesen Hintergrundinformationen ist es kein Wunder, dass keine Rezepte existieren, die in irgendeiner Form an einen Dogen erinnern. Und dass es ausgerechnet ein Spargelsalat ist, der den Namen „Doge“ trägt, ist kein Zufall.

Lange bevor der weiße Bleichspargel in den Salons hoffähig wurde, war das Spargelessen an sich bekannt. Einerseits gibt es fast überall im nördlichen Adriaraum Wildspargel, der zu Risotto oder *frittate* verarbeitet wird, und andererseits wächst auf der Insel Sant'Erasmo der sogenannte *spareselle*, ein dünner Grünspargel, der an Wildspargel erinnert und vor allem frittiert ausgezeichnet mundet.

Aber auch weißer Spargel ist in der venezianischen Küche zu Hause, denn die berühmte Spargelstadt Bassano del Grappa stand ab 1404 unter venezianischer Herrschaft. Einer Legende zufolge soll der Bleichspargel hier durch

Die Veneta am Dogenpalast

einen puren Zufall entdeckt worden sein. Spargel ist bekanntlich grün, weiß ist der Spargel nur, solange er nicht das Licht der Welt erblickt – sprich unter der Erde bleibt und kein Sonnenlicht abbekommt, mit dessen Hilfe er durch Photosynthese grün werden würde. Anfang des 16. Jahrhunderts soll ein verheerender Hagelsturm die komplette Spargelernte von Bassano del Grappa vernichtet haben. Aus Verzweiflung begannen die Bauern der Region nun die unterirdischen Teile des Spargels, die nicht vom Hagel zerstört worden sind, zu stechen und zu kochen. Als sich diese als wunderbar und schmackhaft herausgestellt haben und obendrein noch in einem eleganten Weiß daherkamen, hat man begonnen, sie als Spezialität zu kultivieren. Bis heute zählt der Spargel aus Bassano – neben dem österreichischen aus dem Marchfeld (nordwestlich von Wien) und dem aus den berühmten deutschen Anbaugebieten, allen voran Schwetzingen am Kaiserstuhl – zum Besten, was man in der Spargelwelt bekommen kann. Er hat einen einzigartigen und unverwechselbaren Geschmack und wurde mit dem italienischen Gütesiegel DOC für regionale Genüsse gekennzeichnet. Jedes Jahr im Mai wird dem Spargel von Bassano del Grappa ein großes Fest gewidmet, bei dem es auch einen Wettbewerb der kreativen Zubereitung von Spargel gibt.

Auch wenn diese Geschichte nicht wirklich belegt ist und daher eher zu den Legenden gezählt werden muss, so stimmt es dennoch, dass der weiße Bassano-Spargel aller Ehren wert ist. Im Nordosten Italiens wird Spargel am liebsten mit gekochtem Ei und einer einfachen Essig-Öl-Vinaigrette genossen, in Venedig auch gerne in einen leichten Backteig getaucht und in Öl frittiert. Casanova liebte die Kombination von Spargel und Austern, wobei die Austern in einer samtigen Cremesauce (einer sogenannten *vellutata*) daherkamen. Casanova wusste sicherlich, dass seit alters her insbesondere Aphrodisisches und Frivoles mit dem Spargelgenuss verbunden ist. Das aber nicht allein aufgrund seiner phallischen Form, sondern weil die Tischsitte forderte, den Spargel nicht zu schneiden, sondern vom Kopf beginnend als Ganzes in den Mund zu schieben. Man kann sich gut vorstellen, mit welchen Mienen und

Hintergedanken die Herren der Schöpfung die zarten Damen beim Spargelschmausen betrachteten … und wenn den Damen beim Genuss der Stangen die *vellutata di ostriche* (Austernsauce) in den Kavaliersgraben tropfte, dann wird das so ganz nach Casanovas Geschmack gewesen sein, denn nichts zog ihn magischer an, als die verlockenden Rundungen eines schönen Busens.

Persönlich ziehe ich allerdings jene Variante vor, die ich im berühmten venezianischen Lokal Da Fiore genießen durfte. Hier hat die wunderbare Küchenchefin Mara eine Vorspeise mit dem klingenden Namen *Baccalà mantecato alla veneziana con asparagi bianchi* kreiert – Stockfischpüree mit Spargel, eine unvergleichlich verführerische Kombination zweier venezianischer Küchenklassiker, die ihresgleichen man lange wird suchen müssen.

Der vorgestellte *insalata dei Doge* ist zwar bodenständiger und weniger extravagant, dafür authentischer – *buon appetito*!

Insalata dei Dogi

400 g weißer Spargel | 300 g geschälte Garnelen | 3 gekochte Eier | Olivenöl extra | Saft von 2 Zitronen | ½ EL gehackte Petersilie | weißer Pfeffer aus der Mühle | Salz

---

Den Spargel schälen und in 4-Zentimeter-lange Stücke schneiden, danach in leicht gesalzenem Wasser al dente kochen. Im selben Kochwasser kurz die Garnelen blanchieren, dann herausnehmen und sofort mit etwas Olivenöl und der Hälfte vom Zitronensaft beträufeln, salzen und pfeffern sowie mit der Petersilie vermischen. Die geschälten Eier in kleine Stücke schneiden.

Auf einer großen Platte zuerst den Spargel anrichten, dann die Garnelen darauf verteilen und mit dem gestückelten Ei umkränzen. Alles mit Olivenöl und dem restlichen Zitronensaft beträufeln, eventuell nochmals salzen und pfeffern, danach auftischen.

Bovoloni alla paesana

Schnecken gehörten zu den einfacheren, preiswerteren Speisen der venezianischen Küche, denn sie waren sowohl zu Lande als auch im Wasser zu finden und somit eine leicht erhältliche Dosis wertvolles Protein. Bis zum Beginn des 19. Jahrhunderts galten Schnecken als Speise der einfachen Leute, der Bauern und der Gondolieri. Erst als sie durch den Meisterkoch Marie-Antoine Carême im Zuge des Wiener Kongresses salonfähig gemacht wurden und durch den russischen Zaren, dem die *escargots à la bourguignonne* besonders gut gemundet haben sollen, geadelt wurden, fand auch zuerst das französische, später das spanische und italienische Bürgertum Gefallen an ihnen; insbesondere die Männerwelt, weil Schnecken als potenzfördernd galten. Ansonsten waren sie, ebenso wie Frösche, Heringe, Sardinen, Krebse und Ähnliches, bestenfalls ein veritabler Fleischersatz für die Fastenzeit.

In Venedig bilden Schnecken auch heute noch einen festen Bestandteil der bürgerlichen Küche und sind am Rialtomarkt genauso omnipräsent wie in den Küchen der Stadt. Vor allem Meeresschnecken aller Art werden einfach nur gekocht und anschließend warm oder kalt mit Olivenöl, Zitronensaft, etwas Knoblauch und Petersilie genossen.

Als Delikatesse hingegen gelten die großen Landschnecken (*helix pomatia*), bei uns als Weinbergschnecken bekannt (die Schnecke dürfte aber eigentlich nur dann Weinbergschnecke genannt werden, wenn sie wirklich in Weingärten gesammelt wurde und sich dort an den jungen Weintrieben gelabt hat, was ihr ein besonders delikates Aroma verleiht). In Venedig wird die Schnecke allgemein als *lumache* (Meeresschnecke, manchmal auch als *lumache di mare*) bezeichnet, die Weinbergschnecke hingegen als *chiocciole*. Als *bovoletti* kommen die kleineren Schnecken auf den Markt, die im Venezianischen auch *bovoloni* genannt werden. Weitläufig als Delikatesse bekannt sind die *s'ciosi*, die extragroßen Weinbergschnecken, die auch *i parenti dei bovoletti* genannt werden, was so viel bedeutet wie „die Eltern der Weinbergschnecke". Man findet diese leider nicht oft auf Venedigs Speisekarten, ab und an tischt man im ehemaligen Bacaro Pane Vino e San Daniele welche auf.

Für die ärmlichen Bauern auf den Laguneninseln waren die Schnecken zum Teil eine Plage, denn die behausten Tiere fressen liebend gerne Blattgemüse aller Art, die jungen Triebe von Wein und Hopfen oder machen sich über die Kräuter des Gartens her. Dementsprechend wurden sie – zumeist von den Kindern – eingesammelt und kurzerhand verspeist. Ihre große Bedeutung zeigt sich schon allein in der Vielzahl an Rezepten, die man in Venedig und der Lagune kennt – und allesamt haben einen bäuerlichen Bezug wie beispielweise *alla contadina* (nach Landwirtin-Art: Schnecken in der Pfanne mit Zwiebel, klein gewürfeltem Gemüse, Nüssen, Spinat und Olivenöl) oder *alla contadino* (nach Landwirt-Art: Schnecken mit Speck, Zwiebel und Knoblauch) oder *alle erbe di campo* (mit Wiesenkräutern) oder auch unser Rezeptbeispiel *alla paesana*, was nichts anderes als nach Bauernart bedeutet.

Die extragroßen *s'ciosi* wurden hingegen gesammelt, küchenfertig vorbereitet und anschließend verkauft. Das Bürgertum aß sie zumeist zur Fastenzeit als *frittata coi s'ciosi* (Omelett mit Schnecken, das mit Wein, Olivenöl, Butter, Zwiebel, Knoblauch und Petersilie verfeinert wurde) oder als überaus köstliche *spiedini di lumache e porcini* (kleine Spieße mit jeweils 3 großen Weinbergschnecken und 3 kleinen Steinpilzköpfen, die leicht mehliert in einer Knoblauch-Kräuterbutter sautiert wurden; wenn die Spieße fertig waren, wurde der Bratensatz mit etwas Branntwein oder Grappa gelöscht, eingekocht und mit Rahm verfeinert zu den Schnecken als Sauce gereicht) – letzteres Gericht ist auch heute noch in der venezianischen Küche präsent und wird zumeist mit weißer Polenta aufgetischt.

Neben den Bauern, Landwirten und Winzern waren es vor allem die Gondoliere, welche sich gerne zum Frühstück mit einem Stück Polenta und *lumache in umido* (Schnecken in einer würzigen Tomatensauce) stärkten. Lucca, ein befreundeter Gondoliere, den ich in der *Cucina da Mario* (das ist so etwas wie eine Kantine für Gondolieri am Fondamento della Prefettura) kennengelernt habe, erzählte mir, dass sein Vater es liebte, in seiner Gondel zu picknicken. In der einen Hand hielt der Vater ein Stück gebratene Polenta, in der anderen ein Schneckenhaus, das er ausschlürfte.

Lumache in salsa wurde das genannt, ein einfaches Mahl, aber sehr schmackhaft: Die Schnecken werden gut gereinigt, samt Haus blanchiert, dann wechselt man das Wasser und kocht die Schnecken 2–3 Stunden weich; die gekochten Schnecken kommen dann (samt Haus) zusammen mit reichlich Knoblauch, gehackter Petersilie, gehacktem Selleriegrün, Lorbeerblättern, etwas Fenchelsamen, einigen Gläsern Weißwein und ausreichend Olivenöl in eine Terrakottaform und werden nochmals 1–2 Stunden zugedeckt geschmort. Die heiße Form wurde gut verpackt und mit auf die Gondel genommen, wo sie dann als Gabelfrühstück oder Mittagessen diente.

Ich war bei Luccas Oma zum Essen eingeladen. Als berufsmäßiger Häferlgucker verschwand ich sofort in der Küche, wo die Oma doch (neben vielen anderen Köstlichkeiten – unter anderem unfassbar gute *trippa* (Kutteln), einen genialen *brasato al'amarone*, also einen Pferdebraten mit Amarone-Wein sowie einen Weltklasse Apfelkuchen) tatsächlich auch

lumache trifolate am Herd stehen hatte. *Lumache trifolate* gehören zu meinen Leibspeisen, sie werden aus frischen Schnecken zubereitet, die aufwendig gereinigt und danach samt den Häusern gekocht werden. Anschließend landen sie samt Haus in einer würzig-aromatischen Sauce, in der sie mit Tomate, Wein, Salbei, Zwiebel, Karotte, Stangensellerie, Knoblauch, Lorbeer, Brühe, Olivenöl und Butter geschmort werden – der Name *trifolate* bedeutet eigentlich sautiert, was in diesem Fall nicht ganz zutrifft, da die Schnecken eher geschmort werden. Kutteln und Schnecken dazu Refosco aus der Damigiana – dieser Tag war aus meiner kulinarischen Sichtweise ein geretteter.

Interessant ist im Zusammenhang mit den Schnecken in Venedig aber noch eine ganz andere Sache, nämlich der Palast Contarini del Bovolo. Dieses etwas versteckt liegende architektonische Juwel befindet sich in einer Seitengasse, die man über den Campo Manin erreicht. Berühmt geworden ist der Palast durch seine besondere Stiege, die als die erste größere, gemauerte Wendeltreppe der Welt gilt. Das Besondere an diesem Gebäude ist, dass zuerst der Palazzo gebaut wurde und sich der Hausherr Pietro Contarini erst später die Treppe dazu bauen ließ. Das Neuartige war, dass die Wendeltreppe in einer Serie von sich nach oben in Rundbögen öffnenden Loggien errichtet wurde, ein sehr aufwendiges und für die damalige Zeit überhaupt neuartiges architektonisches Konzept – durch diese offenen Loggien bekommt die Scala del Bovolo eine unglaublich leichte und beschwingte Optik. Der weiße Stein der Loggien-Einfassungen und das rote Ziegelmauerwerk gehen quasi Hand in Hand die helikale Bewegung hinauf und zwingen das Auge des Betrachters ihnen zu folgen. Da die Treppe möglichst harmonisch an ein bestehendes Gebäude angepasst werden musste, verläuft sie gegen den Uhrzeigersinn. Am Ende des 26 Meter hohen Treppenturms, der sich übrigens um eine innere Säule windet, befindet sich eine wunderschöne Terrasse, die einen grandiosen Blick über Venedig bietet. Obwohl hier verschiedenste Baustile – nämlich Renaissance für die Kapitelle, Gotik für die technische Ausführung der Konstruktion sowie venezianisch-byzantinisch für die Form – vereint werden, gehen diese eine einzigartig harmonische Symbiose ein. Diese schneckenförmig angelegte Wendeltreppe war in ihrer Schönheit für die Venezianer derart beeindruckend, dass die Familie Contarini ihren Spitznamen „dal Bovolo“ (bovolo = Schnecke) erhielt, der dann in den Familiennamen übernommen wurde. Seitdem nennt sich der Palast „Palazzo Contarini del Bovolo“ und setzt den Schnecken ein einzigartiges Denkmal.

Bovoloni alla paesana

60 küchenfertig vorbereitete Schnecken (ohne Häuser) | 6 Knoblauchzehen | Fleischbrühe | 125 ml trockener Weißwein | 125 ml Olivenöl extra | 2 EL gehackte glatte Petersilie | Pfeffer aus der Mühle | Salz

Das Olivenöl in einer hohen Pfanne erhitzen und den blättrig geschnittenen Knoblauch darin andünsten. Die Schnecken dazugeben und leicht anbraten, dann mit Salz und Pfeffer würzen und mit etwas Fleischbrühe ablöschen. Wenn die Brühe eingekocht ist, den Wein angießen und zugedeckt auf kleiner Flamme 45 bis 60 Minuten schmoren lassen, bis die Schnecken ganz weich sind. In der Form auftischen, Polenta dazu reichen.

Man kann das Gericht auch so wie es die Bauern ursprünglich gemacht haben, mit frischen Schnecken samt Haus zubereiten: Dafür lässt man die frischen Schnecken einige Tage nur Blattgemüse fressen, dann 1 Tag auslüften, danach werden sie gut gereinigt, blanchiert, nochmals gereinigt und abgetropft. Die so vorbereiteten Schnecken zusammen mit allen anderen Zutaten in einen Terrakottatopf geben, den Deckel auflegen und 5 Stunden schmoren lassen bis die Schnecken ganz weich sind. In der Form auftischen, Petersilie darüberstreuen und geröstete Polentascheiben dazu reichen.

Ostriche alla veneziana

Austern auf venezianische Art? Das fragte mich einst sogar mein venezianischer Kochfreund Stefano ungläubig und fügte hinzu, dass es in Venedig und der Lagune gar keine Austern geben würde. In diesem Punkt irrte mein Freund, denn es gab sie wirklich, die venezianische Auster – sie war sogar eine eigene Gattung. Nur leider wurde sie derart stark gefischt, dass die venezianische Auster bereits im ausgehenden 20. Jahrhundert ausgerottet war.

Gleich mehrere Faktoren waren Schuld am Leerfischen der Austernbänke: Erstens war die Auster eine billige und nahrhafte Volksnahrung für die Einwohner der Lagune, während die an Mineralstoffen und Vitaminen reiche Auster gleichzeitig von der Aristokratie als Delikatesse geschätzt wurde, was zweitens zur Folge hatte, dass venezianische Austern zum Exportschlager wurden – insbesondere im fernen Wien galten venezianische Austern als Gaumenfreude, während die Triestiner Austern eher gemieden wurden. Und die Tatsache, dass die Auster seit der Antike als Aphrodisiakum gilt, machte sie genauso zur Mitspielerin zahlreicher Affären und Liebesspiele wie der Umstand, dass die geöffnete Auster von ihrer Form her die Männerfantasien beflügelte, die das Ausschlürfen von Austernschalen dann gerne mit anderen oralen Genüssen und „Lippenbekenntnissen“ verglichen.

Interessant ist, dass das Essen von Austern erst im Venedig des 15. Jahrhunderts populär geworden zu sein scheint, denn es existieren keine älteren, überlieferten Austern-Rezepte – und auch in der neueren venezianischen Kochbuchliteratur nicht (mehr), was insofern verständlich ist, da es keine venezianischen Austern mehr gibt.

Es ist einmal mehr Giacomo Casanova, der uns an den Austern-Liebesspielen seiner Zeit teilhaben lässt: „Nachdem wir fünf oder sechs Austern gegessen und Punsch getrunken hatten, ergötzten wir uns damit, Austern zu essen, indem wir sie austauschten, wenn wir sie schon im Munde hatten. Sie reichte mir die ihre auf der Zunge, während ich ihr gleichzeitig die meine in den Mund schob; es gibt kein aufreizenderes und wollüstigeres Spiel zwischen zwei Liebenden. Es ist auch komisch, aber die Komik nimmt ihm

Eine Barena

nichts von seinem Reiz, denn das Lachen ist nur für Glückliche gemacht. Welch köstliche Austernsauce aus dem Mund des angebeteten Geschöpfs geschlürft ist doch ihr Speichel! Wie sollte die Kraft der Liebe nicht wachsen, wenn ich eine solche Auster zerbeiße, wenn ich sie hinunterschlucke … "

Bei diesem Liebesspiel geschah auch das, was unter dem Titel „Eine Auster im Mieder von Donna Emilia" nicht nur zum geflügelten Wort werden sollte, sondern auch ein Buchtitel. „Als ich eine Auster an Emilias Lippen führte, fiel diese durch einen Zufall mitten in ihren Ausschnitt. Sie wollte sie herausholen, doch ich beanspruchte das Recht für mich. Sie musste sich fügen, sich von mir aufschnüren zu lassen, und gestatten, dass ich die Auster mit den Lippen aus ihrem Kavaliersgraben holte, in den sie gefallen war. Doch dabei blieb ihr nichts anderes übrig, als sich vollkommen entblößen zu lassen …"

In einer historischen Schrift des 17. Jahrhunderts tauchen Austern erstmalig prominent in der venezianischen Kochbuchliteratur auf. Dabei wird davon abgeraten, die Austern roh zu essen, man solle sie lieber in Öl braten und dazu Pistazien kombinieren, welche die Austern bekömmlicher machen würden – allerdings werden auch 50 kleine Austern pro Person berechnet, eine durchaus sportliche Strecke. Die besten Austernbänke seien rund um die Kanäle und die Arsenale zu finden, heißt es. Angesichts der Verschmutzung durch Fäkalien und sonstigen Unrat, denen die Kanäle seinerzeit sicherlich ausgesetzt waren, wäre auch heute noch davon abzuraten, diese Austern überhaupt zu verzehren.

Wenn man hingegen bedenkt, dass Austern insbesondere dann von hervorragender Qualität sind, wenn sie aus Brackwasser – also einer Mischung von Salz- und Süßwasser, wie sie vor allem an Flussmündungen vorkommt – stammen, so können wir davon ausgehen, dass die venezianischen Austern aus der Lagune ein ganz hervorragender Gaumenschmaus gewesen sein müssen und wohl nicht umsonst derart häufig verzehrt wurden, dass sie heute ausgestorben sind. Auf Venedig vorgelagerten Laguneninseln findet man nur mehr Schalen und Abdrücke von Austern in versteinertem Material – die letzten Belege für eine leider verschollene Delikatesse.

Es ist daher nicht ganz leicht gewesen, zu eruieren, wie die Venezianer ihre Austern genossen haben. Einige Quellen berichten davon, dass die Austern mit Zitronensaft, Petersilie und Semmelbrösel bestreut überbacken worden sind, andere Quellen empfehlen eine *vellutata* (= Cremesuppe), in der man die Austern ziehen lassen soll, und wieder andere berichten von mit Lauch pochierten Austern, die mit Safran, Sahne und Portwein verfeinert wurden – das letzte Rezept ist ziemlich sicher französischen Ursprungs. Nach zahlreichen Recherchen in Kochbüchern und Gesprächen mit Experten der venezianischen Küchengeschichte kam ich zu dem Entschluss, dass die Venezianer, so wie wir heute auch, die Austern zumeist roh gegessen haben. Allerdings hat mir der Fischhändler Matteo den Tipp gegeben, dass in Venedig Austern mit Kaviar kombiniert wurden – das leuchtete mir angesichts der großen Bedeutung, die der Stör in der venezianischen Küche hatte, absolut ein. Vor allem der geheimnisumwobene Privatkoch Cristoforo di Messisbugo (+ 1548) soll sich mit Rezepten rund um den Stör und seinen Kaviar verdient gemacht haben. Ob er tatsächlich für den Siegeszug der Auster in der venezianischen Küche gesorgt hat, ist dabei fraglich, aber die Kombination von Austern und Kaviar, wie sie in der venezianischen Küche üblich war, dürfte tatsächlich auf ihn zurückgehen.

Ostriche alla veneziana

Austern | Kaviar (Stör) | Cayennepfeffer | Zitronensaft | Petersilie

---

Austern öffnen, das Fruchtfleisch entnehmen und dieses in Salzwasser (mit Meerwasser angereichertes Wasser) legen. Zwischenzeitlich die unteren, bauchigen Schalenhälften gut reinigen und auf eine Platte mit Eis und Algen setzen. In jede Schale eine Auster legen und mit ein wenig Kaviar garnieren.

Petersilie möglichst fein hacken. Zitronensaft mit Petersilie und Cayennepfeffer würzen und jeweils ein bisschen davon zu jeder Auster geben, danach auftischen.

Pesce in saòr

Fragt man heutige Venezianer, welche Rezepte besonders typisch für die Serenissima seien, so werden unter den drei Bestplatzierten sicher die *sarde in saòr* zu finden sein. Dadurch könnte der Irrglaube entstehen, dass diese marinierten Sardinen ein Originalrezept darstellen. Doch dem ist mitnichten so, denn der *saòr* ist eine sehr traditionelle Zubereitung, die für fast alle Fischarten – also nicht nur wie heute üblich allein für Sardinen – verwendet wird, und zudem eine weitaus ältere Geschichte vorweisen kann als die Serenissima.

Der Name *saòr* wird fälschlicherweise immer wieder mit dem Begriff *agrodolce* verwechselt, was süß-sauer bedeutet. Der Grund dafür liegt wohl darin, dass die heute übliche Marinade des *saòr* tatsächlich ein wenig süß-sauer schmeckt, weil sie geschmacklich vor allem auf Essig und Rosinen basiert. Der Begriff *saòr* ist aber eine der typischen Ver- oder Abkürzungen des venezianischen Dialektes. *Saòr* bezieht sich auf *sapore*, was Genuss, Geschmack, aber auch Gewürz bedeuten kann. In früheren Zeiten wurde der Begriff *sapore* in Venedig auch für aromatische Saucen verwendet, so wurde beispielsweise noch im 17. Jahrhundert die beliebte *salsa verde* als *sapore verde* tituliert. Aber im Falle des *saòr* bezieht sich der Name sowohl auf die Sauce als auch auf die (damals noch wesentlich stärker ausgeprägte) säuerliche Würze und schließlich auch auf die reichhaltig verwendeten Gewürze. Dies wird besonders deutlich, wenn man sich mit dem ursprünglichen Gericht beschäftigt, das ein anonymer venezianischer Koch aus dem 13. Jahrhundert in dem Werk mit dem schönen Namen „Cuoco anonimo veneziano del 1300" hinterlassen hat – sein Rezept habe ich für das Kapitel ausgewählt. Er empfiehlt eine Marinade aus Zwiebeln, Agresto (französisch Verjus = saurer Saft aus unreifen Trauben), Essig, süßen Gewürzen (Nelke, Ingwer, Zimt, indischer Lorbeer) und Weintrauben. Nach altem, wahrscheinlich aus Byzanz stammendem Brauch wird dieses Gericht – insbesondere zur kalten Jahreszeit – mit Pinienkernen verfeinert, was aus dem volkstümlichen Gericht eine wahre Delikatesse macht.

Blick von der Osteria Ae Botti auf Zattere

Allerdings ist die Methode, gebratene oder frittierte Fische mittels einer essigsauren Marinade zu konservieren, weitaus älter, denn schon im römischen Kochbuch des Apicius wird empfohlen, die fertig gegarten Fische einfach mit heißem Essig zu übergießen. Die Technik des Marinierens von Speisen, um sie zu konservieren, stammt ursprünglich aus dem arabischen Raum, wahrscheinlich aus Persien, das ja bekanntlich die Heimat der im iberischen Raum beliebten *escabeche* ist (der Name *escabeche* stammt vom persischen *sikbag* ab, was so viel wie „saure Nahrung" bedeutet). Über Byzanz, zu dessen Reich Venedig viele Jahrhunderte gehörte, ist die Variante mit Rosinen und Pinienkernen in die Lagunenstadt gelangt.

Ein ungeschriebenes venezianisches Gesetz ist die Tatsache, dass sich die Patrizier an marinierten Seezungen labten, während das einfache Volk mit eingelegten Sardinen und Sardellen vorliebnehmen musste. Aus der Terraferma stammt die Tradition, auch Forellen derart zuzubereiten – vor allem im Friaul findet man heute noch Lokale, die diese Tradition pflegen; so beispielsweise das Ristorante alla Trota del Cornappo in Nimis.

Heute bekommt man in Venedig fast ausschließlich *sarde in saòr* aufgetischt. Dass sich die Rezeptur mit den Sardinen als allgemeingültig etablieren konnte, liegt wahrscheinlich einerseits daran, dass die Sardinen ein preiswerter und somit mehrheitsfähiger Fisch sind, und andererseits daran, dass der *saòr* gerade mit etwas fetteren Fischen besonders gut harmoniert. Angeblich sollen derart konservierte Sardinen ein Grundnahrungsmittel der venezianischen Seefahrer gewesen sein, um diese mit Eiweiß und Vitaminen zu versorgen. Einen handfesten Beleg gibt es dafür leider nicht, aber immerhin muss die Ernährung der Seeleute gut gewesen sein, denn sie litten nicht unter Krankheiten wie Skorbut, die auf Mangelernährung zurückzuführen sind. Tatsächlich ist das Gericht verhältnismäßig gut haltbar, man kann es an einem kühlen Ort ungesehen wochenlang aufbewahren, wobei die Haltbarkeit mit dem Salzgehalt und der Essig-Konzentration variieren kann.

Sarde in saòr sind ein fixer Bestandteil eines jeden Redentore-Festmahls. Das *Festa del Redentore* – oder kurz auch nur *Redentore* genannt – ist eine Feier anlässlich der Befreiung Venedigs von der großen Pestwelle, die die Serenissima von 1575 bis 1577 heimsuchte und die mit fünfzigtausend Opfern fast ein Viertel der damaligen Bevölkerung hinwegraffte. Am 4. September 1576 beschloss die Republik Venedig die Errichtung einer Kirche zu Ehren des Erlösers; die sogenannte Redentore-Kirche auf der Giudecca. Niemand geringerer als Andrea di Pietro della Gongola – genannt Palladio (1508–1580) wurde mit den Entwürfen beauftragt. Dieses als erster Berufsarchitekt der Geschichte (weil er sich nicht mit anderen Künsten beschäftigte) bekannte Genie schuf mit Redentore ein vollkommen harmonisches Bauwerk, das von Zeitgenossen als die „Idealform einer Kirche" bezeichnet wurde. Palladio blieb seiner Linie treu, denn auch hier bildeten antike Tempel die Vorlage. Die Grundsteinlegung war am 3. Mai 1577 und die erste feierliche Prozession über eine Schiffsbrücke zu einem provisorisch auf der Baustelle eingerichteten Altar fand am 21. Mai statt. Diese Brücke wurde von der Piazetta aus über den Canal della Giudecca geschlagen. Wie durch ein Wunder verschwand die Pest noch im Sommer des Jahres 1577. Zwölf Jahre nach Palladios Tod, 1592, wurde die Kirche feierlich eingeweiht. Die Feierlichkeiten wurden bis in die heutige Zeit beibehalten, allerdings wird die Bootsbrücke für die Prozession nicht mehr von der Piazetta ausgeführt, sondern von Zattere – somit wird die Redentore-Kirche mit der gegenüberliegenden Chiesa dello Spirito Santo verbunden.

Das Redentore-Fest – von unbedarften Touristen gerne als die „fetteste Party Venedigs" bezeichnet – ist ein alljährliches Großereignis, das immer am 3. Sonntag im Juli gefeiert wird, da am 21. Juli 1577 das offizielle Ende der Pestepidemie verkündet wurde. Am Freitag vor dem eigentlichen Fest finden Konzerte statt. Das Fest selbst wird am folgenden Tag mit der Segnung durch den Patriarchen von Venedig auf den Stufen der Redentore-Kirche etwa um 19.00 Uhr eröffnet, wenn die 330 Meter lange Schiffsbrücke über den Giudecca-Kanal fertiggestellt ist und für die Prozessionsteilnehmer freigegeben wird. Die Prozession verläuft von Santo Spirito (Zattere) hinüber zu Redentore, im Anschluss an die Prozession werden Messen abgehalten. Danach begibt man sich entweder mit einem reichhaltig gefüllten Picknickkorb und der Familie in ein eigenes Boot oder zu einem (unbedingt vorreservierten) opulenten Festmahl – das traditionell immer *pesce in saòr*, *bigoli in salsa* und einen Entenbraten beinhalten sollte – in eines der Lokale mit Blick auf den Bacino di San Marco. Der Grund dafür ist das Riesen-Feuerwerk, das in der Nacht von Samstag auf Sonntag auf dem Bacino entzündet wird. Es ist mit Verlaub gesagt ein unvergessliches Erlebnis, wenn man mit von Unmengen an Prosecco, Wein und Grappa geschwängertem Blick dieses Feuerwerk über sich ergehen lässt … Danach ziehen die bunt geschmückten und mit Laternen ausgestatteten Privatboote zum Lido, während sich die Massen zu den Konzerten am Markusplatz bewegen. Zahlreiche Osterien und Bàcari haben die ganze Nacht über geöffnet. Am folgenden Sonntag finden dann drei traditionelle Regatten statt, die erste mit den Junioren, danach folgen die zweirudrigen *pupparini* und zum krönenden Abschluss die zweirudrigen (klassischen) *gondola*. Am Sonntagabend wird noch eine vom Patriarchen geleitete Messe abgehalten, das offizielle Ende der Redentore-Feierlichkeiten. Apropos Regatta: Auch diese Tradition der Wettfahrt stammt aus Venedig und das venezianische *regata* bedeutet (Gondel-)Wettfahrt. „Offiziell" ist die *regata* seit dem 15. Jahrhundert dokumentiert, jedoch wurden Bootswettfahrten in der Serenissima und in der Lagune bereits Hunderte Jahre zuvor durchgeführt.

Während man sich zu Redentore zumeist an *sarde in saòr* labt, so gelten die *sole in saòr* als eines der Gerichte, die traditionell mit dem Festa Santa Marta verbunden sind. Die säkularisierte Kirche Santa Marta befindet sich im Hafen von Venedig und gehörte einst zur Pfarre von San Nicolò dei Mendicoli. Die Kirche wurde jüngst vollkommen restauriert und (insbe-

Trattoria Pizzeria do Mori

sondere im Inneren) modernisiert – sie dient heute als urbanes Veranstaltungszentrum, vor allem für Konzerte. Das Fest Santa Marta stand weder im Zusammenhang mit einem Sieg oder einer Danksagung, sondern war einer gewissen Marta von Bethanien zu Ehren. Im Lukasevangelium (LK 10,38-2) kehrte Jesus in ein (nicht näher beschriebenes) Haus ein, das von Martha und ihrer Schwester Maria bewohnt wurde. Die Schwestern nahmen ihn freundlich auf und Martha bewirtete den hungrigen Gast, während sich Maria zu seinen Füßen setzte und seinen Erzählungen lauschte. Die fleißige und gastfreundliche Martha wurde so zur Schutzheiligen der Kellner(innen) und Hausfrauen. In früheren Zeiten ging man rund um den 29. Juli – dem Gedenktag der Heiligen Martha – mit zahlreichen Booten und Barken auf Seezungenfang, weil dieser Fisch genau zu der Zeit die höchste Qualität hat. An diesem Tag durfte auch das gemeine Volk ohne Einschränkungen fischen, denn die Patrizier ließen das Volk an diesem Tag gewähren und verzichteten auf das Beharren von Fischereirechten. Zum Abschluss des Tages fand ein großes Festmahl statt, bei dem von Reich und Arm *sogliola in saòr* gegessen wurde – für die „Ärmeren" gab es nur *sogliola in saòr*, während bei den Banketten der Reichen auch andere Speisen aufgetragen wurden, jedoch die *sogliola in saòr* dabei sein mussten. Das Festa della Martha war eine Einrichtung, die von der Löwenrepublik zur Erhaltung des sozialen Friedens instituiert wurde, aber auch das Gemeinschaftsgefühl und den Zusammenhalt innerhalb der Bevölkerung fördern sollte. Ähnlich wie die im alpenländischen Raum üblichen Kirchtage sollten sie vor allem dem einfachen Volk Zerstreuung und Ablenkung vom ansonsten tristen Alltag bieten. Eine Tradition, die den meisten heutigen Venezianern leider unbekannt sein dürfte.

Natürlich kann man gute *sarde in saòr* in fast allen Lokalen Venedigs vorfinden, jedoch empfinde ich es als besonders stilvoll, wenn man sie auf der Giudecca (also in der Nähe von Redentore) in der Trattoria Pizzeria do Mori oder in der Osteria Ae Botti genießt.

Woran man einen gut gemachten *saòr* erkennt, beschreibt niemand treffender als der anonyme Koch des 13. Jahrhunderts: *„e fa in modo che il pesce risulti saporoso d'aceto, ma non troppo.*" Also, man soll sicherstellen, dass der Fisch eine schmackhafte Essignote hat, die aber nicht zu intensiv ausfallen soll. Und noch etwas legt uns der Meister seiner Zeit ans Herz: Es sind alle Arten von Gewürzen erlaubt, mit Ausnahme des Safrans ... Es wird dezidiert darauf hingewiesen, dass auf diesen zu verzichten sei und man statt diesem doch lieber Galgant nehmen solle; damals galt Galgant einerseits als magenfreundliches Gewürz (tatsächlich macht er das doch etwas deftige Gericht wesentlich bekömmlicher), andererseits auch als die Potenz steigerndes Heilmittel. Aus welchem der beiden Gründe die Verwendung empfohlen wurde, ist nicht überliefert – das historische Rezept hingegen schon.

Im Kochbuch des besagten anonymen Genies finden wir auch eine Rezeptur namens *salsa agrodolce per pesce* – und diese süß-saure Sauce für Fische macht die Sache besonders spannend. Der Grund dafür ist nichts Geringeres als die Tatsache, dass es sich hierbei um das heute in Venedig gebräuchliche Rezept für *pesce in saòr* handelt. Wörtlich schreibt der Koch vor: „Frittiere Fische. Dann nehme man Zwiebel und koche die ein wenig, danach diese in Scheiben schneiden und frittieren. Nimm Essig, Wasser, geschälte Mandeln im Ganzen, Rosinen, etwas Honig und scharfe Gewürze und koche alles zusammen. Gieße die fertige Sauce über die frittierten Fische." Abgesehen von den Mandeln, die durch Pinienkerne ersetzt wurden, werden im heutigen Venedig die *sarde in saòr* genau auf diese Art und Weise zubereitet.

Ich finde es sehr interessant und bemerkenswert, dass diese beiden für die Serenissima historischen Rezepte nicht nur namentlich, sondern auch von der Rezeptur her vertauscht wurden – wenn man sich aber die Mühe macht, beide nachzukochen, dann wird man erfahren, dass die *agrodolce* in der Tat primär süß-sauer schmeckt, während man den echten *saòr* eher als würzig/g'schmackig beschreiben würde.

Pesce in saòr

1 kg fangfrische Fische (Sardinen, kleinere Seezungen, Forellen etc.) | evtl. Weizenmehl zum Wenden | 125 ml Olivenöl zum Braten | Meersalz

---

saòr: Weinessig | Verjus | 100–125 ml Olivenöl extra vergine | 10–12 weiße süßliche Zwiebeln | 1 ½ Handvoll Rosinen grob gehackt | 1–2 EL *spezie* (Pfefferkörner, indisches Lorbeerblatt, Nelke) | Galgant | feines Meersalz | fakultativ: 1 ½ Handvoll Pinienkerne

---

Rosinen grob hacken und in einer Mischung aus Verjus und Essig einweichen.

Die Fische ausnehmen und nach Belieben die Köpfe entfernen. Die Fische – je nach Geschmack natur belassen oder in Mehl gewendet – in reichlich heißem Olivenöl beidseitig goldbraun und recht knusprig braten, herausnehmen, auf Küchenkrepp abtropfen lassen und gut salzen.

Für den *saòr* zunächst die Zwiebeln schälen und in feine Ringe schneiden. In einer frischen Pfanne etwa die Hälfte des Olivenöls langsam erhitzen und die Zwiebeln darin andünsten, dann mit einem Glas Essig ablöschen und bei milder Hitze weich werden lassen. Die eingeweichten Rosinen und Gewürze dazu geben; wenn gewünscht die Pinienkerne kurz ohne Fett rösten, bis sie hellgelb sind, dann ebenfalls hinzufügen. Alles mit etwas Essig und Verjus aufgießen und zum Kochen bringen. Mit Salz abschmecken, einige Minuten durchköcheln, dann vom Herd nehmen, abkühlen lassen und abschmecken – der *saòr* ist keine flüssige Marinade, sondern vielmehr eine auf Zwiebeln basierende Würzmischung, die gut nach Essig schmecken, aber nicht zu sauer sein soll.

Den Boden einer Terrakottaschüssel (mit Deckel) mit etwas *saòr* bedecken, dann die erste Lage Fisch einschichten. Fische mit *saòr* bedecken, dann wieder eine Lage Fische einschichten. So fortfahren, bis alle Zutaten verbraucht sind. Alles mit dem restlichen *saòr* bedecken und reichlich Olivenöl darübergießen. Die Terrakottaschüssel mit dem Deckel verschließen und den *saòr* mindestens 3–4 Tage im Kühlschrank durchziehen lassen.

Tipp: Man kann mit dem Essig und dem Verjus geschmacklich „spielen“ – mehr Essig zugeben macht den *saòr* herzhafter und sauer, mehr Verjus gibt ihm hingegen eine etwas süßlichere Note.

Hinweis: Dieses historische Rezept schmeckt wesentlich exotischer (orientalischer) als der heute in Venedig übliche *saòr*, der nur aus Essig, Zitronenschale, Rosinen und Pinienkernen besteht, aber mit gehackter Petersilie garniert werden kann. Das alte Rezept belegt jedoch, warum das Wort *saòr* das Kürzel von *sapore* (Geschmack) ist: Es ist – insbesondere zu der doch etwas faden modernen Variante – eine wahre Geschmacksexplosion.

Spezie dolci per molte preparazioni

Der Mensch hat seit seinem Sesshaftwerden in der Jungsteinzeit gelernt, es sich bequem zu machen. Das gilt für Privatpersonen genauso wie für Berufstätige und natürlich auch für Köche. Aus diesem Grund findet man bereits in sehr frühen Rezeptsammlungen verschiedene Grundmischungen an Gewürzen, die man vorbereiten kann – die heutige *Mise en place*, also das professionelle Vorbereiten und Durchorganisieren von Arbeitsabläufen, ist aus dem Bestreben heraus entstanden, sich das Leben einfacher zu machen. In der Rezeptsammlung eines anonymen venezianischen Kochs finden sich gleich drei unterschiedliche Gewürzmischungen:

> *Spezie fini per ogni preparazione* (feine Gewürze für jegliche Verwendung)
> *Spezie nere e molto forti per diverse sale* (eine Mischungen aus „schwarzen" und scharfen Gewürzen für verschiedene Saucen) und
> *Spezie dolci per molte preparazioni* (sogenannte „süße" Gewürze für vielerlei Rezepte)

Analog dazu gab es Klassifizierungen für die Gewürze, die in drei Gruppen unterteilt wurden: In der ersten Gruppe befanden sich die „schwarzen und scharfen" Gewürze wie Pfeffer, Langpfeffer, Kubebenpfeffer, Meleguetapfeffer (Paradieskörner), Nelke und Muskat; in der zweiten Gruppe waren die „süßen" Gewürze wie Zimt, Ingwer, Galgant und Nelke, während der dritten Gruppe die sogenannten „feinen Gewürze" zugeordnet wurden, worunter die Venezianer Pfeffer, Zimt, Ingwer und Safran verstanden – allerdings wusste man damals schon, dass man Letzteres mitunter durch das wesentlich preiswertere Kurkuma ersetzen könnte und warnte vor Betrug.

Immer wieder ist davon zu lesen, dass Venedig seinen unermesslichen Reichtum im Gewürzhandel begründe – und in der Tat blühte dieser Handel hier; die Gewürze wurden vor allem in den Norden Europas exportiert (dazu

Statue eines Gewürzhändlers

gleich mehr). Die frühen Ansiedlungen in der venezianischen Lagune – also die Bewohner der Inseln Torcello oder Burano beispielsweise – wurden allerdings nicht mit Gewürzen wohlhabend, sondern mit Fischen und Salz. Den Handel mit Gewürzen lernten die Venezianer hingegen von den Arabern.

Seit undenklichen Zeiten kontrollierten die Araber den Gewürzhandel und holten etwa über die Seidenstraße, aber auch über den Seeweg das kostbare Gut aus aller Herren Länder, um es im wahrsten Sinne des Wortes zu vergolden. Den größten Mehrwert erbrachten dabei Waren und Güter aus China und Indien – insbesondere mit Pfeffer, Ingwer, Zimt, Safran und Moschus ließ sich viel Geld verdienen, später auch mit Muskatnuss, Nelke, Vanille und anderen exotischen Gewürzen, die teilweise in abenteuerlichen Reisen aus fast zehntausend Kilometer entfernten Gebieten herangeschafft wurden (Anmerkung: Im Jahre 1512 erreichten die Portugiesen unter António de Abreu als erste Europäer die Banda Inseln und entdeckten damit die „geheime" Quelle der Muskatnüsse. António de Abreu kartografierte die Lage der Inseln nicht, weshalb es den Portugiesen halbwegs gelang, die Quelle für Muskat und Macis etwa hundert Jahre lang geheim zu halten und so den Markt zu kontrollieren. Anfang des 17. Jahrhunderts wurden die Portugiesen von den Holländern verdrängt, die dann ihrerseits eifersüchtig die Inseln bewachten; die Holländer hatten zuvor jedoch schon den Handel mit Nelken unter Kontrolle gebracht; mit der Muskatnuss erzielten sie übrigens eine der höchsten Gewinnspannen, die es jemals im Wirtschaftsleben gegeben hat: bis zu 36 000 Prozent war ihr Reingewinn!)

Einer der größten Umschlagplätze für Gewürze war die Stadt Palmyra, wo auch die Venezianer das Handwerk des Gewürzhandels erlernten. Der Gewürzhandel der Araber war perfekt organisiert. Zum Schutz vor Piraten, Räubern oder auch, um die Ware professionell zwischenlagern zu können, wurden unzählige Karawansereien gegründet, die teilweise festungsgleich gebaut waren, um eine möglichst sichere Rast zu ermöglichen. Aber in Karawansereien wurde auch gehandelt – um auf ganz einfache Art Zölle erheben zu können, mussten ausländische Händler in derartigen Karawansereien wohnen und durften sich, um Schmuggel vorzubeugen, mit den Waren nur auf vorgeschriebenen und gut kontrollierten Handelswegen bewegen. Auf Arabisch werden Karawansereien *funduq* genannt. Die Venezianer übernahmen in Ägypten oder Syrien nicht nur das System der Karawansereien, sondern auch gleich den Namen: *fontego* (ital. *fondaco*)!

Der um 1225 erbaute Fontego dei Turchi und der 1228 erstmals urkundlich erwähnte (aber wahrscheinlich schon etwas früher existente) Fontego dei Tedeschi sind die beiden bekanntesten Einrichtungen dieser Art.

Der Fontego dei Turchi war zeitweise das Handelshaus der Osmanen, die in Venedig verallgemeinernd nur als „Turci" bezeichnet werden. Der Fondaco dei Turchi war ursprünglich gar nicht dafür vorgesehen, sondern ehemals der Palast der Familie Pesaro. 1381 musste die Familie (der Palast hatte mittlerweile durch Erbstreitereien und -teilungen vier verschiedene Eigentürmer) ihren Palast um relativ wenig Geld an die Republik Venedig veräußern, weil sich die Familie die *imprestiti* (Zwangsanleihen) zur Finanzierung des Chioggia-Krieges nicht leisten konnte.

Die Genuesen wollten 1379 nicht nur, dass die Venezianer eine Niederlage auf See erlitten, sondern auch vom Land her. Der Hintergedanke war von hier aus eine Seeblockade gegen Venedig zu errichten. Nach einer verlorenen Seeschlacht vor Pula im Frühjahr 1379 konnten die Venezianer jedoch im Juni 1380 zuerst Chioggia zurückerobern und anschließend die Genueser aus der Adria vertreiben. Chioggia konnte sich nie wieder von den Wirren des Krieges erholen; die einst florierende Salzindustrie lag brach und im 15. Jahrhundert geriet es komplett unter venezianischen Einfluss.

1597 erwarb der Doge Antonio Priuli das Gebäude und verpachtete es 1621 an Osmanische Händler, die es dann als Handels- und Wohnhaus (also als Karawanserei) nutzten – seit damals heißt das Gebäude Fontego dei Turchi. Lange erfreuen konnten sich die Osmanen allerdings nicht an diesem Handelshaus, denn während des Krieges um Kreta (1645 bis 1699) zwischen Venedig und den Türken lag der Handel brach; das Haus stand leer und war dem Verfall preisgegeben. Weil sich niemand mit der Ruine herumplagen wollte, gingen 1648 die Reste des Gebäudes an die Familie Pesaro zurück – dann wurde der Fontego Spekulationsobjekt, teilweise abgerissen und umgebaut, bis er seit 1920 zuerst das Museo Correr (heute in den Prokuratien am Markusplatz) beheimatete und seit 1923 das Museo civico di storia naturale di Venezia, also das Naturhistorische Museum Venedig ist.

Anders als der Fontego dei Turchi war der Fontego dei Tedeschi von Anbeginn an die Niederlassung der reichsdeutschen Händler in Venedig und gilt daher als eine der ersten Handelsvertretungen der Welt. Die Geschichte zwischen Venedig und Händlern und Handwerkern aus Deutschland ist eine sehr lange – allerdings umfasste die Gruppe der Deutschen nicht nur die Reichsdeutschen, sondern für die Venezianer waren das auch Ungarn, Österreicher und Flamen, die allesamt den Fontego nutzten. Durch die offenen Arkaden im Erdgeschoss wurden die Waren ein- und ausgeladen. Dabei standen die Arbeiter und Bewohner des Fontego unter ständiger Aufsicht der Venezianer, ganz so wie diese das ihrerseits in den Karawansereien gelernt und erlebt hatten. Und genauso wie die Karawansereien diente der Fontego den Venezianern dazu, die *tassa doganale* einzuheben, also Steuern und Zoll. Den fremden Kaufleuten war es nur gestattet, in diesem Fontego ihr Kontor einzurichten, zudem mussten sie auch hier wohnen; den Schiffs- und Barkenführern der Stadt war es strengstens verboten, die Händler und Kaufleute an andere Orte zu fahren, und auch Privatpersonen war es untersagt, Kaufleute bei sich aufzunehmen. Während sich die Schiffe gut kontrollieren ließen, war das mit der Unterkunft weitaus schwieriger, obgleich es Fremden ansonsten sehr wohl gestattet war, sich in der Stadt frei zu bewegen und eine Unterkunft nach persönlicher Wahl zu suchen – offiziell galt das aber nicht für Kaufleute. Der Fontego dei Tedeschi hatte zwei verschiedene „Tafeln“, anhand derer man die Rangordnung der Kaufleute erkennen konnte. Die niedere Liga waren die der sogenannten Regensburger Tafel (dazu gehörten zum Beispiel Regensburg, Augsburg, Wien, Salzburg, Laibach und viele mehr), während die Kaufmannschaften der Nürnberger Tafel (mit Nürnberg, Köln, Basel, Straßburg, Frankfurt oder Lübeck) die erste Geige spielten. Warum die Nürnberger die wichtigere Rolle einnahmen, lag vor allem an der Nürnberger Börse, die als Bindeglied zwischen Venedig und Mitteleuropa diente. Hier wurde alles gehandelt, was die Menschen im Norden missten: Zitrusfrüchte, Zucker, Olivenöl, Weine und Gewürze, aber auch Perlen, Korallen, Seide, Damast, Brokat, Kamelotte, und Boccasin, Papier und sogar Bücher. Aus dem Norden importierten die Venezianer beispielsweise getrocknete oder gesalzene Fische (Stock- und Klippfisch, Salzheringe), Schinken, Leder und Lederwaren, Bernstein und Handwerk (so unterhielten etwa die deutschen Schuhmacher eine eigene Zunft in Venedig).

Nicht umsonst befand sich der Fontego dei Tedeschi in der Nähe des Rialtomarktes (schon vor der Errichtung des Handelshauses waren hier deutsche Goldschmiede und Schuhmacher tätig), war der Rialto Hauptumschlagsplatz für Gewürze, die hier so wertvoll waren wie Gold und auch als Zahlungsmittel akzeptiert wurden – aus dieser Zeit stammt das *payer en espèces*, was gleichbedeutend mit „bar zahlen“ ist.

Den meisten Ertrag brachten Lebensmittel, vor allem die angesprochenen Gewürze und der Zucker (beides ursprünglich Produkte aus dem Orient) machten Venezianer, aber auch Händler im Norden reich. Venedig wurde zum Dreh- und Angelpunkt im damals fast weltumspannenden Handel mit Luxusgütern aller Art und es hat niemals vergessen, dass es seinen Wohlstand auch den Osmanen zu verdanken hat – an vielen Orten der Stadt finden sich an ehemaligen Handels- und Kaufmannshäusern Hinweise darauf. Ein sehr schönes Ensemble solcher Art befindet sich beispielsweise in Sestiere Cannaregio, genauer am Fondamento dei Mori: Hier steht in einer Hausnische ein Mann mit Turban (der wahrscheinlich einen osmanischen Händler darstellt) und schräg vis-à-vis ist an der Hauswand ein Relief zu sehen, das einen osmanischen Händler mit Kamel zeigt. Einer der schönsten ehemaligen Gewürzkontore ist öffentlich zugänglich; es handelt sich um die Halle des heutigen Danieli-Hotel, einst ein Palast des Dogen Enrico Dandolo (nach ihm ist die wunderschöne Bar des Hotels benannt), der zu den bedeutendsten und wichtigsten, aber auch – insbesondere wegen seiner teilweise undurchschaubaren Machenschaften während des 4. Kreuzzuges (1202–1204) und der damit verbundenen Plünderung der christlichen Stadt Zara – zu den umstrittensten Dogen zählt (viele ihm zugesprochene Taten wird aber nicht Enrico Dandolo eigenmächtig entschieden haben, denn dafür waren ihm von den venezianischen Gesetzen her zu sehr die Hände gebunden).

Während vom Adel und von den Reichen im Norden wahrer Unfug mit Gewürzen getrieben wurde (zum Beispiel eine Linzer Torte, die mit 700 Gramm Zimt gebacken wurde), so hatte die venezianische Küche zwar immer den Ruf ein wenig reicher und reichhaltiger zu sein, doch das bezog sich auf andere Küchenstile Italiens. In Wahrheit geht die venezianische Küche mit Salz und Gewürzen – auch heute noch – extrem subtil um; sehr stark oder gar überwürzte Speisen findet man hier (so gut wie) überhaupt nicht. Gewürze werden verwendet, ja – aber nicht in dem Ausmaß, wie man das von einer Stadt, die mit Gewürzen reich wurde, annehmen könnte. Offenbar haben die Venezianer die Gewürze lieber verkauft und Geld damit gemacht, als sie selbst zu verschwenden – Verschwendung und Reichtum wollten sie zeigen, aber nicht gerne mit Handelsware.

Ob die Venezianer auch fertige Gewürzmischungen gehandelt haben ist nicht gesichert überliefert – aber unwahrscheinlich wäre das nicht. In vielen historischen Kochbüchern findet man die knappe Anleitung „süße Gewürze“ und genau eine solche Gewürzmischung ist in Venedig seit dem 13. Jahrhundert bekannt – also genau seit der Zeit, in der der Handel mit dem Norden Europas so richtig Zunder bekam. Dem gegenüber standen die „schwarzen und scharfen“ Gewürze.

Auffallend ist, dass in den mittelalterlichen Rezepten Venedigs – wenn teure Gewürze in ein Rezept kommen – kaum Zwiebeln und Knoblauch verwendet werden; Zwiebel und Knoblauch wurden sehr wohl und teilweise in verschwenderischen Mengen verkocht, aber nur selten mit Gewürzen kombiniert.

Ausnahmen bestätigen die Regel: So gibt es beispielsweise eine wunderbare Knoblauchsauce namens *agliata*, die aus blanchiertem und zerstampftem Knoblauch, etwas frischem Knoblauch, eingeweichtem Brot, Brühe und besagten „süßen Gewürzen" hergestellt wird. Sie ähnelt in Geschmack und Konsistenz einer feinen griechischen *skordalia* – und das nicht ohne Grund, soll sich das Wort *skordalia* tatsächlich vom italienischen *agliata* ableiten. Es kann aber auch genau umgekehrt der Fall sein, wenn man es von griechischer Sichtweise her betrachtet (leider können wir historisch nicht belegen, welche der beiden Rezepturen älter ist). Interessant ist übrigens, dass die italienische Version mit Brühe gemacht wird und somit eine gute Beilage zu gekochtem Fleisch darstellt (von der Konsistenz her ähnelt sie dem Wiener Semmelkren, der gerne zu gekochtem Rindfleisch gereicht wird), während die griechische *skordalia* mit Olivenöl hergestellt wird und eher als eigenständiges Gericht zu betrachten ist.

Auch wenn die Gewürzmischung *spezie fini per ogni preparazione* eine universelle Vielseitigkeit verspricht, so wurde dennoch – zumindest in den historischen venezianischen Rezepten aus dieser Zeit – die süße Mischung wesentlich häufiger verwendet, weshalb sie hier angeführt sein soll:

Spezie dolci per molte preparazioni

8 g Nelken | 30 g Ingwer | 30 g Zimt | ein paar Blätter Indischer Lorbeer

---

Alles in einen Mörser geben und zerstampfen, bis man ein feines Pulver hat. Das Pulver in ein lichtgeschütztes Gefäß geben und zugedeckt aufbewahren.

Primi piatti

Acqua d'erbe

Kräuterwasser ist in der heutigen Anwendung der Wellnessszene tagtäglich, tatsächlich war es aber eine simple Speise des einfachen venezianischen Volkes. Man findet in der Lagune Kräuter aller Art, und sie werden auch heute noch gesammelt wie auch seit jeher verschiedene Algen und Meeresspargel, die zu einfachen Gerichten verkocht wurden. Das größte Problem Venedigs war zeit ihres Daseins als Metropole das Wasser, denn Brunnen gab es nicht. Im Laufe der Jahrhunderte wurden zwar Abertausende Versuche unternommen, Brunnen zu graben – doch ohne jeden Erfolg. So schrieb einst der venezianische Chronist Marino Sanudo „der Jüngere" (1466–1536): „*Venezia è in acqua ma non ha acqua*" (Venedig ist im Wasser, aber hat kein Wasser).

Apropos Sanudo: Er war ein begnadeter, hochgebildeter und äußerst produktiver Geschichtsschreiber. Aufgrund seiner Leistungen und Verdienste (insbesondere die Chronik über den Krieg mit Ferrara sei hier angeführt) wurde er am 23. Oktober 1484 mit gerade einmal achtzehn Jahren (üblicherweise musste man das zwanzigste Lebensjahr erreicht haben, später sogar das fünfundzwanzigste) zum Großen Rat zugelassen. Berühmt wurden seine venezianischen *Diarii*, ein Monumentalwerk, in dem er täglich alle Ereignisse vom Januar 1496 bis zum September 1533 festhielt. Sanudo war dabei mitunter sehr freimütig und sparte nicht an Kritik, was dazu führte, dass er nicht amtlicher Historiker der Republik wurde, sondern der Posten an Pietro Bembo vergeben wurde. Mehr noch, seine *Diarii* wurden vom Rat der Zehn (sozusagen von der obersten Polizeibehörde Venedigs) konfisziert und unter Verschluss genommen. Jahrhunderte hindurch galten sie als verschollen, ja sogar als vernichtet, bis sie im Jahre 1784 von einem Archivar wieder aufgefunden wurden und uns bis heute einen detaillierten Blick auf die Serenissima seiner Zeit ermöglichen.

Wasser war (und ist bis heute) eines der Hauptprobleme der Stadt und musste bis zur komplizierten Errichtung einer Wasserleitung – sowohl Trinkwasser als auch Nutzwasser – durch Regen gewonnen oder in großen

Pozzo alla veneziana

Fässern in die Stadt gebracht und dort in die Zisternen verteilt werden. Erst 1912 wurde mit dem Bau einer Wasserleitung vom Festland her begonnen. Diese konnte erst 1925 endgültig fertiggestellt werden – bis dahin waren die mehr als sechshundert Zisternen (*Pozzi alla veneziana* genannt) die einzige Wasserversorgung Venedigs.

Pozzi alla veneziana werden schon sehr lange gebaut, wahrscheinlich bereits seit den Anfängen der Stadtgründung auf Torcello und später dem Lido. Die Zunft der sogenannten *pozzèri*, also der Zisternenbauer, gründete sich aber erst im 13. Jahrhundert als Untergruppierung der *scuola dei murèri* (Zunft der Maurer); für die Brunnenköpfe waren allerdings die *tagiapiera* (Steinmetze) zuständig. *Pozzi* wurden spätestens seit dem 13. Jahrhundert quasi serienmäßig errichtet, um der immer größer werdenden Stadt eine ausreichende Wasserversorgung zu ermöglichen.

Dennoch standen bis ins 16. Jahrhundert jedem Einwohner nur knapp sieben Liter Wasser zur Verfügung (zum Vergleich: Heute sind es bis zu 350 Liter). Um den Bedarf daher irgendwie zu decken, musste das Regenwasser nutzbar gemacht – sprich eingefangen – werden und dieses so in die Zisternen geleitet werden, damit es dort gesammelt werden konnte; man platzierte dafür die *pozzi* in Höfe und auf offenen Plätze, wo das von den Dächern rinnende Regenwasser sowie das durch Dachrinnen abfließende Wasser gesammelt werden konnte. Zudem wurde Wasser mit speziellen Booten, den *burchi*, von den Flüssen der Terraferma in die Stadt gebracht und in den Zisternen der *pozzi* gelagert. Und genau das ist das Besondere an den *pozzi*: Mit ihnen konnte Wasser einerseits gesammelt und gespeichert werden, andererseits wurde es gefiltert und konnte halbwegs sauber entnommen werden.

Das Funktionsprinzip ist dabei so einfach wie genial: Zunächst wurde auf einem geeigneten Platz eine Grube ausgehoben, die drei bis fünf Meter tief war – die Fläche richtete sich nach dem zur Verfügung stehenden Platz, idealerweise reicht der Rand an die Unterkante eines Daches. Die

Seiten und der Boden wurden mit einem wasserundurchlässigen Material ausgekleidet, sodass die Grube dicht war. An den Seiten der Zisterne wurde jeweils ein kastenförmiger Einsatz (*cassoni* genannt) angebracht, der am Boden Löcher hatte und in den die Röhren der Dachrinnen führten; diese Kästen wurden an der Oberfläche mit durchlöcherten Steinen (*pilelle* genannt) abgedeckt; durch diese Löcher wurde das Oberflächenwasser vom Hof zuerst in die *cassoni*, danach in die Zisterne geleitet. Mittig auf den Boden wurde eine schwere Steinplatte gelegt, welche die Brunnenröhre (*canna* genannt) zu tragen hatte. Im unteren Teil ist die Röhre durchlöchert. Dann wurde die Grube mit Sand zugeschüttet und an der Oberfläche derart mit Steinplatten verschlossen, dass diese ein Gefälle zu den *pilelle* (also den Abdeckungen der *cassoni*) hin ergaben. Auf diese Weise wurde einerseits das Regenwasser von den Dachrinnen zu den *cassoni* geführt und zum anderen auch das Oberflächenwasser. In den Kästen (*cassoni*) blieb zunächst der gröbste Schmutz (Äste, Blätter etc.) zurück, dann gelangte das Wasser vorgereinigt in den Sand, der wie ein Filter das Wasser reinigte und trinkbar machte – über den *vera da pozzo* (Brunnenkopf) konnte dieses saubere Wasser entnommen werden. Um zu wissen, wo genau sich die Ränder der Zisterne befanden, wurden diese auf der Oberfläche dadurch sichtbar gemacht, dass man von den Einlässen der *cassoni* ausgehend den Rand der Zisterne mit weißen Pflastersteinen gekennzeichnet hatte – es wurde per Dekret erlassen, dass das umrandete Areal der Zisterne rein zu halten sei, so durften beispielsweise weder Pferde darüber gehen, noch durfte in diesem Areal uriniert werden. Dieses System der *pozzi* hatte sich derart gut bewährt, dass die Venezianer es auch in Gebieten der Terraferma anwandten, wo Trinkwasser knapp oder schwierig zu bekommen war. Übrigens: Neben diesen öffentlichen Zisternen gab es auch „private“ Zisternen in den Innenhöfen und Gärten der Paläste, die mit Sicherheit noch wesentlich reineres Wasser lieferten, da sie von sehr starken Verschmutzungen und Fäkalien weitestgehend verschont blieben.

Der Nachteil dieser *pozzi* war allerdings, dass sie sehr wartungsaufwendig waren, denn die *cassoni* mussten ständig gereinigt werden, um nicht zu verstopfen und der Sand in regelmäßigen Abständen gegen frischen und reinen Flusssand ausgetauscht werden, damit die Filterleistung gewährleistet blieb.

Und genau das sollte der Stadt zum Verhängnis werden, denn Mitte des 19. Jahrhunderts – also zur Zeit der Habsburgerherrschaft – gab es zunehmend hygienische Probleme aufgrund von verschmutztem Trinkwasser. Mit dem politischen Niedergang der Stadt wurde auch die Wartung der *pozzi* zunehmend vernachlässigt. Schließlich war die Situation derart unerträglich, dass man 1857/58 vor der Entscheidung stand, entweder alle *pozzi* zu reinigen beziehungsweise zu restaurieren – weil viele Brunnenköpfe schlicht gestohlen wurden, was auch heute noch ab und zu der Fall ist – oder eine Wasserversorgung vom Festland herzustellen. Um sich ein Gesamtbild verschaffen zu können, wurden vom Chefingenieur Giuseppe Bianco erst einmal alle hundertachtzig öffentlichen und etwas mehr als sechstausend private *pozzi* überprüft – das Ergebnis war ernüchternd, denn die Wasserqualität war in keiner Zisterne „sehr gut", allerdings überraschenderweise generell in den öffentlichen Zisternen besser als in den privaten. 1884 entschloss man sich dann endgültig zu einer Wasserleitung vom Land und begann – noch bevor die Wasserleitung fertiggestellt worden war – nach und nach alle Zisternen zu verschließen und zu versiegeln; das hatte zur Folge, dass die meisten Brunnenköpfe im Zuge von Stadtbauten zerstört worden sind, andere, wie erwähnt, gestohlen wurden. Bis die Wasserversorgung in der Nachkriegszeit des Ersten Weltkrieges dann endlich fertiggestellt war, mussten die Verhältnisse in der Stadt geradezu unvorstellbar gewesen sein.

Im Jahre 2004 erinnerte sich die Stadt Venedig an ihr Kulturgut *pozzi alla veneziana* und es wurde ein Projekt mit dem schönen Namen „*Venezia: nuova vita per le vecchie cisterne*" (Venedig: neues Leben für die alten

Zisternen) ins Leben gerufen. Basierend auf Unterlagen, welche von Bianco hinterlassen wurden, hat man eine neue Bestandsaufnahme gemacht und immerhin waren noch 5003 Zisternen vorhanden, die weder verbaut noch zerstört oder gestohlen worden waren. Die Zisterne am Fondaco dei Turchi wurde sozusagen als Schauobjekt wieder in Betrieb genommen – dabei blieb es aber vorerst, weil sich niemand mehr so richtig um das Projekt kümmert.

Aufgrund dieser Wasserproblematik war es nicht unüblich, mit Meerwasser zu kochen – vor allem Risotto und Pasta. Bis heute lautet daher eine gängige Faustformel beim Kochen von Pasta, dass Spaghetti & Co in Wasser zu kochen seien, das wie Meerwasser schmeckt. Und weil demnach viele Rezepte ziemlich versalzen geschmeckt haben, herrscht bei den Köchen in Venedig nach wie vor die Meinung vor, dass „Salz" den guten Geschmack zerstören würde … Ein Relikt aus vergangenen Tagen, was dazu geführt hat, dass viele Köche kaum mehr Salz verwendeten und dies für einen geschmacklichen Vorteil hielten. Das wiederum hatte zuweilen recht langweilige Ergebnisse, die wiederum ein Grund dafür waren, dass der venezianischen Gastronomie nachgesagt wurde, dass sie nicht wirklich gut sei.

Es war eine ziemlich verfahrene Situation, denn viele Touristen (vor allem aus nördlichen Gefilden mit salzreicher Küche oder auch aus italienischen Regionen, in denen stark gesalzen wird wie beispielsweise in der Toskana) hatten ein geschmackliches Problem mit den relativ milden Speisen der Venezianer. Diese hingegen konnten nicht verstehen, dass ununterbrochen nachgesalzen wurde. Und das Ganze nur aufgrund eines Missverständnisses. Die Sache wurde dann für viele Fremde noch undurchsichtiger, wenn sie auf der einen Seite die salzarme Kost vorgesetzt bekamen und dann zufälligerweise einmal *bigoli in salsa* bestellten, die derart stark gesalzen daherkommen, dass es auch Salzfreunde befremdlich erscheint – aber sehr salzige Speisen wie diese dürften das Geschmacksbild der Serenissima über Jahrhunderte hinweg geprägt haben.

Aus diesem Grund wird auch die Suppe, von der wir hier sprechen, recht ordentlich gesalzen – mitunter hat man sogar eine Salz-Sardine hineingegeben, wenn man sie aufbessern wollte (traditionell wird sie aber ohne Sardine gegessen). Am besten schmeckt die denkbar einfach zuzubereitende Suppe, wenn man sie mit *salicornia* (Meeresspargel) oder Kräutern der Barene aufpeppt. Man kann sie aber auch mit ganz normalen Gartenkräutern herstellen oder natürlich einer Kombination. Ich persönlich liebe das einfache Gericht, wenn es mit *salicornia* zubereitet wird – der Meeresspargel wächst nämlich besonders in der Adria besonders gut und wird hier hocharomatisch.

Es gibt übrigens noch einen weiteren Grund, warum der *salicornia* in Venedig häufig genutzt wurde, und zwar die Glasbläserei auf Murano: Man hat die Asche des Meeresspargels zur Herabsetzung des Schmelzpunktes

von Glas verwendet – daher rührt auch der deutsche Name „Glasschmelz“, den der *salicornia* hat. Aus der Pflanze wurde früher das Soda (die Asche des *salicornia* enthält bis zu fünfzehn Prozent Soda) gewonnen, das dann für das Schmelzen von Glas verwendet wurde.

Es existiert kein einheitliches Rezept für diese einfache Speise des Volkes; genommen wurde für das Acqua d'erbe einfach das, was da war – und das war zumeist *salicornia*, basta!

Acqua d'erbe

500 g *salicornia* | 1 Zwiebel | 3–4 Knoblauchzehen | Zitronensaft nach Belieben (ersatzweise auch Essig) | Olivenöl extra | trockenes Weißbrot | Pfeffer aus der Mühle | evtl. etwas geriebener Grana Padano (ich verzichte darauf) | evtl. einige Anchovis oder Sardellen

---

Den *salicornia* von Schmutz und Wurzelresten befreien und in Wasser 5 Minuten blanchieren; abtropfen lassen und das Wasser aufheben. Die Zwiebel in Streifen schneiden, den Knoblauch hacken und beides in Olivenöl andünsten. Den etwas zerkleinerten Meeresspargel hinzugeben und einige Minuten mitbraten, dann mit so viel Kochwasser ablöschen, dass das Ganze leicht suppig wird.

Weißbrotscheiben in tiefe Teller legen und mit der Suppe großzügig begießen, nach Geschmack mit Zitronensaft, Olivenöl und etwas Pfeffer aus der Mühle würzen.

Manche geben etwas geriebenen Käse darauf, andere ein paar Anchovis und wieder andere kombinieren mit etwas Fenchelpollen oder Fenchelgrün; meiner Meinung nach braucht der *salicornia* nichts von alledem. Ich verzichte sogar auf das Brot, um den reinen Geschmack dieser einfachen Speise zu genießen.

Bigoli con salsa

Man sagt, dass jede Region Italiens ihre eigene Pasta hat. Und so verwundert es nicht, dass mit den *bigoli* auch Venedig (beziehungsweise der Veneto) seine eigene, einheimische Nudelsorte vorweisen kann. Generell wird in der Lagune nicht so viel Pasta gegessen wie in anderen Regionen Italiens, man zieht hier den Risotto als Primo vor – doch bei hausgemachten *bigoli* macht man gerne eine Ausnahme.

Bigoli sind ein spezieller Typ der Pasta, eine ursprüngliche und besonders aromatische und vielseitige Variante, weil sie aus unterschiedlichen Teigen und in unterschiedlichen Formen produziert werden können und dürfen. Immer handelt es sich jedoch um eine *pasta lunga*, also um lange Nudeln, welche ausschließlich aus häuslicher Produktion oder Kleinbetrieben (z.B. Delikatessenläden, welche Nudeln produzieren) stammen.

In alten Rezepten ist zu lesen, dass der *bigoli*-Teig zwischen den Händen gedreht werden soll. Das würde bedeuten, dass sie die Form von dünnen Schupf- oder Wuzinudeln hatten. Heute benutzt man zur Herstellung von echten *bigoli* den sogenannten *bigolaro*. Dieses urtümlich anmutende Küchengerät ist an einem etwa ein Meter langen Schemel befestigt und hat ein angebrachtes Rohr von ungefähr zehn Zentimetern Durchmessern. Für dieses Rohr gibt es verschiedene Einsätze aus Messing oder – besonders gut – aus Bronze, welche unterschiedliche Lochungen zeigen. Mittels der verschiedenartigen Lochungen können unterschiedliche Nudelformen produziert werden. Je nach verwendetem Einsatz erhält der *pastificcio* dickere oder dünnere *bigoli* (welche für gewöhnlich eher dickere Nudeln darstellen) beziehungsweise lange oder sehr lange Nudeln.

Der vorbereitete Nudelteig wird hierfür in das Rohr gefüllt und anschließend mittels einer Kurbel (ähnlich wie bei einer Handpresse) langsam nach unten durch den Einsatz gepresst. Früher breitete man die Nudeln zum Trocknen auf Röhricht aus, heute werden hausgemachte *bigoli* zumeist als *pasta fresca* genossen.

Der Teig für *bigoli* kann dabei recht unterschiedlich ausfallen. Der Tradition getreu verwendet man eine Mischung aus Buchweizenmehl und Weizenmehl. Bereitet man sie aus Vollkornmehl zu, heißen sie *bigoli mati* (falsche Bigoli). Auch Mischungen aus Weizenvollkornmehl und Hartweizengrieß oder Weizenmehl und Weizenvollkornmehl sind gebräuchlich, zuweilen wird dem Teig nach Belieben zusätzlich Ei (traditionell Entenei) hinzugefügt. In früheren Zeiten, als das Essen von Buchweizen im Nordosten Italiens nicht nur üblich, sondern geradezu überlebensnotwendig war, wurden die *bigoli* in Ermangelung des teuren Weizens nur aus Buchweizen hergestellt (Not macht erfinderisch). Heutzutage sind eigentlich nur mehr zwei Varianten gebräuchlich: die aus Buchweizen und die aus Weizen-Buchweizenmischung und Entenei.

Das Besondere an den *bigoli* ist der bereits angesprochene *bigolaro*, welcher zu ihrer Herstellung dient (in Ermangelung eines *bigolaro*, kann auf eine Handpresse zurückgegriffen werden). Vor allem wenn hochwertige Einsätze aus Bronze verwendet werden, wird die Oberfläche der *bigoli* besonders rau, was durchaus erwünscht ist. Die Pasta erhält so ihr typisches Geschmacksbild: außen weich und innen bissfest (und zwar richtig bissfest). Obendrein erlaubt die raue Oberfläche ein besseres Aufnehmen der Sauce. Industriell hergestellte *bigoli* können da nicht mithalten, denn ihre Oberfläche ist meist aalglatt, weil sie aus Teflonmatrizen gezogen wurden.

Für echte *bigoli* mischt man 300 g Buchweizenmehl, 200 g Weizenmehl, 4–6 Enteneier, etwas Salz, Olivenöl und Wasser zu einem mittelfesten Teig, der gründlich geknetet und anschließend durch einen *bigolaro* gepresst wird. Wer mag, kann diese Pasta über Stroh (original wäre Röhricht) zum Trocknen ausbreiten.

Eine Sonderform nehmen die sogenannten *bigoli nobili* ein. *Bigoli nobili* werden zwar ebenfalls mittels eines *bigolaro* hergestellt, dürfen aber dennoch weder mit den traditionellen *bigoli* noch mit den *bigoli mati* verwechselt werden, weil sie keine *pasta fresca* sind, sondern zur Gruppe der *pasta secca* (also zur getrockneten Pasta) gehören. Zudem bestehen sie aus sehr fein gemahlenem Hartweizengrieß.

Bigoli stammen ursprünglich aus Padua, wo der Legende nach um die Mitte des 15. Jahrhunderts der Koch des Bischofs erstmals eine Pasta mit dem Namen *bigoli* anpries und 1603 der Stadtrat von Padua das Patent für deren Produktion genehmigte. Aus diesem Grund nimmt Padua für sich in Anspruch, die Geburts-Stadt der *bigoli* zu sein und ist bis heute das Zentrum für *bigoli nobili*, wo diese Spezialität aus einem etwas gröberen Hartweizengrieß (gröber gemahlen als der für z.B. Spaghetti) und reinem Quellwasser zubereitet wird. Ein langer und schonender Trocknungsprozess von mehr als 25 Stunden soll für die optimale Qualität der Pasta sorgen. Die traditionelle Mischung schreibt für den Teig 400 g semola di grano duro und 500 ml Quellwasser vor, heute gibt es auch Varianten mit Ei, wobei der Teig aus 1 kg Hartweizenmehl, 10 Eigelben (vorzugsweise von Enteneiern), 1 ganzen Ei, etwas Olivenöl und Salz besteht – dies ist aber nicht das Originalrezept, was an dieser Stelle festgehalten werden muss.

Um die Geschichte rund um die *bigoli* noch weiter zu verwirren wurde dann eine weitere Variante ins Leben gerufen, um auch ein Produkt zu haben, das der Zunft gerecht wird. Denn seit dem Jahr 1574 schreibt ein Statut der Zunft der Pastahersteller (die sogenannte *arti die fidelari*) für jegliche *pasta secca* die Verwendung von Hartweizengrieß gesetzlich vor. Im Veneto sind dies die *bigoli nobili mori*, die aussehen wie extrem dicke Spaghetti und ausschließlich aus grobem Hartweizengrieß und Quellwasser hergestellt werden. Hier ist besonders wichtig, dass der Teig lange und sorgfältig geknetet wird. Die Menge des Wassers ist reine Gefühlssache und vom jeweiligen Grieß abhängig: Generell wird man 1,2–1,5 Liter lauwarmes Wasser für 1 kg Grieß benötigen.

Es ist für Ungeübte eine schwierige Pasta, insbesondere wenn keine Maschine zur Hand ist, wird das Teigkneten bestenfalls zur Meditationsaufgabe, schlechtesten Falls zur Qual mit schmerzenden Händen. Wurde beim anschließenden Trocknen mit größter Sorgfalt gearbeitet, so erhält man die wahrscheinlich beste Pasta überhaupt. Aber Achtung: Die Kochzeit für eine derartige Pasta beträgt meist mehr als 20 Minuten!

Übrigens: Die Spaghetti mögen eine Erfindung des Südens sein, der Name stammt aber aus dem Norden. So erhielten die Neapolitaner ihren Spitznamen *mangiamaccheroni* (Makkaroniesser) erst im 18. Jahrhundert, woraus dann später das Schimpfwort „Spaghettifresser" wurde, welches aber für alle Italiener gelten sollte; *mangiamaccheroni* galt übrigens über Jahrhunderte den Sizilianern. Zuvor verspottete man die Neapolitaner als *mangiafolia* (Blattgemüseesser – ihre Liebe zu Blattgemüse hält bis heute ungebrochen an). Aber das Wort Spaghetti (eine Verkleinerung des Wortes *spago*, Schnur) stammt nicht aus Neapel, sondern wahrscheinlich aus Piacenza, wo es 1836 erstmals dokumentiert wurde – der Name hat seinen Ursprung also ausgerechnet aus dem von den Neapolitanern so verachteten Norden. Wahrscheinlich nennt man in Neapel deshalb – sozusagen als Protest gegen den reichen Norden – die Fadennudeln bis heute *vermicelli* oder einfach *maccheroni* (damit meint man in Neapel sämtliche Pasta).

Das Interessante an dieser Geschichte ist, dass niemand Geringerer als Casanova in seinen Memoiren geschrieben hat, dass ihm *maccheroni* dabei geholfen haben sollen, aus den berüchtigten Bleikammern zu fliehen – das belegt, dass der Name *maccheroni* auch in Venedig für sämtliche Pasta geläufig war und erst im späten 18. beziehungsweise frühen 19. Jahrhundert in die regionalen Bezeichnungen eingeführt worden ist.

Aber zurück zu den *bigoli*. Diese werden in der Küche Venedigs traditionell vor allem für vier Gerichte verwendet: 1. *bigoli in salsa* (mit Sardellen-

Zwiebelsauce), 2. *bigoli alla pescatora* (mit Meeresfrüchten), 3. *bigoli con ragù di fegatini* (mit feinem Hühnerleberragout) und 4. *bigoli con ragù d'anatra* (mit Entenragout). Alle vier Rezepte sind übrigens überaus köstlich!

Die *bigoli alla pescatora* findet man heute nur mehr selten, weil meistens den Spaghetti mit Meeresfrüchten der Vorzug gegeben wird – die Zubereitung ist auch sehr ähnlich. Fast gänzlich verschwunden sind die *bigoli* mit dem Hühnerleberragout, was ich nicht verstehen kann. Das herzhafte Ragout aus feiner Hühnerleber, Fleischbrühe, Butter, Olivenöl, Salbei, geriebenem Grana Padano, Salz und Pfeffer schmeckt großartig zu frischen *bigoli* (in einer der Varianten mit Entenei).

Am bekanntesten sind sicherlich die *bigoli in salsa* – eigentlich ein typisches Armeleuteessen vergangener Zeiten. Aber wie so oft ist das Einfache meist wunderbar, so auch hier. Insbesondere die traditionellen *bigoli* aus Buchweizenmehl harmonieren perfekt mit der Salsa aus gewaschenen, in Salz eingelegten Sardellen, Zwiebeln, Olivenöl und Pfeffer (manche geben zum Abrunden des Geschmacks auch noch etwas Weißwein oder Essig in die Sauce). Diesen Klassiker genießen die Venezianer selbst gerne und man findet ihn sehr oft auf festlich gedeckten Tafeln – aber auch viele Spitzenrestaurants lassen es sich nicht nehmen, zu beweisen, wie perfekt und schmackhaft man dieses Gericht zubereiten kann. Ich persönlich bin der Meinung, dass sie im Restaurant Do Forni besonders gut schmecken.

Ein wahrer Festtagsschmaus hingegen sind die *bigoli* mit Entenragout – mein Gott, was hat mir meine Freundin Giulietta für Freuden bereitet. Dieses Entenragout gehört zu den echten Klassikern der venezianischen Küche und wird bis heute bei vielen Anlässen und Festtagen aufgetischt. So gab es anlässlich eines Geburtstages bei meiner Kochfreundin zuerst ein paar Crostini mit Leberpastete, danach Stockfisch und Anchovisaufstrich, gefolgt von herrlichen hausgemachten *bigoli* mit dem schmackhaften Entenragout und anschließend als Hauptspeise die gesottene Ente mit Karden, Artischocken und Radicchio Trevisano. Um die Sache zu vollenden, folgten als Dessert umwerfend gute *mele cotte con amaretti* sowie ein kühler Sgroppino – welch ein Mahl! Bevor Sie sich, verehrte Leserschaft, auf das Studieren des Rezeptes machen, mögen Sie sich folgenden Rat von Giulietta zu Herzen nehmen: Sie hat immer zwei kleinere Enten für vier Personen berechnet, weil es immer Streit um Brust oder Keule gab, sagte sie. Bei zwei kleineren Vögeln hat man erstens mehr Innereien für die schmackhafte Sauce und zweitens keinen Streit ob Brust oder Keule, weil jeder Schlemmer eine halbe Ente erhält. Auch hat Giulietta jedem Gast einen Becher voll heißer Entenbrühe (die sie durch ein Etamin gezogen hat) zum Hauptgang gereicht, was den Geschmack vollkommen machte.

Bigoli con ragù d'anatra

1 küchenfertige Ente samt Innereien | 2 Entenlebern extra (ersatzweise 3–4 Hühnerlebern) | 2 Entenmägen extra (oder 3–4 Hühnermägen) | 1 große Zwiebel | 1 Karotte | 1–2 Stangen Staudensellerie | 4 Nelken | 2 Lorbeerblätter | 2–3 Knoblauchzehen | 4–6 Salbeiblätter | 1 Bund glatte Petersilie | 1 Prise Muskatnuss (fakultativ) | 50–75 g Butter | Pfeffer aus der Mühle | Meersalz | außerdem: 400 g hausgemachte *bigoli* (vorzugsweise mit Enteneiern)

Die Ente ausnehmen, danach sorgfältig unter fließendem Wasser abspülen und anschließend trocknen. Die Innereien sauber parieren. Das Gemüse putzen. In einem großen Topf Wasser aufsetzen und zum Kochen bringen. Die halbierte Karotte, die Zwiebel mit den Gewürznelken gespickt, halbierte Selleriestangen, die Stängel der Petersilie, Lorbeerblätter und 2 angedrückte Knoblauchzehen hineingeben. Sobald das Wasser kocht, die Ente und die Mägen hineinlegen und 30 Minuten offen kochen, dann auch die Leber dazugeben und weitere 30 Minuten mit leicht geöffnetem Deckel kochen.

Die Ente samt Innereien aus dem Topf nehmen, die Innereien beiseite legen. Von der Ente die Flügel abtrennen, dann die Ente wieder in die Brühe legen, um sie warmzuhalten (nicht mehr kochen).

Das Fleisch von den abgetrennten Flügeln lösen und fein hacken. Mägen, Lebern und die restlichen rohen Innereien (Herz, Nieren etc.) ebenfalls fein hacken.

In einer Pfanne die Butter zerlassen und mit 4 Salbeiblättern aromatisieren, salzen und pfeffern. Darin das gehackte Entenfleisch und die gehackten Innereien sautieren, bis sie nach Salbei duften; mit Muskatnuss, Pfeffer aus der Mühle und Salz abschmecken.

Zwischenzeitlich hat man die *bigoli* in reichlich Salzwasser al dente gekocht und gibt diese nun leicht abgetropft zum Entenragout – Giulietta hat die Ente in Alufolie gewickelt im Ofen warmgehalten und die *bigoli* im Entensud gekocht! Etwas Entenbrühe dazugeben, eine Handvoll geriebenen Grana Padano untermischen und eventuell auch noch einen Stich Butter. *Bigoli* auf vorgewärmten Tellern anrichten und mit gehackter Petersilie garniert auftischen. Geriebenen Grana extra dazureichen.

Nachdem man sich an dieser köstlichen Pasta gelabt hat, wird die gesottene Ente samt den empfohlenen Gemüsesorten (eingelegte Artischocken, Karden oder Spinat, im Ofen gegrillter Radicchio) aufgetischt.

Frittata di San Marco

Der 25. April ist für Venedig ein besonderer Tag. Aber nicht, wie man meinen könnte, wegen des italienischen Nationalfeiertages, der an die Befreiung vom Nationalsozialismus am 25. April 1945 erinnert, sondern aus einem anderen Grund: Es ist der sogenannte „Markustag" zum Gedenken an den Evangelisten Markus (außerdem ist der 25. April der spätmöglichste Ostertermin). Die Venezianer begehen ihren Markustag aber am 31. Januar und feiern aus diesem Grund (noch) ein zweites, anderes Fest mit dem schönen Namen *festa del bocolo*. An diesem Tag des Rosenfestes schenken Männer ihrer Geliebten eine einzelne Rose. Die Tradition entstand, wie so viele Brauchtümer, aus einer Legende heraus, die bis in das 8. Jahrhundert zurückreicht: Demnach soll ein Mann niederen Standes eine venezianische Patrizierin verehrt haben. Um die Erlaubnis des Vaters zu erlangen, sie ehelichen zu dürfen, zog er heldenmutig in einen fernen Krieg. Dort wurde er während eines Gefechts schwer verwundet, konnte aber gerade noch eine Rosenblüte von einem nahe gelegenen Strauch für seine Geliebte pflücken, die er mit seinem Blut tränkte. Ein Kamerad wurde damit beauftragt, diese „blutende" Rose der Geliebten zu überbringen. An einem 24. April erreichte er Venedig und übergab die Rose sofort der Geliebten, welche aus Kummer am 25. April an gebrochenem Herzen verstarb. Seit diesem Tag gilt die Rose als Zeichen der Liebe.

Venedig begeht den 25. April zunächst mit einer Messe, die vom Patriarchen höchstpersönlich gehalten wird. Danach folgen verschiedenste Feierlichkeiten mit Musik und Tanz sowie eine Regatta. Dennoch „flüchten" manche Familien auch vor dem Trubel und fahren mit dem Boot in die Lagune hinaus, um dort zu picknicken.

Ende der 1990er-Jahre hatte ich Gelegenheit, an so einem Picknick teilzunehmen, das eine befreundete Familie organisierte. Wir fuhren hinaus in die Lagune, wo es zahlreiche unbewohnte Inseln gab, die heute in so etwas wie „öffentliche Grillplätze" umfunktioniert – oder einfach von der Bevölkerung gemacht – worden sind. Unsere Insel hatte sogar einen Schuppen, den die älteren Damen sofort okkupierten, um ihre mitgebrachten Köstlichkeiten auszupacken und zum Verzehr anzurichten; es handelte sich um verschiedenste kleine, eingelegte Fische. Kleine unbedeutende Fische zu essen, würde die Verbindung von Venedig mit der Lagune symbolisieren, denn die armen Fischerfamilien vergangener Tage durften den Beifang für sich und ihre Familien behalten, um nicht zu verhungern. Während wir die kleinen Fische und den guten (!) Wein genossen, kamen einige weitere (jüngere) Männer hinzu und brachten Dutzende von verschiedenen Vogeleiern, die von Wildenten abstammen mussten und die sie zuvor in der Lagune gesammelt hatten – auch das sei eine sehr alte Tradition. Wenig später gesellte sich dann noch eine Gruppe von jungen Mädchen hinzu; sie brachten allerlei frisch gepflückter Wildkräuter aus der Lagune.

Die Enteneier wurden in zwei mitgebrachten Schüsseln aufgeschlagen und gesalzen. Die Herren machten sich daran, im von Steinen umrandeten „Naturgrill" eine schöne Glut zu erzeugen, und die erste *frittata* wurde zubereitet – jene mit Wildkräutern, die mit gehackter Zwiebel in Olivenöl angedünstet wurde, um dann mit dem Ei zu einer schönen, goldbraunen *frittata* gebacken zu werden. Für die zweite *frittata* packte einer der Männer ein Bündel mit grünem Gestrüpp aus einer Tasche; es waren sogenannte *bruscandoli* (wilder Hopfen). Ich kannte aus dem Friaul Gerichte mit Hopfensprossen, eine *frittata* daraus (und dann noch eine aus Enteneiern) war mir neu. Ich erfuhr, dass diese *frittata di San Marco* das traditionelle Essen für den 25. April sei. Zu dieser *frittata* wurde aufgeschnittene *sopressata veneta*, *coppa* und *bussolai* (salzige Brotkringel aus Mehl, Hefe und Salz, für die vor allem Pellestrina bekannt ist) gegessen. Die *frittata* mit Wildkräutern sei das Traditionsgericht der armen Bauern gewesen und die *frittata* mit Hopfen und reichhaltigen Beilagen das der Patrizier. Auf meine Frage, ob nicht der *risi e bisi* das typische Essen für den 25. April sei, meinten meine Freunde nur: Das ist eine Legende für die Touristen, denen solche Geschichte von „Erbsen essenden Dogen" gefallen würden … Es könne schon sein, erwiderten sie, dass dem einen oder anderen Dogen dieser Reis mit Erbsen tatsächlich geschmeckt hat, aber eigentlich ist es ein Bauernessen aus dem Veneto und allenfalls noch auf Sant'Erasmo. Doch die „echten“ Venezianer essen am 25. April „kleine Fische“ und *frittata* und das sicher seit „Menschengedenken“ – na dann.

Aber genau genommen ist das einerlei, weil beides möglich wäre: Die Bevölkerung kann ja ihre *frittata* (*fortaia* im venezianischen Dialekt) gegessen haben, während sich der Doge und seine Tafel an Erbsenreis labten. Ich beschloss damals, die Sache auf sich beruhen zu lassen und bei wunderbarem Essen und hervorragenden Weinen aus dem Veneto den Tag in der Lagune zu genießen. Am späteren Abend fuhren wir zurück in die Serenissima und es war ein unvergessliches Erlebnis, in einer lauen Frühlingsnacht über das Meer in Richtung der mystisch daliegenden Serenissima zu brausen – das sind Momente, in denen Legenden zum Leben erwachen.

Fortaia di San Marco

5 Enten- oder 6 Hühnereier | 1 Bund *bruscandoli* (wilder Hopfen oder auch Hopfensprossen/Hopfenspargel), ersatzweise Wildspargel oder auch 2 Handvoll Wildkräuter | 1 kleine Zwiebel oder 2 Knoblauchzehen | Grana Padano | 3–4 EL Olivenöl extra | Pfeffer aus der Mühle | feines Meersalz

---

Bruscandoli (oder Wildkräuter) waschen, trocknen und in Stücke schneiden; die Zwiebel feinst hacken. Die Eier aufschlagen und in einer Schüssel mit etwas Salz, Pfeffer und 2–4EL geriebenem Käse vermischen. Olivenöl in einer Omelette-Pfanne erhitzen, Zwiebel darin andünsten. Nach ein paar Minuten den Hopfen dazugeben und alles auf kleiner Flamme 5 Minuten zugedeckt dünsten.

Die Eiermasse hinzugeben und gut mit dem Wildkraut vermengen. Auf milder Hitze zugedeckt backen lassen bis die Masse gestockt ist, dann noch ein paar Minuten backen bis die *frittata* unten eine schöne Kruste hat.

Die *frittata* etwas abkühlen lassen, mit Salz, Pfeffer und geriebenem Käse bestreut genießen. Dazu trinkt man einen guten Wein aus dem Veneto (ich z.B. einen Raboso Piave).

Minestra di pasta fina

Die Italiener – insbesondere die Neapolitaner – werden es sicher nicht gerne hören, dass es nicht ihre Idee gewesen ist, Nudeln nicht nur in einer fetten Suppe zu kochen, sondern auf eine feinere Art zubereitet mit edleren Zutaten zu kombinieren. Die Idee stammt aus dem Süden Frankreichs, genauer aus der Provence, denn dort haben Fischer die *maccheroni* (Nudeln) der Kollegen aus Neapel & Co zunächst mit Tomaten liiert (woraus sich im Laufe der Zeit die weltberühmte *pasta al pomodoro* in unzähligen Spielarten und Variationen entwickelt hat), später auch mit anderem Gemüse, Fisch und Fleisch. Zudem weckten sie mit ihrer gleichermaßen einfachen wie genialen Idee die Kreativität der Italiener, die ein wahres Universum an Pastagerichten erschufen, das ihresgleichen sucht.

Die *minestra di pasta fina* ist insofern ein hochinteressantes Rezept, als dass es nachweislich auf den Dichter Carlo Goldoni zurückzuführen ist, der diese Suppe über alles liebte, ja mehr noch, als Quelle der Inspiration ansah und zugleich als Stärkung für die Lendenkraft. Carlo Goldoni lebte bekanntlich in beiden Welten, zuerst in Venedig, dann in Paris. So verwundert es wenig, dass wir in diesem Rezept viele Elemente vereint sehen: aus Neapel stammt die ursprüngliche Art die *maccheroni* in Brühe zu kochen, aus Frankreich die Verfeinerung mit Gemüse-Julienne und Fleisch.

Im 18. Jahrhundert war – ausgehend vom Glanz des Hofes Ludwig XIV. – in ganz Europa alles Französische in Mode gekommen, vor allem was Luxus und Küche betraf. Der Adel sprach Französisch und fühlte sich noch überlegener als zuvor. In Venedig gab es zwar keinen Adel, sondern nur die Oligarchen aus den herrschenden Patrizierfamilien, aber auch diese fanden Gefallen an der französischen Lebensart – vor allem wenn man damit angeben konnte.

Inspiriert vom Bürgertum und den Juden, die Pastagerichte weit früher kultivierten als alle anderen Venezianer, fand auch die Oberschicht so langsam Gefallen an den vielseitig verwendbaren Nudeln. Und Giacomo Casanova, der von sich selbst behauptete, ein exzellenter Koch zu sein, verdankte

Carlo Goldoni

den aus Neapel kommenden *maccheroni* angeblich sogar seine Freiheit, denn sie sollen ihm beim legendären Ausbruch aus den Bleikammern (ihren Namen haben sie von den Bleidächern, unter denen sich die Gefängniszellen befanden) behilflich gewesen sein.

In der Nacht vom 25. auf den 26. Juni 1755 verhaftete man Casanova und sperrte ihn in die berüchtigten Bleikammern neben dem Dogenpalast. Angeblich soll er die heilige Religion öffentlich geschmäht und beleidigt haben, zudem wurde er des Betruges, der Freimaurerei und der Spionage bezichtigt, was besonders schwer ins Gewicht fallen sollte. Tatsächlich wurde Casanova aber Opfer eines eher undurchsichtigen Intrigenspiels, das er selbst mit seinem Buhlen um die Mätresse Antonio Condulmers (einer der drei Inquisitoren der Serenissima) auslöste – es erscheint nur logisch, dass der Inquisitor seinen Nebenbuhler unschädlich machen wollte. Sicherlich wusste er um die Liebeskünste Casanovas, der – und das ist der in seinen Memoiren nachzulesende Hauptgrund, warum ihm die Frauen zu Füßen lagen – nicht zuerst an die seinige, sondern an die Befriedigung der Frau dachte, was in der damaligen Zeit höchst ungewöhnlich war. Casanova gefiel sich in der Rolle als selbstloser Beglücker unglücklicher und unbefriedigter Damen, findet sich der Spruch „ich brannte vor Ungeduld und wollte sie befriedigen" in der einen oder anderen abgewandelten Form mehrmals in seinen Memoiren.

Wie dem auch sei, Casanova schmorte unter der sengenden Hitze der bleiernen Dächer und plante schon sehr bald seinen ersten Ausbruchsversuch. Mit einem selbst gefertigten Brecheisen versuchte er zunächst den Boden aufzustemmen, doch bevor er die Decke durchbrechen konnte, wurde er (überraschend) verlegt und der Ausbruchsversuch entdeckt. Beim nächsten Versuch ging Casanova überlegter und geduldiger an die Sache heran und entschied, dass er den Gefängniswärter Lorenzo für sich gewinnen müsse, da nach dem ersten Versuch seine Zelle nun jeden Tag aufs Neue untersucht wurde.

Casanova gelang es zunächst einen Buchaustausch mit dem Mönch Balbi zu arrangieren. Weil dessen Zelle genau unter einer „Schwachstelle" der Bleikammern gelegen war, dachte Casanova, dass mit der Hilfe des Mönchs die Flucht möglich sei. Also musste auch der Mönch in den Besitz des Brecheisens gelangen. Dabei sollten ihm seine Kochkünste behilflich sein, die sich inzwischen im gesamten Gefängnis herumgesprochen hatten. Lorenzo, der Gefängniswärter, war besonders hungrig, erzählte ihm Casanova doch laufend von den wunderbarsten Speisen – dem armen Kerl muss das Wasser bis zum Ersticken im Munde zusammengelaufen sein.

Gedacht, getan: Casanova schlug dem ausgehungerten Gefängniswärter vor, dass er zur Feier des Markustages eine besondere Spezialität kochen wolle: *maccheroni* in einer herzhaften Butter-Käsesauce schwimmend. Und er würde gerne seinen Buchfreund, den Mönch Balbi dazu einladen, damit dieser das Essen am heiligen Markustag segnen könne. Und wenn der gute Lorenzo die Liebenswürdigkeit besäße, ihm bei diesem Ehrenmahl zu helfen, dann würde auch er einen großen Teller dieser Köstlichkeit als Anerkennung und für seine sonstigen Dienste im Austausch der Bücher erhalten.

Die Aussicht auf ein derartiges Festmahl machte Lorenzo arglos und er richtete Casanova aus, dass er das Unterfangen unterstützen werde. Das verabredete Zeichen zwischen Mönch und Casanova war die Bibel, welche innerhalb des Büchertausches die Zelle wechseln sollte, damit der Mönch in den Besitz des Spießes kam. Der Spieß war in Papier gewickelt im Rücken der Bibel versteckt.

Am Markustag kam Lorenzo dann mit allen angeforderten Küchenutensilien – Makkaroni, Käse, Butter, einer Wärmepfanne und vieles mehr. Casanova machte aus dem einfachen Mahl eine wahre Show; wie er berichtet, ließ er zunächst die Butter ganz langsam zergehen, damit die Vorfreude auf das Mahl gesteigert würde. Danach legte er die gekochten Makkaroni in die heiße Butter, um sie zu wärmen. Die große, für den Mönch bestimmte Schüssel, füllte Casanova voll mit Makkaroni und kochend heißer Butter und stellte sie auf die Bibel. Beides sollte Lorenzo nun zum Mönch bringen, aber sehr vorsichtig und achtsam, denn es dürfe nichts verschüttet werden. Lorenzo solle nach der Übergabe unverzüglich zurückkommen, damit seine Portion Makkaroni, welche Casanova indes zubereitete, nicht kalt werde. Behutsam nahm Lorenzo Bibel und Schüssel an sich und achtete darauf, nichts zu verschütten – derart auf das Wesentliche konzentriert, hatte er keine Augen für die Bibel und das darin versteckte Brecheisen, das nun seinen Weg in die „richtige" Zelle fand.

Der Rest ist kurz erzählt, nachdem Balbi mithilfe des Brecheisens die Decke durchbohren und eine Luke öffnen konnte, schlüpften er und Casanova durch diese auf das Dach, um von dort unter lebensgefährlichen Umständen über das Dach gehend in ein Dachfenster in einem anderen Teil des Gebäudes einzusteigen. Am 1. November 1756 gelang ihnen die Flucht. Es sollte für Casanova der Beginn einer rastlosen und abenteuerlichen Reise durch ganz Europa werden, die mehr oder minder glücklich in Schloss Dux (heutiges Tschechien) mit einer Anstellung als Bibliothekar, dem Verfassen seiner Memoiren und sogar einem Freispruch von der venezianischen Inquisition enden sollte.

Bis zu seinem Lebensende bereitete Casanova in Erinnerung an seine Zeit in den Bleikammern, aber auch weil er bemerkte, dass insbesondere die Frauenwelt seine Pasta liebte und er sie damit zugänglicher machen konnte, zwei Makkaroni-Rezepte zu: erstens das aus der Bleikammer, welches nur aus gekochten frischen Nudeln, heißer Butter und geriebenem Käse bestand (also ungefähr das war, was in Neapel ursprünglich als *maccheroni* populär wurde) und zweitens Makkaroni in einer Madeira-Sauce, die aus Rindfleisch, Rinderbrühe, Gemüse, Speck, Butter, Parmesan und Marsala bestand und nicht sehr große Unterschiede zu der *minestra di pasta fina* hatte, die auch Goldoni so liebte. Aus Casanovas Geschichte vom Ausbruch aus den Bleikammern wurde in der venezianischen Vulgär-

Casanova

sprache das *pasta apre (le donne),* womit gemeint ist, dass die Pasta selbst die hartnäckigsten Frauen gefügig mache (also öffnen würde).

Heute ist diese Minestra nur mehr selten auf den Tafeln Venedigs zu finden, aber ein ähnliches ursprünglicheres Gericht mit gekochtem Fleisch ist in aller Munde: der beliebte *bollito di carne miste*. Hierfür wird ein Schulterstück vom Rind zusammen mit 1 kg Kalbskopf und 1 Kalbszunge in leicht gesalzenem Wasser (zusammen mit 1 Karotte, 2 Selleriestangen und 1 Zwiebel) gekocht, nach einer Weile kommt noch ein Suppenhuhn dazu, das man gut 3 Stunden mitkocht. Separat wird eine *cotechino* (*musetto*) gegart. Wenn das gesamte Fleisch weich ist, wird es grob portioniert, die *cotechino* in dicke Stücke geschnitten, dazugegeben und alles in einer großen Schüssel aufgetragen – dazu reicht man eine Sauce nach Belieben – in Venedig ist das meist eine *salsa verde* aus Olivenöl, Sardellen, Kapern, Knoblauch, verschiedenen Kräutern, Essig und Salz oder auch nur ein guter Senf.

Maccheroni di pasta fina

1–1,5 kg Ochsenschwanz | einige Suppen-Knochen vom Kalb und/oder Rind | Salz

---

Außerdem: 1 Karotte | 1 Selleriestange | 1 Zucchini | 200 g frische Erbsen | 125 g frische *pasta fina* (z.B. dünne Tagliatelle) | Butter | Madeira oder Marsala | Pfeffer aus der Mühle | Käse nach Belieben

---

Die Knochen in einen großen Topf mit 5 Litern Wasser füllen, aufkochen lassen, Hitze zurücknehmen und mindestens 7 Stunden (besser über Nacht) köcheln lassen. Dann die Brühe abseihen und die Knochen wegwerfen.

Den Ochsenschwanz in Segmente zerteilen. Die Knochenbrühe aufkochen, den Ochsenschwanz hineingeben, aufkochen lassen, die Hitze zurücknehmen und das Fleisch weich kochen. Wenn das Fleisch gar ist, dieses aus dem Topf nehmen und die Brühe durch ein Sieb seihen. Dann die Brühe weitestgehend entfetten, wieder auf den Herd stellen und die Flüssigkeit auf einen guten Liter reduzieren.

Zwischenzeitlich das Fleisch von den Knochen lösen. Das Gemüse in Julienne schneiden.

Wenn die Brühe kurz vor dem erwünschten Ergebnis steht, nach Geschmack salzen, die Erbsen, das Gemüse und die frischen Tagliatelle hineingeben. Wenn alles gar ist, die Suppe mit Butter nach Geschmack sowie einem Schuss Madeira oder Marsala verfeinern, dann heiß auftragen. Bei Tisch kräftig mit Pfeffer würzen und nach Belieben etwas Käse darüberstreuen.

Pasta e fagioli

Im Gegensatz zur Pasta waren Suppen und Eintöpfe eine der Säulen der venezianischen Küche. Zwar waren die Teigwaren, welche vom Süden aus ihren Siegeszug Richtung Norden antraten, bekannt, aber bestenfalls als Armeleuteessen verrufen, was sicherlich vor allem am Gericht namens *pasta e fagioli* gelegen haben mag. Aber nicht nur das, denn die Venezianer wussten sicherlich, dass in Neapel, der heimlichen Hauptstadt der Pasta, die Ärmsten der Armen ihre ursprünglich knuddelweich gekochten *maccheroni* aus einem Napf mit fetter Brühe und etwas Käse aßen. *Maccheroni* ist der historische napoletanische Oberbegriff für Nudeln allgemein, die heutige Spezifizierung auf die Röhrennudeln selben Namens kam erst in der Neuzeit auf (wird aber in Neapel selbst nicht verwendet). Interessant ist in diesem Zusammenhang, dass die Neapolitaner ihren Spitznamen *mangiamaccheroni* (Makkaroniesser; aus dem wurde dann später das Schimpfwort „Spaghettifresser", das aber für alle Italiener gelten sollte) erst im 18. Jahrhundert erhielten – zuvor verspottete man sie als *mangiafolia* (Blattgemüseesser; die Liebe zu Blattgemüse hält bis heute ungebrochen an); *mangiamaccheroni* galt übrigens über Jahrhunderte den Sizilianern. Nicht einmal das Wort *spaghetti* (eine Verkleinerung des Wortes *spago*, Schnur) stammt aus Neapel, sondern aus Piacenza, wo es aber auch erst 1836 erstmals dokumentiert wurde. Der Name hat also seinen Ursprung ausgerechnet im von den Neapolitanern so verachteten Norden. Wahrscheinlich nennt man in Neapel deshalb – sozusagen als Protest gegen den reichen Norden – die Fadennudeln bis heute *vermicelli* oder einfach *maccheroni* (damit meint man in Neapel bis heute sämtliche Pastaformen).

Warum die *maccheroni* in Neapel so populär wurden, hat vor allem einen sozialpolitischen Grund: Es gab kein echtes Bürgertum, sondern nur (wenige) Reiche und (unglaublich viele) Arme. Und während die Reichen in feinste, aus dem Orient importierte Seide gehüllt, nicht wussten, was sie mit ihrem vielen Geld noch so alles anstellen könnten, hungerten die *lazzarone* (damit sind die Ärmsten der Armen gemeint) und wurden zudem auch noch als Taugenichtse und Tunichtgute verspottet. Die *lazzarone* (auch *lazzari* genannt) bestanden zumeist aus männlichen Zuwanderern, die genau genommen nur wegen der Arbeitssuche nach Neapel gekommen waren. Sie lebten (fast wie Obdachlose) auf der Straße und verdienten sich ihren kargen Lebensunterhalt als Abfallsammler, Wasserträger, Muschelverkäufer, Kuttelverkäufer, Quacksalber, Losverkäufer und später auch als Makkaroniköche (die Nudeln wurden in großen Kesseln mit fetter Brühe gegart und mit geriebenem Käse – mit den Fingern – gegessen). In Neapel wurde die Pasta – bis ins 20. Jahrhundert (!) – gleich am Stand mit den Händen gegessen und daher von den „ach so Vornehmen" als proletarischer Fraß verachtet (bis heute schmäht die Bourgeoisie Neapels – zumindest offiziell – daher die Pasta). Aus diesem Grund wurde die Pasta im snobistischen Venedig bis ins 18. Jahrhundert überhaupt verschmäht und konnte sich – abgesehen vom Massentourismus – bis heute nicht so richtig durchsetzen.

Als aber die aus Amerika stammende Bohne in der Küche des Volkes im 1. Jahrhundert immer beliebter wurde und man erkannte, dass die Kombination von Teigwaren und Nudeln nicht nur gesund und sättigend, sondern auch wohlschmeckend ist, befand sich der kulinarische Snobismus in einem Dilemma – fand aber einen, genau genommen sogar zwei Auswege: der erste war, dass man offiziell keine *maccheroni* aß, sondern *pasta* – der Begriff tauchte bereits Ende des 15. Jahrhunderts in Padua erstmalig auf, wahrscheinlich weil dortige Bäcker anfingen, Nudeln herzustellen, die ebenfalls eine „Mehlspeise" waren wie das Brot, nur eben nicht gebacken, sondern gekocht wurden. Tatsächlich hat man in früheren Zeiten auch den Nudelteig zuerst im Ofen bei milder Hitze „gebacken", um ihn haltbar zu machen – das Trocknen wurde erst später entwickelt. Der zweite Ausweg fand sich in der Entwicklung eigener Nudelformen, der *bigoli*. So weit, so gut – die Grundvoraussetzungen waren geschaffen, um sich an *pasta e fasoi* zu laben, denn gleichzeitig hat sich der berühmte Koch Bartolomeo Scappi (1500–1577) insbesondere mit den neuen aus Amerika stammenden Produkten auseinandergesetzt und diese in der Küche populär gemacht. Der

Siegeszug der unvergleichlichen Kombination von Pasta und Bohnen konnte daher vom Nordosten Italiens aus seinen Siegeszug antreten und zum panitalienischen Küchenklassiker werden. Mittlerweile hat jede italienische Region ihre eigene Variante, die von suppig (Venedig) über eintopfähnlich (beispielsweise Friaul) bis hin zu *pasta asciutta* (Kalabrien etc.) reicht. Mein leider verstorbener Kollege Antonio Carluccio sagte einmal zu mir: „*Pasta e fagioli* ist wahrscheinlich das einzige Gericht Italiens über das nicht in puncto Herkunft gestritten wird, weil ohnedies jede Region ihre eigene Variante hat und daher damit leben kann, dass *pasta e fagioli* zum Sinnbild der italienischen Küche wurde, obwohl es (vom Süden aus gesehen) aus dem verhassten Norden – mehr noch aus dem als dekadent verschrienen Venetien, das sich absondert und immer nur Sonderwünsche beantragt – stammt." Ein interessantes Statement. Und es ist auch nicht falsch, dass *pasta e fagioli* ein Klassiker der italienischen Küche wurde, der vom Veneto und Venedig aus zuerst in gesamt Venetien und im Friaul populär wurde, dann in Richtung Lombardei und Piemont zog und von dort aus über die Toskana in den Süden Italiens gelangte.

In der Trattoria Antica Carbonera hat man sich der Zubereitung von Pastagerichten verschrieben, was schon anhand der mit unzähligen Pastaformen geschmückten Schaufenster erkennbar ist. Man sollte sich nicht von der in einem knappen Dutzend Sprachen verfassten Speisekarte abhalten lassen, hier einmal die *pasta e fagioli* zu kosten, denn von der Stilistik her wird sie hier genauso gekocht, wie es die Tradition verlangt; eine Bohnencreme mit Pasta. Außerdem ist die Antica Carbonera noch aus einem ganz anderen Grund eine besuchenswerte Adresse, nämlich für Sissi-Nostalgiker: Die Wandtäfelung im Speisesaal und die Tische des 1894 gegründeten Traditionslokals sind aus jenem Holz, das von der kaiserlichen Yacht Miramar stammt, die vor allem von Kaiserin Elisabeth für ihre zahlreichen Seereisen benutzt wurde.

Abgesehen von der Trattoria Carbonera (der Name geht übrigens auf einen alten Kohlespeicher zurück) ist dieser Klassiker ansonsten höchst selten auf venezianischen Speisekarten zu finden, im Gegensatz zum Friaul, wo man dieses Gericht hochhält und in fast jeder traditionsbewussten Osteria anbietet.

Besonders gut gemundet hat mir eine Variante auf Burano, die ich dort bei einem Fischer genießen durfte, der mit mir zwecks Recherchen eine Tour durch die nördliche Lagune machte und mich anschließend zu sich nach Hause einlud. Seine Frau – eine begnadete Köchin, wie sich herausstellen sollte – verfeinerte die Bohnen mit gekochten Muscheln, Sepia und Folpi sowie deren Kochsud und vermischte das Bohnen-Meeresfrüchte-Sugo dann mit Pappardelle. Noch reichlich frischen Pfeffer und frittierte Knoblauchblättchen

obendrauf und ein einzigartiger Schmaus konnte gemeinsam mit einem umwerfenden Blick über die abendliche Lagune für einen der eindrucksvollsten kulinarischen Momente sorgen, die ich in Venedig erleben durfte.

Pasta e fagioli

2 Liter Wasser | 1 kg frische Borlotti-Bohnen | 1 Karotte | 1 Kartoffel | 1 Zwiebel| 1 EL gehackte Petersilie | 1 Lorbeerblatt | 1 Knoblauchzehe | 75 g Pancetta, geschnitten | 100 g frische Tagliatelle | Olivenöl extra | Pfeffer aus der Mühle | Salz

---

Die Bohnen zusammen mit der geputzten Karotte und der geschälten Kartoffel und etwas Olivenöl gut 90 Minuten im Wasser kochen.

Zwischenzeitlich die gehackte Zwiebel, die geschälte und zerquetschte Knoblauchzehe, die Petersilie und das Lorbeerblatt zusammen mit dem Speck und etwas Öl in einer großen Pfanne anrösten.

Die Bohnen abseihen (das Wasser auffangen) und vom Gemüse trennen. Mit dem Kochwasser den *soffritto* ablöschen, aufkochen und die Bohnen dazugeben.

Alles erneut aufkochen lassen, dann mit einer Gabel einige Bohnen andrücken und die Tagliatelle hinzufügen. Alles 5 Minuten kochen lassen (evtl. etwas Wasser nachgeben, denn die Konsistenz sollte leicht suppig sein), kräftig mit Salz und Pfeffer abschmecken, das Lorbeerblatt entfernen und ein wenig abkühlen lassen, bevor aufgetischt wird. Vor dem Genuss mit einem Faden frischen Olivenöl verfeinern.

Hinweis: Wer mag, kann das mitgekochte Gemüse (Karotte und Kartoffel) durch ein Sieb streichen (oder pürieren) und in die *pasta e fagioli* rühren, wenn die Tagliatelle fast fertig sind – dadurch wird die Suppe besonders cremig.

BUNDESREPUBLIK DEUTSCHLAND
HONORARKONSUL
ÖSTERREICHISCHES
KONSULAT

Risotto alla sbirraglia

Hinter diesem weniger bekannten Rezept verbirgt sich eine recht interessante Geschichte. An und für sich wäre ein Hühnerrisotto bei den in Geflügelgerichte verliebten Venezianern nicht wirklich etwas Ungewöhnliches, doch in diesem Fall verhält es sich anders. Das verrät schon der Name, ist es doch erstens höchst selten, dass einem Rezept in Venedig ein Name oder eine Berufsgruppe zugeordnet wird, und wenn so etwas geschehen ist, dann um dieser Gruppe Respekt zu zollen – beispielsweise beim *Risotto a la bechèra* (Risotto nach Metzger-Art). Nicht so hier, wie man auf den ersten Blick vermuten könnte; *sbirri* sind an sich die Polizisten. Aber was bedeutet dann „*sbirraglia*"? Das Wort *sbirraglia* setzt sich zusammen aus dem italienischen *sbirro* (Polizist) und dem lateinischen Suffix *-aglia,* mit dem abwertende und beleidigende (weibliche) Substantive gebildet werden. Bekanntestes Beispiel ist folgendes: *Cane* (Hund) ergibt zusammen mit der Endung *-aglia* das Wort *canaglia* (Schurke), aus dem die französische *canaille* hervorgegangen ist.

Mit diesem Hintergrund versehen ergibt das Rezept einen ganz neuen Sinn – es soll damit nicht die Polizei geehrt, aber auch nicht die örtlich venezianische beleidigt werden. Vielmehr richtete sich die Beleidigung gegen die österreichische Geheimpolizei, insbesondere dann, als sie während der Besatzungszeit 1917/18 in Venedig ihr Unwesen trieb. Die ländliche Bevölkerung litt besonders unter den Schikanen der ungehobelten Soldaten und so entstand der Name dieses Gerichts, den man vulgärsprachlich, wie er gemeint ist, durchaus mit „Der Reis ist für die österreichischen Bullen!" übersetzen kann.

Angesichts der Repressalien und Entbehrungen, die die Venezianer unter der österreichischen Besatzung erdulden haben müssen, und angesichts dessen, dass der Erste Weltkrieg vor allem in Sachen Versorgung eine reine Katastrophe gewesen war, mutet das Gericht durchaus opulent und „gastfreundlich" an. Es wurde das hergenommen, was irgendwie noch zur Verfügung stand – Hühner, weil sie halbwild auf allen Bauernhöfen des Veneto

Österreichisches Konsulat

zu finden waren, und Reis, um das Gericht reichhaltiger und ergiebiger zu machen. (Im Veneto war der Reis auch in Krisenzeiten in Hülle und Fülle vorhanden.) Der Legende nach mischten die Bauern der Lagune etwas Tomatensauce in den Risotto, um damit an die „Bluttaten" der österreichischen Besatzer zu erinnern – Tatsächlich gibt es bis heute zwei verschiedene Rezepturen; eine mit und eine ohne Tomate. Und heute in Zeiten des Friedens wird in Venedig das Gericht generell ohne Tomate zubereitet.

Dass die Venezianerinnen und Venezianer nicht so gut auf die Österreicher zu sprechen waren, hatte sicherlich weniger mit der verlorenen Schlacht bei Caporetto (Kobarid in Slowenien) zu tun, wo die italienischen Truppen im Zuge der Zwölften Isonzoschlacht eine verheerende Niederlage einstecken mussten, sondern wird vielmehr an den Luftangriffen zuvor gelegen haben. Denn getreu nach ihrem berühmten Vorbild Feldmarschall Radetzky, der 1849 mit seinen Ballonbomben den weltweit ersten Luftangriff auf Venedig getätigt hatte, flog die österreichisch-ungarische Luftwaffe Angriffe auf die Lagunenstadt.

Wenn man sich das heutige Venedig anschaut, dann fragt man sich unweigerlich: Warum will jemand ganz ohne Sinn so etwas Schönes zerstören, wo es doch gar nichts Militärisches zu erobern und zu gewinnen gibt? Das ist die heutige moderne Sicht, doch man muss sich vor Augen halten, dass Venedig damals eine ganz eine andere Stadt war als heute. Der Glanz der ehemaligen Serenissima hatte die sogenannten Futuristen rund um Filippo Tommaso Marinetti dazu inspiriert, in Venedig „die Geburt eines industriellen und militärischen Venedigs" vorzubereiten, das wieder über die Adria, dem großen italienischen Meere, herrschen solle. Derartige Fantasien führten leider zu einer absurden Realität, die im Bau des großen Industrie- und Militärhafens Mestre Marghera gipfelte, dessen Planung und Entstehung 1917 angegangen wurde.

Was folgte, war anfangs ein Wortgefecht zwischen Italien und Österreich-Ungarn. Zunächst ließ der Dichter und Offizier Gabriele d'Annunzio verlautbaren, dass er die Vision eines großen und mächtigen Venedigs blutig und mithilfe von Flugzeugen vorantreiben wolle. Dem gegenüber kolportierte in Wien Karl Kraus, dass man nach der Rückeroberung Venedigs aus „den Bildern Tizians Zeltplanen herstellen werde".

Auf das Wortgefecht folgten Taten, war in Venedig tatsächlich ein großer Teil der italienischen Flugzeug- und Marineverbände stationiert. Und so sah sich die österreichisch-ungarische Truppe gezwungen, Venedig aus der Luft anzugreifen. Mehr als vierzig Einsätze sollten es zwischen 1915 und 1918 werden, in rein strategischer Absicht Ziele wie den Bahnhof, die Brücke zum Festland, die historische Werft Arsenal, wo sich damals sehr viel Industrie angesiedelt hatte, oder auch die Giudecca, aus ebendiesem Grund. Doch weil die k. u. k. Herren der Lüfte mit Sicherheit mehr besoffen als im Umgang mit den Waffensystemen bewandert waren, trafen ihre Bomben statt der vorgesehenen Ziele den Dogenpalast, den Rialto, Santa Maria Formosa, die Friedhofsinsel San Michele oder auch Kirchen wie die Chiesa degli Scalzi, deren Decke aufgrund einer Fliegerbombe einstürzte und ein großes Deckengemälde von Tiepolo fast vollständig zerstört wurde. Waren die Schäden der österreichischen Angriffe schon beträchtlich, so wurde durch die Flugabwehr noch viel mehr zerstört, denn die abgeschossenen und abgestürzten Flugzeuge richteten einen viel größeren Schaden an als die mit zwanzig Pfund vergleichsweise mickrigen Bömbchen.

Nach der verlorenen Schlacht bei Caporetto verkündeten die italienischen Befehlshaber, dass sie Venedig nicht mehr retten könnten. Die Front lag nur gute zwanzig Kilometer von der Stadt entfernt, die gegen Ende des Krieges mehr oder weniger im Dunkeln lag und von der Versorgung nahezu abgeschnitten war. Sie muss wie einer Festung ohne Licht geglichen haben und dazu nahezu verwaist. Es war das erste Mal in der Geschichte der Serenissima, dass alle dachten, dies sei das Ende Venedigs.

Vor Beginn des Ersten Weltkriegs lebten mehr als 150 000 Menschen in Venedig, nach dem Ersten Weltkrieg waren es keine 40 000 mehr. Hinzu kam, dass Tausende Häuser als unbewohnbar galten, nicht nur wegen der Kriegsschäden, auch wegen der neuen Wohnstandards. Hatte Napoleon Venedig seiner politischen Macht beraubt und ihr irreparablen symbolischen und ideellen Schaden zugefügt, war Venedig nach dem Ersten Weltkrieg auch seiner wirtschaftlichen und industriellen Bedeutung beraubt. Die Stadt fiel in einen echten Dornröschenschlaf, der sie aber zu schützen schien – denn anders als noch im Ersten Weltkrieg war Venedig im Zweiten Weltkrieg kein Kriegsschauplatz. Wer weiß, wie das geendet hätte…

Auf der anderen Seite scheint Venedig bis heute nicht aus dem Dornröschenschlaf aufgewacht zu sein. Es will einfach nicht gelingen, der Stadt eine brauchbare Funktion zu geben, die jenseits der Touristenmassen der Bevölkerung ein ausreichendes Einkommen sichert. Und so ist vom einstigen Glanz der Serenissima nichts anderes übrig, als dass Venedig ein Pflaster für das Geschäftemachen ist – der Rest ist reine Fassade. Aber was für eine unfassbar schöne …

Risotto alla sbirraglia

½ Huhn (samt Innereien) | 250 g Risotto-Reis | Olivenöl extra | Butter | 25 g Knochenmark (wenn vorhanden) | 1 Zwiebel | 1 Karotte | 1 Zweig Staudensellerie | 1 Glas trockener Weißwein | 1 Liter Rinderbrühe | geriebener Grana Padano | Pfeffer aus der Mühle | Salz

---

In einer Kasserolle Olivenöl, Knochenmark und Butter erhitzen, das geputzte und klein geschnittene Gemüse darin andünsten. Dann das in Stücke geschnittene Huhn hinzufügen, anrösten, dann auch die Innereien dazugeben. Mit Wein ablöschen, etwas salzen, pfeffern und zugedeckt 30 Minuten köcheln lassen.

Die Brühe angießen, aufkochen, den Reis einrieseln lassen und 25–30 Minuten kochen, bis die Flüssigkeit nahezu absorbiert und der Reis weich ist (eventuell muss man etwas mehr Brühe oder heißes Wasser nachgeben). Wenn der Reis gar ist, den Topf vom Herd nehmen, geriebenen Käse und Butter zum Risotto geben, abschmecken und mit einem Holzlöffel kräftig durchschlagen.

Risotto de gò

Bei diesem typischen Rezept der venezianischen Lagune handelt es sich einerseits um eine der großen Delikatessen überhaupt und andererseits um eines der meist verfälschten oder bewusst gefälschten Gerichte überhaupt. Genau genommen kann man es eigentlich nur dann zubereiten, wenn man den im Rezepttitel verlangten Fisch namens *gò* (italienisch *ghiozzo*) erhält, eine spezielle Form der Fischfamilie der Grundeln. Die Grundeln der Lagune lieben das Brackwasser und sind entfernt mit den Schlammspringern verwandt. Der *gò* hat zwar wenig, aber höchst aromatisches Fleisch – allerdings ist er in der modernen venezianischen Küche nicht sehr beliebt, weil es schon einen gewissen erhöhten Arbeitsaufwand bedeutet, ihn fachgerecht zuzubereiten.

Gò leben vor allem in der nördlichen Lagune und so verwundert es nicht, dass man sie zwar am Rialtomarkt käuflich erwerben kann, aber gastronomisch mehr oder weniger nur in Burano. Vielmehr ist es ratsam, sie nur in Burano zu genießen, denn die meisten Lokale, die einen *risotto de gò* – das Paraderezept für diesen Fisch – auf den Speisekarten führen, servieren in Wahrheit einen einfachen Risotto mit Fischbrühe und Grana. Da abgesehen von den Einheimischen wohl die wenigsten Menschen jemals den Geschmack eines echten *gò* auf der Zunge hatten, fällt dieser Schwindel nicht auf. Und er wird auch von den meisten Venezianern toleriert, auch weil sie wissen, dass der spezielle und recht intensive Geschmack des *gò* nicht wirklich touristisch mehrheitsfähig ist. An dieser Stelle sei ein kleiner Insider-Tipp gegeben: Wenn sie auf der Speisekarte r*isotto de gò (di pesce)* lesen, dann können sie davon ausgehen, dass der Risotto nur nach Art des *risotto de gò* zubereitet wurde, jedoch nicht aus den *gò* selbst – Restaurants, die etwas auf sich und ihre Küche halten, geben dadurch ehrlicherweise an, dass dieser berühmte Risotto mit Fisch (und nicht mit *gò*) zubereitet wurde.

Das machen übrigens einige Restaurants leider dauerhaft; also nicht nur, weil sie gerade keine *gò* im Hause haben, sondern einfach nur, um einen berühmten Namen für sich zu nutzen, ohne das echte Rezept tatsächlich jemals zu kochen.

Blick von Venissa auf den Weingarten mit Campanile (Isola Mazzorbo)

Auf Burano kann man besagten Risotto am besten entweder in der Trattoria al Gatto nero oder in der Trattoria da Romano genießen – in beiden Lokalen ist der Risotto wirklich allerbestens.

Die Trattoria da Romano ist eine der berühmtesten Destinationen für Fisch in der Lagune. Zwar wird dieses berühmte Risotto-Gericht auch hier nicht in vollendeter Form serviert, weil es ohne die separat zubereiteten Filets aufgetischt wird, aber immerhin wird der Reis mit der Brühe von *gò* gekocht und trägt damit das Aroma des Fisches in sich – ich habe einmal gefragt, ob es möglich sei, den echten und authentischen *risotto de gò* zu bekommen – tatsächlich! Es ging einige Tage später und war ein wunderbares kulinarisches Erlebnis (das war aber leider – wie so vieles in Italien – nur durch freundschaftliche Beziehungen möglich). Die Küche des Lokals bietet immer ein einzigartiges Schauspiel, wenn ein Risotto gekocht wird; hier wird der Reis während der Zubereitung mehrfach aus dem Topf geschleudert, um anschließend wieder kunstvoll aufgefangen zu werden – den Meistern ihres Fachs geht dabei nicht ein einziges Reiskorn daneben! Geschmacklich und kulinarisch gesehen ist das natürlich vollkommen unnötig, aber dennoch spektakulär.

Es lohnt sich übrigens in der Trattoria da Romano einen gegrillten Fisch zu bestellen, denn erstens hat Burano noch eine intakte Fischereiwirtschaft und zweitens werden die Fische hier am offenen Feuer gegrillt, wie es die venezianische Tradition verlangt (und nicht, wie heute üblich, nur auf eine elektrisch beheizte Grillplatte geschmissen).

Ich gehe gerne in die Romano, denn ich mag die Atmosphäre des Lokals – es ist hier irgendwie alles anders, man fühlt sich in eine vergangene Zeit zurückversetzt. Es tut irgendwie gut, wenn man Kellner in weißen Jacken mit Goldbesatz um sich schwirren hat und dazu ein opulentes Fischmenü, in dem man zwölf bis fünfzehn verschiedene Speisen genießen kann – ja, das ist hier üblich: Man beginnt mit marinierten und rohen Fischen und Meeresfrüchten (sechs bis acht verschiedene von *cannochie*/Heuschreckenkrebse und *granzola*/Seespinne über *folpi*/kleine Kraken und *sarde in saòr*/marinierte Sardinen bis hin zu *cape*/Fächermuscheln und *bovoletti*/Meeresschnecken), dann nimmt man etwas Frittiertes (*moleche* wenn möglich sowieso immer, dazu einen *fritto misto* und Sardinen), bevor zwei *primi piatti* folgen, von denen mindestens eine der *risotto de gò* sein muss, als *secondo piatto* dient eine schöne Platte mit gegrillten Meeresköstlichkeiten, bevor *essi di Burano* zusammen mit Café und Grappa den Abschluss bilden.

Apropos *essi di Burano*: Dieses für die Insel typische Gebäck wird in der traditionsreichen Panificio Garbo hergestellt, deren süßlich verführerischer Backofenduft die gesamte Insel zu umschmeicheln scheint. Es handelt sich um Biskotten ähnliches Feingebäck in S-Form, das besonders gut zu Zabaglione mundet. Es soll von der Form an die *Rii di Burano* erinnern, jene Kanäle, welche die Insel durchfließen – genau genommen besteht Burano aus ehemals fünf, jetzt (seit der Zuschüttung des Rio Terà del Pizzo) vier einzelnen Inseln.

Risotto de gò ist, wie schon gesagt, keine ganz so einfache Sache, denn erst müssen die nicht besonders großen Fische filetiert werden, dann bereitet man eine spezielle Brühe aus den Karkassen der Fische und einigen Aromen zu, danach wird aus dieser Brühe der Risotto gekocht, bevor dann kurz vor Vollendung des Gerichts die Filets vorsichtig mitgegart werden und die Köstlichkeit mit ein wenig Butter und Käse abgerundet wird. Und das ist die „puristische" Variante, daneben gibt es eine weitere Version aus Burano, bei der auch noch klein gewürfeltes buntes Gemüse in den Risotto kommt – die Gemüsewürfel sollen die bunt bemalten Häuschen symbolisieren, heißt es im Volksmund.

Warum die Häuser so bunt bemalt sind, ist bis heute nicht gänzlich geklärt. Die gängige Meinung ist die, dass die Fischer die Häuser in verschiedenen Farben angemalt haben, um bei Nebel zu erkennen, welches ihr Haus ist zu dem sie zurückschiffern müssen; doch das ist genau genommen unmöglich, weil Burano seit jeher derart dicht bebaut ist, dass bei

Nebel die Häuser niemals durch die verschiedenen Farben unterschieden werden können – ich habe selbst erlebt, wie Burano bei Nebel aussieht.

Die zweite herrschende Theorie bezieht sich auf die Pest, die Einwohner sollen ihre Häuser deshalb bunt bemalt haben, weil sie froh und dankbar darüber waren, dass ihre Insel von der Pest weitgehend verschont geblieben ist. Auch das ist sicherlich mehr Legende als Wahrheit. Eines schönen Sommertages beobachtete ich eine Dame, wie sie liebevoll an ihrer Hausfassade werkte, um sie zu verschönern; ich fragte sie, ob sie wüsste, warum man in Burano die Häuser bunt bemalte, und seit wann das gemacht werde. Sie erzählte mir, dass die Tradition sicher nicht älter als zweihundert Jahre alt sei – das Haus ihrer Urgroßmutter wäre noch gar nicht so bunt gewesen. Sie meinte, dass früher die Häuser der Spitzen-Stickereien bunt gewesen seien, und weil die meisten Menschen nicht lesen und schreiben konnten, hat man die einzelnen Werkstätten farblich gekennzeichnet – sozusagen als Ladenschild eine Hausfarbe (Burano ist ja bekanntlich weltberühmt für seine Stickereien, vor allem die besonders kunstvolle Technik namens *punto in aria*, welche im Rahmen der Anti-Luxusgesetze um 1550 besonders gepflegt wurde und das Tragen dieser Spitze zum Statussymbol wurde). In den 1960er-Jahren soll dann die Tourismuswirtschaft den Marketingwert der bunten Häuser für sich erkannt und das Bemalen vorangetrieben haben. Gianna vertrat aber persönlich die Ansicht, dass man das Einfärben einfach deshalb gemacht habe, weil die Insel überhaupt kein Grün habe – Burano ist in der Tat nahezu komplett verbaut und hat kaum Grünflächen, geschweige denn Bäume und Sträucher; da tut etwas Farbe dem Auge und der Seele gut. Bunte Häuser ganz nach dem Motto: „Unsere Insel soll schöner und bunter werden!“ – Das leuchtet irgendwie ein (ähnliche Projekte gibt es ja bis heute) und ist daher für mich bis jetzt die plausibelste Erklärung.

Es gibt zwar keinen Park auf Burano, aber eine eigene grüne Insel als Naherholungsgebiet gleich nebenan. Auf Mazzorbo, das von Burano über eine Brücke erreichbar ist, gibt es nämlich alles, was man auf Burano vergeblich sucht: Schrebergärten, Obst und Gemüse, ruhige Flecken, um die Seele baumeln zu lassen, und einen Weingarten, der zum Anwesen Venissa gehört, einem meiner absoluten Lieblingsplätze in der Lagune. Weinbau hat seit den Dogen eine lange Tradition in der Lagune und wurde nicht nur auf vielen Inseln, sondern auch im Centro Storico selbst betrieben. Ein Hochwasser in den 1960er-Jahren vernichtete leider fast alle Rebstöcke. Der Fund der alten dogalen Rebsorte La Dorona und eine Initiative zum Wiederaufbau sorgten für eine Renaissance, die unter anderem von Mateo Bisol (vom gleichnamigen Weingut im Veneto) vorangetrieben wird. Heute funktioniert der Weinbau hier besonders gut, weil die Insel Mazzorbo nur mehr selten überflutet wird und der Garten zudem ein gutes Entwässerungssystem hat. Der Boden wird nicht aufgeweicht und der Wein erhält durch das absickernde Salzwasser ganz besondere Noten. Der kleine Weingarten mit Campanile ist gleich vor der Haustüre von Venissa. Hier gedeiht eine der schönsten Kreszenzen der Lagune, gekeltert aus der autochthonen venezianischen Rebsorte La Dorona (auch *l'uva d'oro* genannt, weil die Beeren im Reifezustand ein leuchtendes Goldgelb zeigen – aus diesem Grund wird der Wein mit Blattgold etikettiert). Lediglich 2 500 Halbliterflaschen werden pro Jahr erzeugt. Diese einzigartige Kreszenz vor Ort in der Lounge oder im exzellenten Restaurant des Weinguts zu genießen, ist ein tolles Erlebnis, denn der Wein schmeckt vor Ort mit Blick auf den Weingarten unvergleichlich. Venissa stellt mit dem r*osso venissa* übrigens auch einen Rotwein in der Lagune her; auf der kleinen Insel Santa Cristina gedeihen Merlot und Caraménère, aus denen dieser Wein gekeltert wird.

Apropos Venissa-Restaurant: Bei meinem letzten Besuch genoss ich unter anderem Ententatar mit Kapernblättern, mit geräucherten Austern gefüllte Ravioli, Wachteln mit Radicchio und Orangensauce und „Saure Blüten" als Dessert. Goldene kulinarische Momente mit goldenem Wein … oder im Gedenken an Corto Maltese: „Bocca dorata".

Risotto de gò (alla buranella)

250 g *Vialone Nano* (Mittelkornreis, Risottoreis) | 350 g *Gò* | 1 Zwiebel | 1 Selleriestange | 1 Karotte | 1 Kartoffel | 1 EL gehackte Petersilie | 1–2 Knoblauchzehen | Olivenöl extra | Butter | etwas geriebener Grana Padano | Pfeffer aus der Mühle | Meersalz

---

Die Fische filetieren, Filets kühl beiseitelegen. Das Gemüse putzen, vom Sellerie und den Karotten jeweils 5 Zentimeter abschneiden und beiseitelegen.

Nun die Selleriestange, die Karotte, die Zwiebel, die geschälte Kartoffel und die Karkassen vom Fisch in circa 1,5 Liter kochendes Salzwasser (original Meerwasser) geben und etwa 20–30 Minuten durchkochen lassen, dann filtern.

Olivenöl und Butter in eine Kasserolle geben und den fein gehackten Knoblauch leicht farbgebend darin anrösten. Den Reis hinzufügen und einige Minuten im Fett wenden, dann mit heißer Brühe ablöschen. Wenn die Flüssigkeit eingekocht ist, einen Schöpfer heiße Brühe nachgeben – so fortfahren, bis der Risotto al dente ist (dauert circa 20–25 Minuten). Dann den Reis vom Herd nehmen und ziehen lassen.

Zwischenzeitlich die gut gereinigten und von Gräten befreiten Fischfilets zusammen mit den kleinen zurückbehaltenen Gemüsewürfeln in etwas Butter anbraten, dann die Filets zum Risotto geben (man kann die Filets auch als Garnitur beiseite legen). Schließlich noch den Risotto mit etwas Butter, wenig geriebenem Käse, Pfeffer aus der Mühle und Salz abschmecken – ist der Risotto zu fest, mit etwas heißer Brühe verdünnen; das ist wichtig, denn der Reis sollte *all'onda* (wie eine Welle) sein, also nicht pappig fest, sondern zähflüssig.

Den Risotto auf Tellern anrichten und mit gehackter Petersilie und den Gemüsewürfeln bestreuen – wenn man die Filets aufgehoben hat, kommen sie als Garnitur oben drauf.

Risotto co le sécole

Dieses Risotto-Rezept ist zwar relativ unbekannt, gleichwohl aber eines der schmackhaftesten Gerichte aus der historischen Küche Venedigs. Man sagt, dass es ursprünglich in Kriegszeiten entstanden ist und mit Rollgerste zubereitet wurde. Ich konnte jedoch keinen einzigen Beleg dafür finden – es ist auch nur schwer vorstellbar, denn erstens verschmähten die Venezianer Rollgerste als „Bauerngericht“ und zweitens ist die Menge an Fleisch bei diesem Gericht deutlich höher als die des Reises, was in Zeiten des Mangels sicher nicht der Fall gewesen sein kann. Um das Gericht besser zu verstehen, muss man sich zuerst mit der Zunft der *bechéri*, der Fleischer, befassen. Venedig ist seit jeher die Stadt der „Schulen“, der „Zünfte“, der „Bruderschaften“, der „Vereine“ oder sonstiger Zusammenschlüsse – Venezianer lieben Gesellschaft, sind höchst ungern alleine und müssen immer alles zusammen machen. Vielleicht ist das ein Grund, warum sie sich immer so gut mit den Deutschen verstanden haben und umgekehrt – nicht umsonst wurde der Fondaco dei tedeschi, die erste Handelskammer der Welt, von Deutschen in Venedig gegründet.

Eine besondere Bedeutung kam aufgrund der schwierigen regionalen Situation den Fleischern zu, die nicht einfach nur Fleischer waren, sondern in verschiedene Zünfte eingeteilt worden waren. Fleischwirtschaft bestand damals wie heute nicht nur aus dem Schlachten und Zerlegen von Tierkörpern, dem Verkauf von Fleisch, der Herstellung von Würsten oder dem Verwerten von Innereien und Schlachtabfällen wie Haut und Knochen, sondern es entwickelten sich daraus viele Handwerke, die direkt oder indirekt mit dem Fleisch zu tun hatten; von Bauern angefangen, die die Tiere lieferten, bis hin zu Zulieferern für Werkzeug und Verpackungsmaterialien. All diese Berufsgruppen hatten in Venedig eine Vertretung. Hier ein kleiner Überblick der wichtigsten venezianischen *scuole*, *corporazioni* und *confraternite* in puncto Fleischwirtschaft:

Scuola dei Bechéri / Confraternita dei Bechéri

Die *bechéri* ist die älteste venezianische Bruderschaft in Sachen Fleisch. Sie gründete sich im späten 13. Jahrhundert und hatte ihren Sitz in der Chiesa di

Ristorante Taverna La Fenice

San Mattio di Rialto (eine ehemalige kleine Kirche im Stadtteil San Polo, die 1818 im Zuge der napoleonischen Säkularisierungen abgerissen wurde), ihr Schutzpatron war der Erzengel Michael. Die *bechéri* waren zuständig für das Schlachten und Zerlegen von Rindern und Schafen und hatten aufgrund ihrer wichtigen Funktion weitreichende Privilegien; so durften sie beispielsweise seit 1436 den Pfarrer ihrer Kirche wählen, was ihnen auch die Kontrolle über andere *scuole,* die hier ansässig waren, ermöglichte. Ein Zeugnis ihres Einflusses ist der nur wenige Schritte von der einstigen Kirche entfernte ehemalige Fontego del curame (*curame* = Aufarbeitung von Leder), wo nicht nur die Verteilung des Fleisches stattfand, sondern auch der Verkauf des Leders von den Gerbern der Giudecca, die somit ebenfalls unter ihrer Kontrolle standen.

Scuola dei Conciacurami e scuola dei Scorzeri
Die *conciacurami* waren zum einen für das Gerben der Haut von Schafen und Ziegen zuständig, zum anderen für das Behandeln von Leder mit Vallonia (einem Extrakt aus der Eiche), wodurch das Leder für die Schuhmacher brauchbar wurde.

Die Bruderschaft wurde 1271 zunächst auf der Giudecca in der Kirche Sant'Efemia alla Giudecca gegründet und hatte wie die *bechéri* den Erzengel Michael als Schutzpatron. Am 29. März 1460 stimmte der Senat dem Antrag der Gerber zu, dass diese in San Polo in einem Fontego (venezianische Bezeichnung für einen Lagerraum) die fertigen Häute lagern und verkaufen durften.

Auch die Bruderschaft der sogenannten *scorzeri* – sie waren zuständig für das Reinigen von Leder und Pelzen sowie das Herstellen von Pergament – gründete sich 1271 auf der Giudecca in Sant'Efemia; allerdings hatte sie mit Sant'Andrea einen anderen Schutzpatron.

Es kam, wie es kommen musste: Im Jahre 1559 gründete sich in San Polo mit der *scuola di Sant'Andrea dei conzacurami* eine Art Konkurrenzbruderschaft mit Sitz in der Kirche Sant'Agostin (einst war diese um 990 errichtete Kirche eine der ältesten von Venedig, doch auch sie wurde zu

Zeiten Napoleons geschlossen und in eine Mühle umgewandelt, 1873 endgültig abgerissen und an ihrer Stelle entstanden Sozialbauten).

Scuola dei Vagineri

Eng verbunden mit der Gilde der *conciacurami* waren schon von Beruf wegen die *vagineri*, die sich mit der Weiterverarbeitung und Verzierung von Leder und Fellen befassten sowie mit dem Vergolden – sie kauften das Rohmaterial bei den Gerbern, um es zu veredeln.

Die Gilde der *vagineri* wurde 1314 in der Kirche San Geminiano (sie befand sich an der Westseite des Markusplatzes an der Stelle der heutigen *Ala Napoleonica* und wurde 1807 abgerissen, weil Kaiser Napoleon die alte und neue Prokuratien an der Westseite zusammenführte und somit dem Platz sein heutiges Bild verlieh) gegründet und hatte die Heilige Helena als Schutzpatronin.

Auch die *vagineri* bekamen schließlich Konkurrenz, als sich 1730 verschiedene kleinere Schulen aus ähnlichen Gewerbezweigen (unter ihnen die *tapezzeri* – Tapezierer, die Überzüge für Sessel herstellten –, *bolzeri* – Börsen und Taschenmacher – oder die *selleri* – Sattler – sowie auch mit ihrer Bruderschaft unzufriedene *vagineri*) zusammenschlossen und in der Nähe von Campo san Gallo eine eigene Bruderschaft gründeten.

Scuola dei Varoteri

Auch die *varoteri* waren nichts anderes als Gerber, aber mit dem großen Unterschied, dass sie nicht Lamm oder Ziege verarbeitet haben, sondern die Felle von Hunden, Katzen, Füchsen, Hasen, Siebenschläfern, Eichhörnchen und anderen „importierten“ Tieren; daher ihr Name, denn *varoteri* stammt von *vaio*, dem sibirischen Eichhörnchen ab. Die *scuola* wurde 1311 in der Chiesa dei Gesuiti (Jesuitenkirche) gegründet, zog dann aber im Jahre 1725 in das eigens für die Bruderschaft gebaute Gebäude am Campo Santa Margherita in Dorsoduro, das noch heute am Platz präsent ist (unweit davon befindet sich übrigens das Logenhaus der *Scuola Grande dei Carmini*, eine von Napoleon aufgehobene Bruderschaft, die sich 1853 jedoch wieder instituierte und bis heute aktiv ist); die Schutzpatronin der *varoteri* ist die Madonna.

Scuola dei Luganegheri

Die jüngste unter den fleischverarbeitenden Bruderschaften Venedigs beschäftigte sich vor allem mit dem Schlachten, Verpacken und Verarbeiten von Schweinefleisch sowie der Herstellung von Wurstwaren. Außerdem verarbeitete sie – weil geschult im Umgang mit leicht verderblichen Waren – die Innereien (und Schlachtabfälle wie Köpfe, Füße und Schwänze), nicht nur jene von Schweinen, sondern auch von anderen Tieren (vor allem Rindern und Schafen, aber auch Kälbern und Ziegen), welche von den *bechéri* kamen oder zugekauft wurden. Deswegen entstanden einige der großen Küchenklassiker Venedigs aus der Hand der *luganegheri*, allen voran der Sguaseto und die Trippa.

Die *Scuola dei Luganegheri* gründete sich erst 1497 und ging als eine Art Spezialistengruppe aus der *Scuola dei Bechéri* hervor; ihr Schutzpatron war Sant'Antonio Abate (St. Antonio Abt), der bis heute der Schutzpatron sowohl der tierhaltenden Bauern als auch der Metzger ist. Ihr Stammsitz für Rituale

war die Chiesa di San Salvador, doch schon bald war es ihnen möglich, ein eigenes Logenhaus in der Nähe der Chiesa di San Mattio di Rialto (die Kirche war offizieller Ort für Riten, 1818 wurde sie von Napoleon säkularisiert und zerstört) zu betreiben. 1681 war die Zunft derart wohlhabend und mächtig, dass sie sich ein großes Wirtschaftsgebäude in San Basilio (nach der ehemaligen Kirche San Basilio) an der Zattere leisten konnte; heute gibt es die Kirche (ihr Standort war am heutigen Campo de San Basegio) nicht mehr, weil Napoleon sie 1810 zugunsten von Wohnbauten abreißen ließ. Das Wirtschaftsgebäude war zweistöckig, die Stallungen der Tiere befanden sich im unteren Teil, die vom nahe gelegenen Hafen angelandet wurden, sowie die Schlachträume, im oberen Stock waren die Zerlegeräume und Büros untergebracht.

Aus den *bechéri* und den *luganegheri* wurden die heutigen *macellai* (Fleischer/Schlachter) und *salumieri* (Metzger).

Nach den verschiedenen Fleischzünften sind drei bemerkenswerte Risottogerichte benannt: *risotto a la bechéra*, *risi in brodo co'la luganega* und *risotto co le sécole*. Alle drei gehören nicht mehr zum Standardrepertoire der Tavernen und Restaurants von Venedig – selbst die edelsten unter ihnen verzichten zumeist (Ausnahmen bestätigen die Regel, wie wir gleich sehen werden) auf diese Klassiker.

Beginnen wir mit dem *risotto a la bechéra*. Auffallend ist hierbei schon die Zusammenstellung der Ingredienzien, denn der Risottoreis wird mit Innereien vom Huhn, Rindfleischresten, Gemüse (Zwiebel, Karotte, Stangensellerie), ein wenig Tomatensauce, etwas Weißwein, Olivenöl, Butter, Knochenmark, geriebenem Grana, Zimt, Pfeffer und Salz zubereitet. Eine höchst individuelle Kombination, die so ganz untypisch ist für die italienische Küche, insbesondere für die sonst so geradlinige venezianische Küchenstilistik.

Innereien vom Huhn sind – mit Ausnahme der Leber – etwas, das man eher aus der französischen Küche kennt, jedenfalls ist das Essen von Hühnerherzen und -mägen in Venedig nicht populär; und noch wichtiger ist der Um-

Blick auf das Areal der ehemaligen Schlachthöfe von San Basilio

stand, dass nicht die *bechéri*, sondern die *luganegheri* für das Verarbeiten von Innereien zuständig waren. Aber laut Gesetz betraf das genau genommen nur das Schlachtvieh, demnach waren Geflügelinnereien eine Art „ungesetzliche" Grauzone, in der die *bechéri* hätten beweisen können, dass auch sie mit Innereien umzugehen wissen.

Die einzige Zutat, die wirklich auf die *bechéri* zurückführt, ist das Rindfleisch – und dies spielt in diesem opulent zusammengestellten Rezept eine untergeordnete Rolle; und das, obwohl sich die *bechéri* fast ausschließlich mit Rindfleisch befassten.

Es ist nicht überliefert, ob diese Rezeptur tatsächlich von den *bechéri* stammt oder nur nach ihnen benannt worden ist; wahrscheinlich ist es aber schon, dass es von einem der *bechéri* kreiert wurde. Tatsache ist hingegen, dass es ein historisches Rezept ist und wirklich ausgezeichnet mundet.

Risi in brodo co'la lugànega – welch ein wunderschöner Name für eines der wunderbarsten Risotto-Rezepte der Serenissima. In Venedig kennt man eine *luganega bianca*, die aber nicht mit *salsicce* (grober italienischer Bratwurst) oder *salsiccia bianca* (Weißwurst) verwechselt werden darf, auch wenn das in der Kochbuchliteratur oft der Fall ist, weil einer ihrer Synonyme *salsiccia da riso* ist.

Diese sogenannte *lugànega da riso* oder *lugànega da brodo,* wie die *lugànega bianca* auch genannt wird, ist eine selten gewordene Wurstvariante aus Schweinefleisch und vielen Gewürzen wie Zimt, Nelke, Muskatnuss, Muskatblüte, Koriander, Pfeffer und anderen mehr. Diese Gewürze werden nicht sehr fein gemahlen, wodurch die Wurst ihre typische zufällige Punktierung erfährt. Die weiße Farbe kommt vom verwendeten Fleisch. Es werden fetter Schweinebauch ohne Schwarte (die fleischigen und die fetten Teile), *magro di lardo* (fleischige Teile vom Rückenspeck), die *gola* (Wange samt Schlund ohne Schwarte) und die *spalla* (Schulter) zu dieser Wurst verarbeitet (heute mit dem Fleischwolf, Lochung 3,5–4 cm Durchmesser, früher geschlagen oder gerieben), die nach dem Abfüllen in Därme und anschließendem Abdrehen und Binden eine typische kinderfaustgroße Form mit einem Einzelgewicht von jeweils circa fünfzig Gramm hat – *lugàne da riso* sagt man nur zu einer Kette, das einzelne Wurstsegment wird *muréi de lugàna* genannt. Diese köstliche Wurstware ist sicherlich ein Meisterstück der *luganegheri*.

Der Name verrät bereits, wie dieses traditionelle Gericht auszusehen hat, danach richten sich alle Zutaten: Risottoreis, *lugànega bianca*, trockener Weißwein, weiße Zwiebel, geriebener Parmigiano, magere helle Fleischbrühe, Olivenöl extra, Butter, Salz und weißer Pfeffer aus der Mühle. Zunächst wird die gehackte Zwiebel in Öl und Butter angeschwitzt, dann kommt etwas Butter dazu, bevor man die Wurst einbröselt und anröstet. Dann wird mit Wein abgelöscht, der Reis hinzugefügt und mit kochender Brühe aufgegossen. Wenn der Reis fast gar ist und die Konsistenz von normalem Risotto zeigt, nimmt man den Topf vom Herd, gibt Butter, geriebenen Parmigiano, Salz und Pfeffer dazu und – jetzt kommt das Wichtigste (!) – so viel kochende Brühe, dass der Risotto leicht suppig wird; daher der Name *Riso in brodo* (Reis in Brühe).

Während man heutzutage gastronomisch kaum in den Genuss eines *risotto a la bechéra* kommen wird können, geschweige denn in den eines r*isi in brodo co'la lugànega*, welcher überhaupt von allen Speisekarten Venedigs verschwunden zu sein scheint, so kann man den *risotto co le sécole* tatsächlich hier und da finden – eines der Lokale Venedigs, das einen solchen anbietet, ist die Taverna La Fenice hinter dem gleichnamigen berühmten Opernhaus.

In der Tat war ich positiv überrascht, als ich mit Wiener Freunden hier einen schönen Abend verbrachte und auf der Karte von selbigem Risotto las – und ich sollte nicht enttäuscht werden, denn der Risotto kam in nahezu perfekter Form auf den Tisch; wunderbar cremig in der Konsistenz, dabei zartfleischig und buttrig im Geschmack, der auf einer guten Brühe basieren muss – und nicht aufgrund ausgefallener Gewürze zustande kommt, denn es kommen außer Salz und Pfeffer keine Gewürze in diesen genialen Risotto, dessen Geheimnis neben der Brühe die sogenannten *sécole* sind.

Wahrscheinlich ist dies das echte Ursprungsgericht der *bechéri*, denn die *sécole* gibt es nur vom Rind; es handelt sich dabei um das abgeschabte Fleisch samt Fett und Gallerte, das zwischen und an den Knochensegmenten der Wirbelsäule des Rindes haftet. Es ist eine sehr aufwendige Arbeit, diese Stücke abzuschaben, aber an Geschmacksintensität sind sie kaum zu übertreffen – um diesen zu erhalten, wird kaum gewürzt. Es ist ein wahres Luxusgericht, das zeigt sich auch am Sachverhalt, dass hier mehr Fleisch als Reis zum Einsatz kommt. Doch man kann es selbst kaum herstellen – außer man hat einen Fleischer zur Hand, der einem diese winzigen Fleischstücke liefern kann, was außerhalb von Venedig schwer der Fall sein wird. Aus diesem Grund sollte man den r*isotto co le sécole* unbedingt bestellen, wenn er in Venedig irgendwo auf der Speisekarte steht.

Wer sich die Mühe machen möchte und sich einen Rinderrücken bestellt, um anschließend wie die ehemaligen *bechéri* in mühsamer Kleinarbeit die *sécole* aus den Wirbeln zu schaben, dem sei hier das Rezept ans Herz gelegt:

Risotto co le sécole

250 g *Vialone Nano* (Mittelkornreis, Risottoreis) | 300–330 g *sécole* | ½ weiße Zwiebel | reine Rindfleischbrühe (nur aus Knochen und Fleisch) | Grana Padano, gerieben | Olivenöl extra | Butter (reichlich) | Salz | Pfeffer aus der Mühle oder frisch gemörsert

---

Die *sécole* mit einem schweren Messer sehr fein hacken, ebenso die geschälte Zwiebel möglichst fein hacken. Nicht zu wenig Olivenöl und reichlich Butter (mindestens 2 EL) in einer Kasserolle erhitzen und die *sécole* zusammen mit der Zwiebel anrösten. Dann salzen, wenig Pfeffer hinzufügen und auf kleinster Flamme einige Stunden schmoren (je länger desto besser, mindestens jedoch 4 Stunden) und nicht anbrennen lassen, daher ab und an umrühren.

Nach einigen Stunden des Schmorens gibt man den Risottoreis dazu, fügt noch etwas Salz hinzu und gießt 750 ml Liter kochend heiße Brühe an.

Auf Mittelhitze kochen lassen, ab und an umrühren. Wenn der Risotto zu dicklich werden sollte, weitere 150–250 ml Brühe angießen und untermischen. Nach rund 30 Minuten nimmt man den Topf vom Herd, gibt noch ein schönes Stück Butter dazu, schmeckt mit Salz ab und schlägt mit einem Holzlöffel sehr kräftig ein bis zwei Handvoll geriebenen Grana in den Risotto, der anschließend eine schöne cremige Konsistenz haben sollte – nicht zu fest und nicht zu suppig, sondern *all'onda*, wie der Venezianer sagt und damit meint, dass der Risotto eine „Welle" schlägt, wenn man ihn später auf dem Teller hin und her schwenkt.

Der Risotto wird angerichtet und vor dem Genuss mit frisch geriebenem Pfeffer aus der Mühle (oder noch besser: frisch gemörsertem Pfeffer) bestreut. Es ist ein einzigartiger Risotto, der die ganze Opulenz der Serenissima auf den Teller bringt.

Tipp: Es wird heute nicht als Häresie angesehen, wenn man den Risotto vor dem Servieren mit einem Hauch frisch geriebener Muskatnuss verfeinert.

Risotto co'l safran

Einen Risotto mit Safran kennt man doch eigentlich als *risotto alla milanese*! Tatsächlich stammt das Rezept aber weder aus der Mailänder Küche noch aus Venedig, wenngleich es hier zuerst gekocht worden sein dürfte. Tatsächlich ist das Rezept arabischen Ursprungs und dürfte über die Juden nach Venedig gekommen sein. Andrea, ein befreundeter italienischer Koch und Historiker, der sich viel mit der italienischen Küche seiner lombardischen Heimat auseinandergesetzt hat, erzählte mir, dass der ursprüngliche *riso alla milanese* nicht mit Safran, sondern mit Knochenmark gekocht wurde und weiß war – diese Aussage verwirrte mich umso mehr, weil ich wusste, dass die Juden Venedigs ihren *risotto co'l safran* schon immer mit Mark (statt mit Prosciutto, wie sonst in Venedig üblich) zubereitet haben.

In vielen Büchern über die italienische Küchengeschichte steht geschrieben, dass die Ursprünge des Rezeptes auf das Mittelalter zurückzuführen sind und das Gericht unter dem Namen *riso co'l safran* firmierte. Der Legende nach soll es 1574 an der Tafel des belgischen Glasmachers Valerio di Fiandra geboren worden sein, als dieser an den Fenstern des Mailänder Doms arbeitete. Valerio di Fiandra soll die Farbe Gelb derart geliebt haben (tatsächlich wurde Safran auch zum Färben von Glas verwendet), dass man ihm zu Ehren in den traditionellen weißen Risotto der Lombardei (*riso bianco* oder *risotto in cagnon* – nur mit Butter und geriebenem Käse gewürzt) etwas Safran gegeben hat – das neue Rezept soll ein voller Erfolg gewesen sein, optisch sicherlich, geschmacklich fraglich (weil wir nicht wissen, wie viel Safran sie damals wirklich hineingegeben haben – wenn das Gericht nämlich richtig gelb war, so war es ziemlich viel Safran und damit der Geschmack eher medizinisch als delikat). Nach einem kurzen Hype verschwand das Rezept aber wieder aus den Mailänder Küchen und tauchte dort erst wieder um 1829 in einem Kochbuch auf – diesmal aber mit dem bekannten Namen *risotto alla milanese*.

In der jüdischen Küche Venedigs hingegen war das Rezept immer bekannt und wurde entsprechend praktiziert – auch weil man dem Safran

Hotel des Bains

therapeutische Wirkungen zugesprochen hat. Doch das venezianische Bürgertum konnte mit dem verhältnismäßig spartanischen Rezept, für das die Juden neben Reis nur etwas Knoblauch, Knochenmark, Wein, Brühe, wenig Olivenöl und eben Safran verwendet haben, nicht viel anfangen. Etwas Aufwendigeres musste her – und was die Venezianische Küche darunter verstand, durfte ich während eines Menüs anlässlich der Filmfestspiele am Lido di Venezia erleben. Und weil der Abend so schön war, soll er in dieser lauschigen Runde erzählt sein.

Die *Mostra internazionale d'arte cinematografica di Venezia*, wie die Filmfestspiele von Venedig im Original genannt werden, wurden 1932 gegründet und sind Teil der Biennale für zeitgenössische Kunst – die Filmfestspiele finden immer von Ende August bis Anfang September auf dem Lido di Venezia üblicherweise im historischen *Palazzo di cinema* statt, doch im Jahre 1938 wurden sie direkt auf der Terrasse des mondänen Luxushotel Excelsior abgehalten. Das Excelsior ist bis heute DAS Luxushotel Venedigs, direkt am Strand gelegen und mit seiner post-orientalischen Architektur ein Wahrzeichen des Lido.

Doch eigentlich war das 1900 erbaute Hotel des Bains verantwortlich dafür, dass der Lido zum Badeort mit Weltruf werden konnte. Berühmt wurde es durch seine zahlreichen prominenten Gäste, die hier urlaubten oder sich – wie Thomas Mann für seine Novelle „Der Tod in Venedig" – inspirieren ließen. In meinen Jugendjahren verbrachte ich vor allem mit meinen Wiener Großeltern etliche Urlaube in ebendiesem Hotel – mein Großvater war Künstler und liebte daher den kunstsinnigen Rahmen des Hauses.

Eines schönen Abends in den frühen 80er-Jahren des vergangenen Jahrhunderts bekam ich von einem venezianischen Freund würdevoll eine Einladung vom Hotel des Bains zum Gala-Dinner der Filmfestspiele überreicht.

Genau zu jener Zeit lernte ich an der Poolbar des Bains einen wahrhaftigen Sommernachtstraum kennen. Sie war Amerikanerin, in den besten

Jahren und Opernsängerin! Sie war kultiviert, liebte Champagner, Musik sowie gutes Essen (was man bekanntlich nicht von allen Amerikanern behaupten kann). Wir verbrachten die Nacht eng umschlungen am Pool. Beim Frühstück am nächsten Morgen war ich glücklich und verwirrt zugleich, jedenfalls geistig vollkommen abwesend. Am Abend würde ich sie wiedersehen – bei ihrem Auftritt im Salon des Hotels. Denn der Direktor hatte die Sängerin dazu überredet (besser gesagt: gebucht), nach dem Abendessen ein paar Arien zu trällern.

So erschien die Diva zu fortgeschrittener Stunde gänzlich in rote Seide gehüllt und gesellte sich zum Pianisten. Die langen, schwarzen Haare waren zu einem lockeren Knoten zusammengebunden und ihre Lippen leuchteten im selben Rot wie das Kleid. Dann begann sie zu singen – wie der Gesang einer Lerche erfüllten die Töne den Raum und erfreuten die Herzen der Zuhörer. Schließlich forderte das Publikum (in Venedig

In der Kunstschmiede Valese wurde bis vor wenigen Jahrzehnten der „Goldene Löwe" für die Filmfestspiele hergestellt.

nicht ganz überraschend) die „Barcarole" aus Hoffmanns Erzählungen von Jaques Offenbach! Mein besagter Traum lebte regelrecht die berühmte Arie und ließ sich zu deren Ende leidenschaftlich, ja beinahe lasziv in einen großen barocken Ohrensessel fallen, der in der Nähe stand und ihrem Ansinnen nach wohl eine Gondel imitieren sollte. Leider hielt das zarte Seidenkleid dem Druck des wogenden Busens nicht stand, zerriss deutlich hörbar und sie lehnte plötzlich halb nackt im Plüsch und Brokat des antiken Möbelstückes.

Aber Disziplin haben sie, die Sänger, und das ungeschriebene Musikergesetz „the show must go on" zählte auch für diese Diva viel. Nach einer kurzen Pause, in welcher das Kleid notdürftig mit Sicherheitsnadeln zusammengeheftet wurde, trat sie erneut auf und sang ihr Programm fertig! Tosender Beifall war der wohlverdiente Lohn.

Wie ich viel später erst erfuhr, war es ebendieser Sommernachtstraum, der meinen Freund, den Concierge des Hotels, darum gebeten hat, mir eine Eintrittskarte für den Filmfestspiele-Abend zu organisieren. Es wurde ein bis heute unvergessliches 14-gängiges Menü aufgetragen, das seinesgleichen lange suchen hätte müssen. Die historische Küche Venedigs war zufällig das Thema und damals noch nicht wissend, dass der *risotto co'l safran* ein traditionelles venezianisches Rezept ist, war ich einigermaßen erstaunt, als dieser serviert wurde. Mehr noch, nachdem ich das Reisgericht verkostet hatte, denn es offenbarte weder optisch noch geschmacklich irgendeine Ähnlichkeit mit dem *risotto alla milanese* – stattdessen handelte es sich um einen Risotto mit Safran, aber dieser wurde nur untermalend eingesetzt, weil Hühnerlebern, Prosciutto di San Daniele, geriebener Grana und getrocknete Pilze die Hauptbestandteile bildeten und das Gericht zudem eine dominante Muskatwürze zu erkennen gab.

Ich habe bei einem venezianischen Freund und Food-Journalisten in seiner Bibliothek gestöbert und in einem alten Kochbuch tatsächlich genau das Rezept für ebendiesen *risotto co'l safran* gefunden.

Risotto co'l safran

250 g *Vialone Nano* (Mittelkornreis, Risottoreis) | 50–75 g Hühnerleber, sauber pariert | je 20 g mageren und fetten Prosciutto crudo (vorzugsweise aus dem Veneto oder Friaul) | ½ weiße Zwiebel | 40 g getrocknete Pilze | Muskatnuss | 1 Messerspitze Safranpulver | geriebener Grana Padano | Butter | Salz

---

Die Pilze in wenig lauwarmem Wasser einweichen. Einen Esslöffel Butter in einer Kasserolle zergehen lassen und die fein gehackte Zwiebel zusammen mit dem sehr fein geschnittenen Prosciutto (er sollte fast streichfähig sein) darin anschwitzen.

Nun die leicht ausgedrückten Pilze zusammen mit der sauber parierten und klein gewürfelten Leber sowie dem Safranpulver hinzugeben, mit etwas frisch geriebener Muskatnuss würzen und alles gut 5 Minuten sautieren.

Zwischenzeitlich einen Topf mit gut gesalzenem Wasser aufstellen und zum Kochen bringen. Wenn alle Zutaten leicht Farbe angenommen haben, den Reis hinzufügen und gut untermischen. Nun mit etwas kochendem Salzwasser ablöschen und dieses einkochen lassen – dabei ständig mit einem Holzlöffel wenden, damit sich nichts anlegt. Der Reis sollte nun auf guter Mittelhitze köcheln, dabei immer wieder einen Schöpflöffel kochendes Salzwasser dazugeben, damit der Reis garen kann (man wird etwas mehr als einen guten Liter Wasser brauchen). Nach gut 20–25 Minuten sollte der Reis al dente sein. Topf von der Flamme nehmen und den Reis weitere 5 Minuten quellen lassen. Schließlich wird der Reis mit einer halben Schöpfkelle Salzwasser, 2 EL Butter und einer Handvoll geriebenem Grana vermischt, dabei ist es wichtig, den Reis mit einem Holzlöffel kräftig zu schlagen, damit er Stärke lässt und sich alles bindet – das ist die eigentliche Kunst bei diesem Risotto, denn er sollte al dente und *all'onda* zugleich sein (*all'onda* bedeutet „wie eine Welle“; damit ist gemeint, dass der Risotto nicht pappig fest ist, sondern eine leicht fließende Konsistenz aufweist, sodass er Wellen bildet, wenn man ihn auf einem Teller angerichtet hin und her schwenkt).

Bistrot

Secondi piatti

Anguilla al Marsala

Der Aal gehört zu meinen absoluten Lieblingsfischen, ich mag seinen unverwechselbaren Geschmack. Der eigenwillige Fisch zeugt nicht nur von seltsamer Lebensweise, sondern auch von eigenwilligem Charakter auf dem Teller. Aus diesem Grund bestelle ich ihn fast immer, wenn er irgendwo auf einer Speisekarte auszumachen ist. So genoss ich auch eines schönen Tages im Bistrot de Venise einen im Lorbeermantel gedämpften Aal, der so fein war, dass das Restaurant seit diesem Tag im Jahr 2002 zu meinen fixen Stammlokalen in Venedig zählt. Allerdings stand im Bistrot nicht *anguilla sull'ara* auf der Karte, sondern *bisato sull'ara* – hinter beiden Namen verbirgt sich der Aal, der namentliche Unterschied hat nur mit der Größe zu tun.

Da ich mehr über den Aal in der venezianischen Küche erfahren wollte, riet mir mein Freund Sergio, hinaus in die Lagune zu fahren. Dort könnte ich bei Fischern oder auch im Agriturismo wie dem Le Saline (erinnert an eine alte Salzgewinnungsstätte) auf Cavallino-Treporti oder dem Kult-Agriturismobetrieb von Renato und Angelika Tiepolo (ebenfalls Treporti) mehr erfahren. Mit Enrico, einem Freund und ehemaligen Fischer, fuhr ich also dorthin, um zu lernen was die Venezianer unter Aal verstehen.

Auf der Fahrt durch die Lagune erklärte mir Enrico, dass der Aal einer der bedeutendsten Fische für die venezianische Küche sei und die Fischer ihn deshalb nach Größe klassifizieren würden. Als *buratti* oder *buratèi* bezeichnet man junge Fische mit einem Gewicht von hundertzwanzig bis hundertachtzig Gramm. *Piombèe* nennt man Fische um die zweihundert Gramm, es folgen die *bisati*, mit männlicher Bezeichnung, wenn es sich um normale Aale bis zu einem Kilo Gewicht handelt, dem gegenüber stehen die *anguille* oder *bisàte* mit weiblicher Endung, wenn die Fische über ein Kilo schwer sind. An der Spitze finden sich die *bisati femenàli* mit einem Stückgewicht von zwei bis fünf Kilogramm; das sind jene Fische, welche die Geschlechtsreife erreicht und eine ausgeprägte Muskultur entwickelt haben und so in der Lage sind, die lange Reise durch die Adria, durch das Mittelmeer und den Atlantischen Ozean bis hin zu ihren Laichplätzen in der Sargassossee südlich der Bermudainseln (dem Laichplatz aller europäischer Aale) anzutreten. Das sind die Aale, die in der venezianischen Küche am meisten geschätzt werden, während andere Regionen Italiens und vor allem die Spanier eher die ganz jungen (auch Glasaale genannten) Fische vorziehen. Diese großen *bisati* werden in Venedig auch *bisato marin* genannt, aber nur wenn sie die Geschlechtsreife noch nicht erreicht haben. *Bisati femenàli* schmecken am besten in der kalten Jahreszeit, während die *bisati marini* zwar das ganze Jahr über gefangen werden, aber in den Monaten Juni bis September am besten munden. Anhand dieser Feinabstimmung kann man erkennen, welche Bedeutung der Aal in der Küche Venedigs hat, und es wundert nun nicht mehr, dass die Kochbücher voll von Aal-Rezepten sind. In Treporti aßen wir dann bei Renato Tiepolo einen über Holzkohle gegrillten Aal, dieser *anguilla ai ferri* war an köstlicher Rustikalität kaum zu überbieten. Später, im Le Saline, genoss ich den Aal als *anguilla arrosto*, also gebraten.

Neben *bisato sull'ara*, *anguilla ai ferri* oder *anguilla arrosto* kennt die venezianische Küche mindestens ein Dutzend regionaler Rezepturen, von denen *alla vallesana* (nach Art der *valli di pesca*, also ein Fischerrezept, wobei der Aal mit Weinessig, Tomate, Olivenöl, Wildkräutern – Rosmarin, Lorbeer, Salbei – und Knoblauch gewürzt wird), *al vino rosso* (in einer Rotweinsauce), *in tegame* (in Tongeschirr mit Olivenöl, Butter, Tomatenkonzentrat, Knoblauch, Petersilie, Salbei und altem gereiften Wein geschmort wird) oder *marinata* (in Lorbeer und Essig mariniert) am bekanntesten sind. Kreativer muten Rezepte wie *all'uso dell'Estuario* (nach Flussmündungsart, wohinter sich ein deftiges Aalrezept verbirgt, bei dem der Fisch mit Zwiebeln, Karotten, Kapern, Lorbeer, Thymian und Nelke aromatisiert in einer mit Mehl gebundenen Sauce schwimmt, die mit Eidottern legiert wurde – obendrauf kommt etwas geröstetes Paniermehl). Und der *anguilla coi* àmoi – eine Aalzubereitung mit wilden Zwetschgen – könnte einer Inspiration aus der griechischen Küche entstammen, denn dort wird seit jeher der Oktopus mit Dörrpflaumen geschmort. Neben dem erwähnten *bisato sull'ara* (der auch schon mal in einem tönernen Dachziegel schmoren darf, wenn er nicht so edel daherkommt wie im Bistrot) gehört der *anguilla al Marsala* zu meinen Lieblingsrezepten, weshalb ich mich an dieser Stelle dafür entschieden habe:

Anguilla al Marsala

1 Aal von 1 kg Gewicht, küchenfertig ausgenommen und gewaschen | 80 ml Olivenöl extra | 40 g Butter | 3–4 Knoblauchzehen | 1 EL fein gehackte glatte Petersilie | 6 Salbeiblätter | 500 ml polpa di pomodoro | 100 ml trockener Marsala | Pfeffer aus der Mühle | Salz

---

Den Aal köpfen und in Stücke von 8 Zentimeter Länge schneiden, die Haut nochmals waschen und gründlich trocken tupfen.

In einer großen Pfanne Öl und Butter erhitzen, dann gehackten Knoblauch, Petersilie und Salbei darin anrösten. Den Aal dazugeben, salzen und pfeffern. Den Fisch auf lebhafter Flamme Farbe nehmen lassen, dann mit dem Marsala ablöschen, Hitze zurücknehmen und ein paar Minuten köcheln lassen. Dann die Tomatenpolpa hinzufügen und alles mit einem Holzlöffel sorgsam vermengen, auf kleiner Flamme 15 Minuten köcheln lassen. Wenn der Fisch gar ist, diesen sofort und kochend heiß auftischen, eine schön samtig-weiche Polenta passt hervorragend dazu.

HONDA
MARINE
VOLVO
PENTA

Bodoleti alla muranese

Muran, wie die Insel im venetischen Dialekt genannt wird, kann auf eine jahrhundertelange Geschichte zurückblicken. Ihre Wurzeln reichen bis ins 5. Jahrhundert zurück, was sie zu einer der ältesten Siedlungen in der Lagune macht. Bekannt ist Murano heute fast nur mehr für die hier ansässigen Glaskünstler, doch hat die aus sieben Einzelinseln bestehende Inselgruppe weit mehr zu bieten. Malerische Gässchen, alte Paläste und Villen, Kirchen und Klöster mit geheimnisvoller Geschichte, Fischerei und Restaurants sowie eine der berühmtesten Werften der Welt sind nur einige Punkte, die für Murano stellvertretend stehen.

Bis ins Jahr 1171 gehörte Murano zum Stadtteil Santa Croce, dann wurde ihr weitreichende Autonomie gewährt. Fischfang und Salzgewinnung brachten der Inselgruppe einen gewissen Wohlstand – geblieben ist der Fischfang bis heute als einer der Wirtschaftszweige.

1295 wurde die Glasindustrie von Venedig aus Brandschutzgründen nach Murano verlegt – auch weil man hier die Glasbläser besser unter Kontrolle halten konnte. Unter Androhung der Todesstrafe war es ihnen verboten, ihr Wissen weiterzugeben. Dennoch gelang es einigen Glaskünstlern in den Norden auszuwandern und dort eigene Glashütten zu eröffnen. Als dann im 18. Jahrhundert in Böhmen, Schlesien und Deutschland die Technik des Schnittglases erfunden wurde, war dies zunächst der Niedergang der venezianischen Glaskunst, weil die Venezianer diese Technik nicht kannten. Der Stil hätte auch nicht zur venezianischen Glaskunst gepasst, muss man an dieser Stelle erwähnen. Die handwerkliche Fertigkeit der Böhmen bestand vor allem darin, sogenanntes Hartglas nach der Produktion kunstfertig zu schleifen und mit Metall in vielfältiger Form zu verbinden. In Murano spezialisierte man sich auf das sogenannte Weichglas, das bis zu seiner endgültigen Form gebogen und gezogen wird, wodurch es letztlich trotz aller Handwerkskunst unregelmäßiger wird als das akkurat geschliffene Pendant aus dem Norden. Und dennoch liegt genau in dieser genialen Lässigkeit der Zauber des venezianischen Glases, denn es hat nichts Schweres an sich und ist somit ein Spiegelbild seiner Herkunft.

Werft „Serenella“

Nach dem Untergang der venezianischen Glasindustrie im 18. Jahrhundert konnte sich die Glaskunst auf Murano – auch dank des immer stärker werdenden Tourismus – im 19. Jahrhundert erholen, wodurch die alten Techniken gottlob nicht verloren gegangen sind. 1854 wurde das noch heute bestehende *Museo Del Vetro* (auch *Museo Vetrario*; Glasmuseum) im Palazzo Giustinian eröffnet, 1860 die Glasfachschule instituiert und 1861 das Archiv der Glaskunst errichtet. Bis heute beherrschen viele alte Techniken ausschließlich die Glasbläser von Murano – allerdings ist Vorsicht geboten, denn vieles ist touristische Show und das wirklich echte auch entsprechend teuer.

Murano genoss seit jeher eine relative Selbstständigkeit und unterstand zunächst einem sogenannten *gastaldo ducale*, einer Art Stellvertreter des Dogen. Nach 1275 wählte Murano einen eigenen *podestà*, der aber den gleichen strengen Auflagen Folge zu leisten hatte wie der Doge selbst. Das Amt war in etwa vergleichbar mit dem Dose dei Nicoloti, weshalb der *podestà* im Volksmund auch Dose dei Murano genannt wurde; eine kleine Osteria in San Polo nennt sich „I tre dogi" und spielt damit auf die „drei" Dogen (Venedig, Murano und San Nicolo) an. Zudem war es Murano erlaubt, mit der Münze *l'Osella* ein eigenes Geld in Umlauf zu bringen – die Osella gibt es noch heute, denn sie ist die Goldmedaille der Filmfestspiele von Venedig, die für besondere technische Leistungen vergeben wird. Napoleon ratifizierte die relative Autonomie von Murano, seit 1923 gehört die Inselgruppe zu Venedig.

Das Leben in der Lagune ist wahrlich nicht so einfach, wie sich das romantisch veranlagte Gäste und Touristen vorstellen. Im Sommer kommen Heerscharen von Fremden, die mitunter wenig sensibel glauben, dass ihnen die Stadt und die Lagune gehören und sie sich daher benehmen könnten, wie sie wollen; zudem plagen Heerscharen von Mücken und Moskitos die Einwohner der Lagune. Im Winter ist es oft zugig-kalt und die Bedrohung von *acqua alta* (Hochwasser) besonders hoch. Regelmäßig werden von ihm Wohnungen, Geschäfte, Restaurants und Lager heimgesucht und zuweilen vollkommen zerstört. Und während die Touristen im heimischen München, London, New York oder Tokio sitzen und von ihren Venedig-Erlebnissen berichten, kämpfen die Venezianer regelrecht ums Überleben.

Doch andererseits verdanken die Venezianer den Touristen und der Lagune mit ihren unzähligen Inseln auch ihren Lebensunterhalt und relativen Wohlstand. Und ein Faktor, der für die Lagune, den Tourismus und den „Wohlstand" gleichermaßen verantwortlich ist, nennt sich „Fische & Meeresfrüchte". Venedig und seine Lagune ist die Region Italiens mit dem höchsten Pro-Kopf-Verbrauch an Fischen und Meeresfrüchten, wobei natürlich ein sehr großer Teil von den Gästen der Stadt verzehrt wird – wenn nicht überhaupt das meiste. Früher brauchte es eine ganze Armada von Fischern, die in der Lagune und dem Meer für Nachschub sorgten. Heute fischen die Venezianer für den Eigenbedarf, während die meisten Restaurants ihren Gästen importierten Fisch auftischen. Nicht aus Profitgier, sondern aus der Not heraus; die Lagune würde nämlich nicht mehr so viel an Fischen und Meeresfrüchten hergeben, wie gebraucht wird. Dennoch ist die Fischerei ein wichtiger Wirtschaftszweig, insbesondere auf Inseln wie Murano, Burano oder Pellestrina. Und daher wundert es nicht, dass auch Rezepte wie dieses wunderbare Meeräschen-Gericht nach ihrer Region benannt werden – denn eines gilt für die Lagune wie für das Centro Storico gleichermaßen: Es wurde und wird kein Personenkult betrieben.

Es waren weniger die Einheimischen als die Stadtverwaltung der Serenissima, die den Wert der vielen kleinen Laguneninsel erkannte. Die nahezu unerschöpfliche Vielfalt an kleinen und größeren Inseln machte es einfach, bestimmte Bereiche aus dem Zentrum auszulagern. Auf Torcello wurde Salz gewonnen, Burano wurde die Insel der Fischer und der Spitze, auf Mazzorbo wurde Wein angebaut, San Michele zum Friedhof, Lazzaretto vecchio und Lazzaretto nuovo fungierten als Quarantänestätte während der Pest oder ansonsten als Krankenhäuser (auf vecchio ist heute ein Tierheim), Motta del Cornio Nuovo nutzte man militärisch (wie viele andere Inseln auch), San Clemente war Kloster und Hospital, San Francesco del Deserto war eine Klosterinsel (wie etliche andere auch), San Giorgio in Alga war unter anderem eine Gefängnisinsel, San Servolo hatte unter anderem eine Psychiatrie (heute sind hier Teile der Universität untergebracht), Sant'Erasmo dient seit Jahrhunderten als landwirtschaftliches Zentrum der Lagune und Murano war die Insel der Fischer und Handwerker – das nur, um einige Beispiele zu nennen. Viele Inseln waren militärisches Sperrgebiet und nicht der Öffentlichkeit zugänglich.

Venezianer gehen weit weniger zu Fuß, als man angesichts der vielen „Gehwege" denken mag. Heute geht man allerdings viel mehr zu Fuß als früher, was vor allem daran liegt, dass die Österreicher ein Werk Napoleons „vollendeten": Es wurden viele, vor allem kleinere (aber auch größere) Kanäle zugeschüttet, um die Transportwege innerhalb Venedigs zu vereinfachen. *Rio terà* oder *rio terra* werden diese neuartigen Gehwege genannt, die teilweise nachhaltige Probleme schaffen – die Wasserzirkulation ist aufgrund der relativ vielen zugeschütteten Kanäle vehement gestört, weshalb sich derzeit Bau- und Wasseringenieure den Kopf darüber zerbrechen, ob es Sinn machen würde, den einen oder anderen dieser Kanäle wieder zu „öffnen". Nicht nur im Centro Storico wurden Kanäle zugeschüttet, sondern auch auf Murano – der bekannteste ist hier der Rio terà S. Salvador. Wann immer es sich also vermeiden lässt, nutzen die Venezianer ihr liebstes Verkehrsmittel: ein Wasserfahrzeug.

Bekannt sind die *vaporetti* (Linien-Dampfschiffe, die die Funktion von Omnibussen haben) und natürlich die berühmten Gondeln, wobei es sehr große Unterschiede zwischen den Gondeln für die Touristen und denen für die Venezianer gibt. Die ursprüngliche venezianische Gondel ist eine „Zwei-Ruder-Gondel", wobei ein Ruderer vorne am Bug steht, der andere hinten am Heck – solch eine klassische Gondel wird beispielsweise bei

Bootstour mit einer Serenella

einem sogenannten *traghetto* benutzt, einer kurzen Überfahrt (meist über den *canal*) von einem Ufer zum anderen, die sich an markanten Orten befinden wo es keine Brücke gibt. Auch die meisten Lasten werden mittels unterschiedlicher Zweihandgondeln transportiert, die bei Touristen so beliebten „Einhandgondeln" dienen eigentlich fast ausschließlich dem Zweck romantischer Unterhaltung. Lediglich zwei Werften gibt es noch, in denen derartige Gondeln erzeugt werden, die restlichen *squeri* (Gondelwerften) dienen nur mehr der Instandhaltung und Renovierung.

In Venedig sind über hundert verschiedene Bootstypen im Einsatz, von privaten Motorbooten in allen erdenklichen Größen, Formen und Ausstattungen über Segelyachten, Barkassen und Ruderboote aller Art bis hin zu Spezialbooten für Feuerwehr, Ambulanz, Polizei und Post. Das Lieblingsboot der Venezianer ist das sogenannte *topi*, ein rustikales Arbeitsboot, das aus Pech und Massivholz gebaut wurde – der Fischerort Burano ist das Zentrum der Produktion dieser ungemein praktischen *topi*, welche heute nicht mehr aus Massivholz, sondern aus leichten modernen Materialien hergestellt werden.

Eine der markantesten Bootsgattungen von Venedig sind die traumhaft schönen Taxi-Boote. Diese edlen Wasserfahrzeuge werden tatsächlich ebenfalls in der Lagune erzeugt. „Muranos schwimmende Rolls-Royce" werden sie auch genannt, diese eleganten und edlen Boote – weil es wie beim Rolls-Royce so gut wie keinen Gebrauchtmarkt gebe, erzählte mir mein Freund Dedo, ein venezianischer Taxi-Unternehmer, der eine der schönsten „Serenella" sein Eigen nennt, die ich je gesehen habe. Ihn rufe ich übrigens immer an, wenn ich ein Taxi-Boot brauche – egal wann, egal wohin, er ist mein Chauffeur durch Venedig und die Lagune … und wenn Dedo selbst persönlich mal keine Zeit haben sollte, dann übernimmt sein Kollege Luca den Job. Luca ist jung und strebsam, Dedo mehr meine Generation und daher auch immer für eine *ombra* oder einen Prosecco zu haben. Luca nicht, was auch daran liegen wird, dass er erstens frisch verheiratet ist, zweitens gerade Vater geworden ist, drittens eine Wohnung im Zentrum Venedigs bezogen hat und viertens die Raten für seine Serenella bedienen muss – und so eine Serenella ist im Bereich, den man durchaus als „unleistbar“ bezeichnen darf, für die meisten zumindest. In der Bar Lele hat Dedo mir bei einer *ombra* den Kaufpreis seiner Serenella aus Mahagoniholz verraten: knapp 500 000 Euro, aber nur weil er mit dem Werftbesitzer befreundet ist. Liebe geneigte Leserinnen und Leser, es ist ein unbeschreibliches Gefühl mit so einer eleganten Serenella durch die Lagune zu schippern und ein „Island-Hopping“ zu veranstalten, um beispielsweise auf jeder angesteuerten Insel ein Lokal oder Restaurant aufzusuchen – ein Vergnügen der besonderen Art, speziell für genussfreudige Kleingruppen von sechs bis acht Leuten unbedingt empfehlenswert!

Die Isola Serenella-Werft liegt auf der Teilinsel Serenella vor der Westspitze von Murano. Jährlich werden hier nicht mehr als zwei bis vier Boote fertiggestellt. Die Werft kennt man in einschlägigen Kreisen auf der ganzen Welt – nicht nur in der venezianischen Lagune kommen Serenellas zum Einsatz, auch in anderen Landesteilen Italiens, in Kroatien, Albanien, in der Türkei, in Dubai und in Kuwait habe ich welche gesichtet. Die Werft gibt zwar keine Kunden preis, betont aber, dass sie ohne die „neuen Märkte“ nicht überleben könne – in Venedig sei der Markt an Taxi-Booten mehr oder minder gesättigt, private Neuanschaffungen gibt es hier fast keine. „Qualität und Stil aus Tradition“ lautet die Philosophie des Unternehmens, das bewusst mit der gleichen distinguierten Zurückhaltung agiert wie viele in der Eliteliga. Angeben braucht eine Serenella nicht, sie spricht für sich selbst.

Ein einzigartiges, an Romantik kaum zu übertreffendes Erlebnis ist eine Fahrt mit der Serenella durch die nächtliche, vom Mondschein hell erleuchtete Lagune. Wenn der Bug der Serenella durch die silbrige Abendflut peitscht und man selbst in trauter Zweisamkeit im Heck des Bootes sitzend champagnisiert, dann wird sich nur ein vollkommen verrohtes Herz dem Zauber der Serenissima entziehen können. Ich hatte ein einziges Mal in meinem Leben das Vergnügen, einen derartig unvergesslichen Abend erlebt zu haben – und ich bin froh, dass es ein „einmaliges" Erlebnis war, denn das macht es unverwechselbar und unvergesslich.

Ebenso unvergesslich war die Meeräsche von Cinzia. *Bodoleti* ist die venezianische Bezeichnung für die „Dünnlippige Meeräsche" und die Winzertochter Cinzia aus dem Friaul bereitete sie mir in Murano im Haus der Großeltern mütterlicherseits auf so einfache und puristische Art zu, dass sich der unfassbar intensive Geschmack der kulinarisch ansonsten weit unterschätzten Fische bis heute auf meiner Zunge eingebrannt hat. Das Schöne am Leben ist, dass genau solch perfekte Momente „lebenswert" machen. Es sind wenige genug und die meisten Momente nutzen wir (aus vielen unerklärlichen Gründen) leider nicht dafür, um aus etwas „Schönem" etwas nachhaltig „Wunderschönes" zu machen. Aber es gibt Trost für diese Unzulänglichkeit, denn wie sagte noch Johann Wolfgang von Goethe: „Kein Genuss ist vorübergehend, denn der Eindruck, den er zurücklässt, ist bleibend." Haben wir also tiefe Erlebnisse mit der sinnesfrohen Lust, so sind dies prägende Eindrücke, die nicht mit dem „Konsum" allein beendet sind – wir brauchen demnach nur die wunderbare menschliche Fähigkeit der Erinnerung zu aktivieren, um einen sinnlichen Schatz zu bergen … Und schon läuft uns das Wasser im Munde zusammen. Doch es ist Vorsicht geboten, denn der Haken an der Sache ist, dass die Macht der Erinnerung leider nur auf der psychischen und nicht auf der physischen Ebene Freude spendet – übrig bleibt dann nichts als Sentimentalität.

Bodoletti alla muranese

1 kg *muggine calamita* (etwa 8 „Dünnlippige Meeräschen“) | 100 ml Olivenöl extra | 5 Lorbeerblätter | 4 EL bester Weinessig | feines Meersalz

---

Die Meeräschen küchenfertig vorbereiten und gut waschen. Fische in eine Terrakottaform legen und mit Öl, Lorbeer und einer Prise Salz würzen. Den Deckel auflegen und die Form in den Ofen schieben (bei mittlerer Hitze, etwa 160–180 Grad). Nach etwa 15 Minuten den Deckel abnehmen, die Fische mit Essig besprenkeln und fertig garen.

Die Form mit den heißen Fischen auftischen und eine heiße Polenta dazu reichen. Dazu trinkt man einen guten Soave oder Prosecco – oder auch einen trockenen Weißwein aus dem Friaul.

Fritto misto (di pesce o di verdure)

Seit ich denken kann, liebe ich den *Fritto misto di pesce* – Sepie, Kalmare, kleine Kraken, kleine Garnelchen, Ährenfische, Sardellen, Sardinen oder auch kleine Seezungen schmecken in dieser Form einfach unwiderstehlich gut. Auch wenn das Piemont gerne von sich behauptet, dass der *fritto* eine regionale Spezialität sei, so muss man an dieser Stelle klarstellen, dass das genauso wenig stimmt wie die Legende vom Wiener Schnitzel, das angeblich aus Mailand stammen soll. Tatsächlich ist das Frittieren von kleinen Meerestieren in Venedig schon mindestens seit dem 11. Jahrhundert bekannt – wahrscheinlich noch viel länger.

Das Rezept dürfte derart beliebt und in aller Munde gewesen sein, das niemand es für notwendig erachtet hat, es aufzuschreiben – aber im Kochbuch eines anonymen venezianischen Kochs aus dem 13. Jahrhundert findet sich eine *salsa agrodolce per pesce*, die einerseits belegt, dass das Einlegen von Fischen bereits damals praktiziert wurde, und andererseits, dass Fische frittiert wurden. Im Rezept steht eindeutig geschrieben, dass man die feine Sauce über frittierte Fische gießen solle.

In Venedig werden nicht nur kleine Fische mehliert und in Fett goldbraun gebacken, sondern auch verschiedenstes Gemüse und diverse Blüten – allen voran Zucchini und Zucchiniblüten, aber auch Kürbisblüten oder in neuerer Zeit auch Gemüsestäbchen.

Man sagt, dass in Wien alles paniert und gebacken wird, was nicht bei drei auf den Bäumen ist. Und in der Tat halten sich zwei kulinarische Legenden hartnäckig in der Donaumetropole:

Da ist zum einen die bereits angesprochene Geschichte vom Wiener Schnitzel, das ein gewisser Feldmarschall Radetzky in Mailand kennengelernt haben soll. Wie wir heute wissen, eine glatte Lüge, die auf einem dreisten italienischen Artikel basiert. In Wirklichkeit hat ein allzu patriotischer, italienischer Reiseführer 1969 diese Geschichte verbreitet, die durch die

Fangreuse für Krebse bei Torcello

deutsche Übersetzung „Italien tafelt“ 1971 zuerst in Deutschland in Umlauf gebracht und dann auch in Wien erstaunlich kritiklos übernommen wurde, was vor allem daran lag, dass sie ungeprüft im Sacher-Kochbuch von Franz Maier-Bruck Einzug hielt.

Es mutet schon seltsam an, dass die Wiener weiter an der Radetzky-Geschichte festhielten, obwohl diese bereits mehrfach widerlegt war. Bewegung kam erst in die Sache, als ein gewisser Herr Prof. Pohl aus Klagenfurt bestätigte und belegte, dass Radetzky keinesfalls etwas mit der Geschichte des Wiener Schnitzel zu tun haben könnte – außer, dass er es vielleicht selber gern gegessen hat.

Die zweite Legende ist fast noch abenteuerlicher, hat aber zumindest einen historischen Beleg. Nachdem im Zuge der sogenannten „Antiluxusgesetze“ das Vergolden von Speisen in Venedig verboten wurde, besann man sich angeblich einer alten Rezeptur, nämlich dem Panieren und in Fett Ausbacken von Speisen, die dann jene wunderschöne goldbraune Farbe auf dem Teller haben, die bis heute so geliebt wird. Besagte Anti-Luxus-Gesetze hat es tatsächlich gegeben, aber das Panieren und Ausbacken von Speisen war niemals „out“, sondern wurde tagtäglich praktiziert.

Die neueste Forschung fand im alten Byzanz Belege dafür, dass das in Fett Ausbacken von mit Mehl (oder einem Mehlteig) ummantelten Zutaten wahrscheinlich von in Byzanz (in diesem Fall noch Konstantinopel) ansässigen Juden entwickelt worden sei.

Letztlich ist bis heute nicht gänzlich geklärt, wer das „Gebackene“ erfunden hat. Gleich mehrere Nationen und Kulturkreise beanspruchen diese köstliche Kreation für sich: Juden, Türken, die Araber Nordafrikas, Spanier, Italiener und natürlich auch die Österreicher – insbesondere die Salzburger (aufgrund Conrad Haggers berühmten Kochbuch von 1719, in dem eine detaillierte Anleitung für das Backhendel nachzulesen ist) und ultimo, ma non per importanza die Wiener. Erzählungen, Mythen und Geschichten beflügeln bekanntlich die Fantasie und so entstanden Sagen wie die von geheimnisvollen indischen Speisevergoldern, venezianischen Verschwendern oder kulinarisch interessierten Militärs, die das ihrige zu dieser Speisezubereitung beigetragen haben sollen oder wollen.

Fakt ist jedenfalls – und das dürfte mittlerweile historisch belegt sein –, dass das Ausbacken von Speisen in Fett nicht wirklich neu ist. Bereits die alten Ägypter und vor allem die antiken Griechen haben allerlei Speisen in Fett ausgebacken, vor allem Teige. So gibt es aus dem antiken Griechenland verschiedene Rezepte für Teigfladen (ähnlich den heutigen Palatschinken), die in Olivenöl ausgebacken und anschließend mit Honig (oder einer pikanten Sauce aus Schafkäse, Knoblauch, Kräutern und Öl) übergossen verzehrt wurden – dies dürfte sogar das erste bekannte „Streetfood" der Menschheit gewesen sein, so populär waren die Stände mit den herzhaften Happen. Die findigen Römer entwickelten die Rezeptur weiter und buken auch Fleisch, Fisch und sogar Gemüse in Fett. Doch es gibt keine Quellen, aus denen zu schließen wäre, dass seinerzeit irgendwer auf die Idee kam, einen Teigfladen zu füllen oder ein Fleischstück mit Teig umhüllt auszubacken – unwahrscheinlich wäre es nicht; in Neapel existiert mit der *pizza fritta* eine Variante aus Pizzateig, die mit Käse gefüllt zusammengeklappt und anschließend in Schmalz gebacken wird (also dem antiken Vorläufer sehr ähnlich ist). Aber wie gesagt, es liegen (keine bekannten) Quellen vor, die das Füllen von Fladen oder das Ummanteln mit Teig genau datieren. So gehen Historiker davon aus, dass das Umhüllen von Speisen mit einem Teig und anschließendem Ausbacken in Olivenöl irgendwann im 8. Jahrhundert in der jüdischen Gemeinde Konstantinopels erfunden wurde.

Hinter dieser These verbirgt sich eine Überlieferung, die wie gleich zu lesen sein wird, die Mutter aller Legenden rund um Verschwendung und Vergolden ist: Am Hof der oströmischen Kaiserin Theodora sollen Luxus, Prunk und Verschwendung geherrscht haben. Man pflegte Speisen mit feinem Blattgold zu belegen und zeigte damit seinen Reichtum. Die jüdischen Kaufleute der Stadt waren zwar nicht minder reich, dafür aber übertriebenem Luxus abhold. Sie sollen daher ihre Köche angewiesen haben, eine Alternative für das Gold zu suchen. Diese haben daraufhin (angeblich) die Speisen in Bröseln gewendet und in Fett ausgebacken.

Die Geschichte ist aus zweierlei Gründen interessant, denn erstens ist diese Legende fast eins zu eins in Venedig übernommen worden und zweitens steckt dahinter möglicherweise auch das uralte antisemitische Vorurteil, wonach Juden erstens reich und zweitens geizig seien.

Wie auch immer – Tatsache ist, dass viele Quellen darauf hinweisen, dass das Ausbacken von panierten Speisen (zumindest in einer weiterentwickelten Form) aus Konstantinopel, dem heutigen Istanbul stammt. Über jüdische und arabische Kaufleute gelangte die Rezeptur dann zunächst in den nordafrikanischen Raum und von dort einerseits (über die Handelsbeziehungen mit Venedig) nach Italien, andererseits nach Andalusien. Zudem war das Gericht überall derart beliebt, dass jeder meinte, es in seine Sammlung regionaler Spezialitäten aufnehmen zu müssen – ähnlich wie mit den Palatschinken, die wollen auch gleich mehrere Nationen für sich beanspruchen wollen.

Namensgebend für das gebackene Schnitzel in seiner heutigen Form ist allerdings nur Wien mit seinem weltberühmten Wienerschnitzel! Das Mailänder Schnitzel, im Original *costoletta alla milanese* genannt, ist hingegen in seiner ursprünglichen Version ein Kalbskotelett, das mehliert in Olivenöl zusammen mit einem *soffrito* (Gemisch aus Knoblauch, Petersilie, Zitronenschale, Lardo) gebraten wurde – erst im 19. Jahrhundert tauchen erste Mailänder Rezepte auf, bei denen das Kotelett paniert (meist mit geriebenem Käse in der Panier) und goldbraun gebacken wurde, wahrscheinlich basierend auf österreichischen Einfluss, so wie ja auch die Mailänder Scala ein „Geschenk" Maria Theresias an die Lombardei war.

Für den venezianischen f*ritto misto* kann alles verwendet werden, was das Meer an Delikatessen schenkt – sie dürfen nur nicht zu groß sein. Üblich sind kleine Fische (Ährenfische, Sardellen, Sardinen, kleine Seezungen, kleine Zahnbrassen, Rotbarben usw.), dazu gesellen sich Mollusken und Kraken (Sepie, Kalmare, Moscardini etc.) sowie Schalen- und Krustentiere (Miesmuscheln, kleine Jakobsmuscheln, Garnelen, Krebse u.a.m.) – es gibt keine vorgegebene Mischung, sie kann frei nach Fang und Saison gewählt werden, auch kann nur eine einzelne Art frittiert werden, so ist es nicht unüblich, dass nur Sepie oder Kalmare einen *fritto* bilden.

In Ermangelung an Fischen (oder aus Sparsamkeitsgründen) darf auch Gemüse frittiert werden – allerdings wird frittiertes Gemüse von den Venezianern selbst nicht geschätzt, das ist eher etwas für das moderne urbane Publikum, das sich „Vegetarier" nennt (ich kenne übrigens keinen einzigen Venezianer, der Vegetarier ist). Allerdings schmecken die jungen Zucchini aus der Lagune frittiert wirklich gut, vor allem wenn sich noch ihre Blüte daran befindet. Frittierte Zucchini- oder Kürbisblüten sind immer wieder auf Venedigs Speisekarten zu entdecken, zumeist mit einer Fisch- oder Fleischfarce gefüllt.

Eine ganz besondere Delikatesse sind die sogenannten *moleche fritte*, insbesondere in der Form *moleche ripiene*. Molche sind kleine Krebse, die in der Gattung *granchio* oder *granzo* zusammengefasst werden. Normalerweise werden die Krebse der Lagune durch einen harten Panzer geschützt, doch in bestimmten Abständen (während bestimmter Mondphasen) wird der Panzer weich, damit sich die Krebse häuten/schälen können. Die Krebsmännchen wechseln dabei zweimal im Jahr – nämlich im Frühjahr und Herbst – ihren Panzer, die Weibchen nur einmal im Herbst. Die panzerlosen, weichen Krebse gelten als echter Leckerbissen und sind daher eine begehrte Beute der Fischer. Insbesondere in den Kanälen vor Torcello, Burano und anderer nördlich gelegener Inseln findet man überall die großen mit Köder bestückten Fangkörbe, mit denen die Tiere angelockt und gefangen werden.

Die weiblichen Krebstiere, welche *manzaneta* genannt werden, werden gesotten und mariniert – vor allem wenn sie Eier tragen, schmecken auch sie vorzüglich. Die begehrteren Männchen, im venezianischen Dialekt *moleche*

genannt, werden in verquirltes Ei getaucht und in heißem Öl ausgebacken – dann nennt man sie *moleche ripiene* (weil sie sich mit Ei vollgefressen, also quasi von selber „gefüllt" haben); die Krebse in gesalzenem Wasser waschen, abtropfen lassen und mit den verquirlten Eiern in eine Schüssel geben, dann die Schüssel mit einem Deckel versehen und mit einem Gewicht beschweren, damit die Krebse nicht rauskrabbeln können; mindestens 2–3 Stunden an einen kühlen Ort stellen, auf diese Weise ernähren sich die Krebse vom Ei; sie werden also nicht wirklich „gefüllt", sondern eher „gemästet". *Moleche ripiene* werden nicht selten vor dem Frittieren gekocht. Hierfür die Krebse aus dem Ei nehmen und mit dem Kopf voraus in einen großen Topf mit sprudelnd kochendem Wasser (vorzugsweise Meerwasser, sonst Salzwasser) geben und 1–2 Minuten kochen. Krebse abtropfen lassen und die Beine abbrechen. Die Krebse im Mehl wenden und in ausreichend Olivenöl frittieren. Auf Küchenkrepp abtropfen lassen und noch knusprig-heiß auftischen. Alle anderen Fische und Meerestiere werden roh in Mehl gewendet und frittiert. Habe ich schon erwähnt, dass ich dieses Gericht seit meiner frühesten Kindheit liebe?

Fritto misto alla veneziana

1–2 kg kleine Fische und Meeresfrüchte gemischt | *fior di farina* (feingesiebtes Mehl) | o*lio d'oliva da cucina, per friggere* (Koch-Olivenöl zum Frittieren) | Salz

---

Alle Fische und Meeresfrüchte gut waschen, sorgfältig trocknen und mit Mehl stauben – überschüssiges Mehl vorsichtig abklopfen.

Reichlich Olivenöl in einer hohen und weiten Pfanne stark erhitzen, dann das Meeresgetier portionsweise (!) darin goldgelb frittieren – nicht zu lange frittieren, sonst werden Sepia zäh und Fische trocken.

Fertig frittierte Fische und Meeresfrüchte auf einem Küchentuch abtropfen lassen, anrichten und mit Salz bestreut genießen.

Ristorante al Buso

(Spaghetti con gli) Scampi in busara

Dieses Gericht ist kulturhistorisch gesehen gleich in vielerlei Hinsicht bedeutsam, denn weder stammen die Spaghetti aus Venedig, noch sind die Scampi in Sauce eine venezianische Küchenkreation und letztlich ist nicht einmal die Kombination von Scampi und Spaghetti ursprünglich vorgesehen. Das Gericht existiert traditionell in dieser Form überhaupt nicht und dennoch beanspruchen neben Venedig mit Triest (genauer die Region Julisch Venetien) und Istrien gleich zwei weitere Regionen das Originalrezept für sich. Doch der Reihe nach:

Ich selbst durfte *scampi alla busara* zum ersten Mal in einer kleinen Trattoria in der Nähe von Monfalcone verkosten und war dabei von der schmackhaften Tomatensauce nahezu mehr begeistert als von den (leider etwas ausgekochten) Scampi selbst. Die mit Sauce übergossenen Scampi wurden damals in einer Tonschale aufgetragen, dazu gab es leicht gekühlten Terranowein und Weißbrot – von Spaghetti weit und breit keine Spur. Die kleine Trattoria gibt es heute leider nicht mehr, sie ist einem modernen Bauprojekt zum Opfer gefallen. Das Rezept habe ich in meinem Buch „Friaul genießen“ konserviert.

Der Koch dieser kleinen Trattoria erzählte mir seinerzeit, dass das Rezept eigentlich venezianischen Ursprungs sei und in seiner Urform nicht mit Tomatensauce zubereitet wurde, sondern mit Wein, Olivenöl, Knoblauch, Chili und Semmelbröseln; ich hatte zwar meine Zweifel, weil es überhaupt nicht in das Gesamtbild der venezianischen Küche passte, das ich von ihr hatte, aber auf der anderen Seite fragte ich mich, warum soll ein auf seine Region stolzer Koch behaupten, dass es nicht regionaltypisch sei. Ich lebe seit 1998 mit Zweitwohnsitz im Friaul und habe die Mentalität des dortigen Menschenschlags gut studieren können – wenn es irgendwie möglich ist und sei es nur mit einer Legende historisch begründbar, so würde kein Koch des Friaul hergehen und unbegründet sagen, das stammt ursprünglich aus Venedig.

Ich machte mich also auf die Suche nach den köstlichen *scampi in busara*. Wenn sie von hier stammen sollten, so müsste es sie ja auch in fast jedem Lokal mit venezianischer Küche geben. Denn eines ist klar: Die Venezianer lieben ihre Regionalküche über alles und sind Neuerungen gegenüber nur selten aufgeschlossen. Aber es sollte anders kommen, denn genau genommen wurde ich ziemlich enttäuscht, weil sich das Rezept in keinem einzigen Lokal auf der Karte wiederfinden ließe. Zumindest nicht in der Form, wie ich sie in Monfalcone genossen hatte. Ich begann mich zu fragen, woran das lag. Waren die Gewässer der Lagune so verschmutzt oder leergefischt, dass man dort keine Scampi mehr fangen konnte? War das Gericht außer Mode geraten – oder war die Information, dass es ein venezianisches Gericht sei, schlicht und einfach falsch? Noch wusste ich es nicht und dann kam etwas, was man wohl einen menschlichen Fehler nennen muss: Wenn keine Erklärung auf der Hand liegt, so muss man eine Begründung finden.

Tatsächlich entdeckte ich dann bei meinen kulinarischen Streifzügen durch die Lagunenstadt mit der Trattoria ai cugnai ein kleines Lokal im Stadtteil Dorsoduro, das ein Gericht namens *scampi in bùsera con spaghetti* auf der Speisekarte hatte. Also doch … dachte ich zumindest. Nachdem ich mich an dem – zugegeben wirklich köstlichen – Pastagericht gelabt hatte, wollte ich Näheres wissen. Venezianische Wirte sind traditionell Kenner der Geschichte sowie allesamt Hobbyhistoriker mit ausgeprägtem Hang zur kulinarischen Kulturgeschichte, die Köche ihrerseits haben alle einen akademischen Abschluss in Küchengeschichte, beide zusammen die kulinarischen Weisheiten der Stadt mit dem buchstäblichen Löffel gefressen. So stamme das Gericht – allen Gerüchten, die etwas anderes behaupten zum Trotz – ursprünglich aus Venedig, betonten beide unisono. Dort bereitete man es früher in der sogenannten *bùsera* zu, einem speziellen Topf mit Siebeinsatz. Das leuchtete ein, denn wenn es in Venedig mit dem sogenannte *buso* eine Münze mit Loch gegeben hatte (mit der man(n) übrigens nicht ganz unzutreffend die Huren zu zahlen pflegte), warum sollte es dann nicht auch einen Topf mit Loch-Einsatz oder Ähnlichem gegeben haben. Es gab zunächst keinen Grund diese Geschichte anzuzweifeln, wenngleich ich stutzig hätte werden sollen: Ich habe bis heute in Venedig keinen einzigen Topf gesehen, der auch nur annähernd auf diese Beschreibung gepasst hätte. Aber ich ignorierte das frei nach dem Motto: Es kann nicht sein, was nicht sein darf!

Mit inbrünstiger Überzeugung erklärte mir der Koch, dass man das ursprüngliche Gericht, welches nur aus Scampi in Sauce bestanden hatte (aha, also doch!) adaptieren musste – aus Kostengründen und weil es nicht mehr so viele Scampi gebe. Daher kommen heute pro Person, nicht mehr wie früher 6–12 Krustentiere zum Einsatz, sondern lediglich 3–4 Scampi. Um das Gericht reichhaltiger zu gestalten, wird es mit Spaghetti angereichert – die Kunden/Gäste wollen das so; angeblich ebenso die Venezianer. „Oft wird die Sauce nur mit Schalen der Krustentiere aromatisiert und ein Scampo als Garnitur draufgesetzt“, fügte er leicht verärgert hinzu. Früher sei das auch bei ihm anders gewesen, da waren die Spaghetti – wenn überhaupt – nur die Beilage und die Scampi das Wesentliche an diesem herrlichen Gericht. Aber das Wichtigste sei ohnedies das Tomatenpüree, erklärte Enzo, Dosenware sei hier kein Ersatz. Er würde vollreife, aber noch feste Eiertomaten blanchieren, häuten, entkernen, in kleine Würfel schneiden und in einer Pfanne mit etwas Wasser, Olivenöl, Zucker und Salz weich dünsten, dann mit einer Gabel zerdrücken und in dieser Masse dann zusammen mit ein paar Gewürzen wie Chili, Knoblauch, Petersilie und Wein die Scampi garen. Er schmeckte die Sauce schließlich mit Salz, Pfeffer und Butter ab, wendete die al dente gegarten und abgetropften Spaghetti darin und richtete alles auf einer Platte an – ein wenig Olivenöl darüber und fertig.

Ich hatte endlich das gesuchte Rezept und seinerzeit auch überhaupt keine Zweifel, dass diese Zubereitung nicht regionaltypisch für Venedig sein könnte; wie schon gesagt, es sollte einer der größten historischen Küchenirrtümer meines Lebens werden.

Eines Tages saß ich mit Christoph Wagner, meinem leider viel zu früh verstorbenen Kollegen, in Sachen Küchenhistorie zusammen und wir plauderten über unsere Leidenschaft Essen und vor allem die Herkunft von Rezepten. Als Kenner und Liebhaber der Adria-Küche kamen wir irgendwann auf die besagten Scampi zu sprechen. Ich brach voller Überzeugung für Venedig die Lanze, während Christoph die Ansicht vertrat, dass das Rezept aus Triest stammen würde. Wir sollten beide unrecht haben, aber Christoph war zumindest näher dran, wie sich Jahre später herausstellen sollte.

Es kam der Tag, an dem ich den Auftrag erhielt, über Istrien ein Buch („111 Orte in Istrien, die man gesehen haben muss") zu schreiben. So war ich „gezwungen", mehrere Monate auf der Halbinsel zu verbringen und obwohl dort die meisten Menschen recht gut Italienisch sprechen, eine Dolmetscherin zu engagieren – ich hatte das große Glück, an Marina zu geraten, die in Istrien als Reiseleiterin arbeitet und mir mit ihrer Hartnäckigkeit und Ortskenntnis beinahe „jede Kirchentür öffnete", wie man so schön sagt. Wenn man so viel Zeit miteinander verbringt, beschäftigt man sich naturgemäß nicht nur mit der Arbeit, sondern auch mit Privatem. So erfuhr ich von ihr, dass sie in einer Fischereifamilie groß geworden ist. Daher sei sie bei Sepia und Meeresfrüchten wie Scampi sehr wählerisch. Dass die Scampi aus der Kvarner Bucht aufgrund ihres einzigartigen süßlichen Geschmacks zu den weltbesten gezählt werden dürfen, war mir nicht neu, aber hellhörig wurde ich, als sie meinte: „Mein Vater hat die kleinen Scampi, welche sich nicht gut verkaufen ließen, immer am Schiff gekocht und als Jause mit Brot gegessen." Natürlich entfachte erneut die Diskussion, weil Marina felsenfest behauptete, dass das Rezept kroatischen, nein genauer gesagt, istrischen Ursprungs sei – ich beharrte noch immer auf Venedig, doch beschloss ich der wissenschaftlichen Pflicht zu folgen und eine angezweifelte These zu verifizieren. Irgendetwas musste daran sein, denn Marina beschrieb das Rezept wie folgt: Knoblauch in Öl anbraten, vorzugsweise noch lebendige Scampi darin anbraten, dann mit Wein und eventuell Schnaps (Branntwein) ablöschen. Scampi aus der Pfanne nehmen, den Bratenfond mit Tomatenpüree (oder Tomatenmark und Wasser) anreichern, mit zerbröckeltem Weißbrot binden (oder mit Semmelbröseln), Scampi wieder dazugeben und alles ein paar Minuten köcheln lassen, dann mit Salz abschmecken. Olivenöl darüber träufeln und mit Weißbrot genießen. Natürlich musste ich das Rezept sofort ausprobieren und habe es nicht nur für gut befunden, sondern als die beste Variante bis dato. Diese Škampi *na buzaru* waren so köstlich, dass ich begann an der venezianischen Geschichte zu zweifeln.

Hartnäckige Nachforschungen haben zudem etwas Wundersames ergeben: Das Wort *busara* gibt es im Italienischen gar nicht – dafür aber im Kroatischen, denn *buzara* bedeutet hier nichts anderes als Sauce oder Eintopf!

Zu meiner großen Überraschung fanden sich plötzlich gleich mehrere Rezepte für *buzara, buzaru, bužaru* und andere Schreibweisen – und sie waren fast alle ähnlich. Immer war die kulinarische kroatische Dreifaltigkeit aus Öl, Wein und Knoblauch im Spiel. Manchmal wurde noch Tomate zugefügt, ein anderes Mal Schnaps, dann mal Chili oder Petersilie oder auch Brot beziehungsweise Semmelbrösel als Bindung (meist bei Muscheln). Die These mit Venedig war nun endgültig nicht mehr haltbar und ich musste Marina etwas zerknirscht recht geben – das Gericht *scampi na buzaru* stammt aus Istrien.

Wie konnte es aber nun sein, dass die Venezianer als Erfinder dieser Rezeptur überhaupt ins Spiel kommen konnten? Nun, diese Frage ließ sich dann sehr leicht klären: Istrien war über Jahrhunderte Teil der sogenannten *Terraferma*, also der von Venedig besetzten beziehungsweise beherrschten Gebiete. Aus Istrien stammte ein Großteil der Baumstämme, auf denen Venedig bis heute steht, sowie der Marmor, der bis heute viele venezianische Paläste ziert. Aus Istrien stammten aber auch die sogenannten casenuove, also die zugezogenen, wir würden heute sagen „neureichen“ Patrizierfamilien, welche von den Urvenezianern skeptisch betrachtet wurden – und noch immer werden. Istrien war aber auch der Ort, wohin die Venezianer in Ungnade gefallene Politiker, rebellische Rädelsführer oder Aufständische verbannten. Das Venedig gegenüberliegende Rovinij und viele weitere Städte in Istrien weisen deutliche venezianische Spuren auf und so liegt es mehr als nur auf der Hand, dass die Rezeptur ihren Weg von Istrien nach Venedig fand.

Sicher wurde es ursprünglich nicht mit Tomaten zubereitet – und auch heute wird auf der Venedig gegenüberliegenden Seite bei der Zubereitung oft auf Tomate verzichtet. Und sicher wurde es nicht mit Spaghetti genossen – die sind weder in Istrien noch in Venedig heimisch.

Man könnte natürlich auch einen weiteren Diskussionspunkt aufmachen und sagen, dass die Venezianer viele Rezepte aus ihren Herrschaftsgebieten einfach in ihre Küche integriert haben – was sicher auch geschehen ist, wie man am Beispiel der *fegato alla veneziana* besonders deutlich erkennen kann. Warum auch nicht, denn auch die Wiener Küche hat ihren Reichtum letztlich den heutigen österreichischen Bundesländern sowie den ehemaligen Kronländern zu verdanken.

Ich möchte eine derartige Diskussion aber vermeiden und aus diesem Grund an dieser Stelle salomonisch abschließend festhalten, dass die Škampi *na buzaru* istrisch-kroatischen Ursprungs sind, während es sich bei den *spaghetti con gli scampi in busara* um eine der Neuzeit geschuldete Rezeptvariante Venedigs handelt – es wäre allerdings wünschenswert, dass man statt der Spaghetti die wesentlich regionaltypischeren *bigoli* nehmen würde.

Scampi in busara

1 kg frische Scampi mittlerer Größe (Kaisergranaten, vorzugsweise aus der Kvarner Bucht) | 2–4 Knoblauchzehen | 1 Chilischote | ca. 300 g *polpa di pomodoro* | trockener Weißwein, nach Belieben und Verfügbarkeit (ich nehme istrischen Malvasia) | Olivenöl extra (vorzugsweise aus Istrien) | Petersilie, fein gehackt | 1 EL Semmelbrösel | Salz

---

Gehackten Knoblauch, Chili und Petersilie zusammen in reichlich Olivenöl braten, bis der Knoblauch anfängt, zu blondieren, dann die gewaschenen Scampi dazugeben und rundherum anrösten. Wenn die Scampi Farbe angenommen haben, alles mit Wein ablöschen, diesen etwas einkochen lassen, dann Tomatenpolpa hinzugeben, etwas Wasser angießen und eine gute Viertelstunde köcheln – ab und an umrühren. Zum Schluss die Sauce mit Semmelbröseln abbinden, herzhaft mit Salz abschmecken und eventuell ein Stück Butter zum Verfeinern dazugeben. Mit Weißbrot und Wein in der Pfanne auftischen.

Hinweis: Wer mag, kann die Scampi mit etwas Branntwein oder Grappa ablöschen, bevor der Wein hinzugegeben wird.

Seppie col nero

Es kommt in Venedig nicht selten vor, dass erstaunte Touristen vor einem pechschwarzen Teller sitzen und nicht so recht zu wissen scheinen, was sie damit anstellen sollen. Erst wenn am Nachbartisch ein ähnliches Gericht genüsslich verspeist wird, trauen sich die zartbesaiteten Seelen der kulinarischen Novizen Venedigs über *risotto nero di seppia, seppie col nero* oder schwarz gefärbte Pasta (meist Linguine oder Tagliatelle, seltener Spaghetti). Tatsächlich war die Sepia in Venedig über Jahrhunderte verpönt und allenfalls gut gereinigt Bestandteil der bürgerlichen Tafeln, während kein Doge auf die Idee gekommen wäre so etwas zu essen. Und dennoch sind die *seppie*, vor allem in Form des Klassikers *seppie col nero*, omnipräsent; nicht immer gut gekocht, aber fast immer auf der Speisekarte existent – zumindest, wenn das Lokal etwas auf seine Küche gibt.

Gegrillte *seppie*, wie man sie heute in den Tavernen und Restaurants vorgesetzt bekommt, haben jedoch mit der venezianischen Küche überhaupt nichts gemeinsam – sie sind erst in den letzten Jahrzehnten aufgetaucht, als mehrheitsfähiger Kompromiss. *Seppie* werden in der traditionellen Küche Venedigs nämlich niemals gegrillt, sondern maximal mit etwas Olivenöl in der Pfanne gebraten (gewürzt mit Zitronensaft, Salz und Pfeffer). Ansonsten werden *seppie* gekocht, geschmort oder im Rahmen eines *fritto misto* mehliert und in Öl gebacken. Neben dem *seppie col nero* darf sich das ähnlich geartete, aber weitaus jüngere Rezept namens *seppie in umido col rosso* als traditionell bezeichnen – im Grunde sind das aber auch nichts anderes als gekochte *seppie* in einer aromatischen Sauce, nur dass die Sauce mit Tomatensauce angereichert wurde (daher der Zusatz *col rosso*, mit etwas Rotem). Auch dieses Gericht findet man recht häufig auf venezianischen Speisekarten, wahrscheinlich weil es 1. recht preiswert hergestellt werden kann und für den Gastronomen einen schönen Mehrwert erwirtschaftet und 2. weil es aufgrund seiner nicht ganz so rustikalen Optik wesentlich zugänglicher ist als beispielsweise die *seppie col nero*.

Casoni, die typischen reetgedeckten Fischerhütten der Lagune, dienen heute meist der Erholung

Der berühmte venezianische Buchdrucker und Verleger Aldus Pius Manutius (1449–1515) vertrat recht radikale Ansichten, was den Umgang mit *seppie* betraf: Er war der Meinung, dass ihre Tinte (vor allem unbehandelt) nicht einmal gut für den Buchdruck sei, weil sie sich braun verfärben würde. Ansonsten seien sie – wie übrigens alle Kraken – kaum mehr wert als eine Nahrung für Sträflinge und Prostituierte. In der Tat wurde spätestens seit der Römerzeit mit Sepia-Tinte geschrieben, die ältesten Aufzeichnungen findet man bei Cicero; allerdings ist die Sepia-Tinte recht dickflüssig und das Dokument stinkt eine geraume Zeit nach Fisch. Zudem verfärbt sich die Tinte hellbraun. Wir kennen diesen Effekt zum Beispiel aus der Fotografie: Früher nutzte man Tintenfischtinte zum Einfärben von Fotopapier und die daraus resultierenden Fotos waren alle nicht schwarzweiß, sondern hellbraun-weiß – noch heute nennt man diesen Fotoeffekt „sepia". Auch wurde die Tinte der *seppie* zum Einfärben von Stoffen verwendet – doch wer möchte heute noch derart nach Fisch „riechen", wie das seinerzeit der Fall gewesen sein muss? Aber gerade die Römer bestanden darauf, dass ihre Kleidung unter gewissen Umständen zu „stinken" habe – nicht nur bei Sepia, sondern vor allem bei Purpurgewändern. Denn auch damals wurde bereits gefälscht, was der Stoffladen hergab und natürlich war der Betrug umso ertragreicher, je teurer das Gewand war. Das teuerste aller Gewänder war mit echtem Purpur gefärbt – allein für das Färben einer einzigen Toga mussten 150 000 Purpurschnecken ihr Leben lassen, damit man an das Enzym kam, das den Farbstoff lieferte. Nur der Farbstoff allein macht noch keinen gefärbten Stoff – vor allem Purpur nicht, weil dieses wasserlöslich ist und gleich wieder rausgewaschen werden würde. Erst mit einem unglaublich komplizierten Verfahren – bei dem unter anderem große Mengen an Urin gebraucht werden – konnte man die Stoffe so färben, dass der Farbstoff erhalten blieb; der (wahrscheinlich) ziemlich unangenehme Nebeneffekt war, dass das Gewand nach allen möglichen Mitteln gestunken hat. Aber genau das war so etwas wie ein „Beweis" dafür, dass das purpurne Gewand tatsächlich echt sein könnte – denn die aus pflanzlichen Farbstoffen hergestellten Fälschungen haben sicher nicht so nach Fisch, Urin und anderen Materialien gestunken.

Aldus Pius Manutius hat das alles sicherlich gewusst, denn er war die treibende Kraft im Verbreiten von antiker Literatur. Zudem hielt er in seinem Haus immer wieder gelehrte Gesellschaften (Akademien) ab und einige der größten Humanisten seiner Zeit zählten zu Manutius engsten Freunden. Bis heute ist Aldus Pius Manutius' Name in der Typografie weltweit von Bedeutung – bis ins 15. Jahrhundert gab es in der Buchdruckerei eigentlich nur die gotische Schriftweise, welche Aldus Manutius durch neue, kunstvoll gestaltete Lettern ersetzte. Diese aldinischen Typen kennt man heute noch als Schrifttyp Antiqua. Aldus Manutius verwendete in seiner Ausgabe des Vergil 1501 auch zum ersten Mal die Kursivschrift, die wir heute noch als *italic* kennen – doch diesen Schrifttyp reklamierte etwas später der Schriftschneider Francesco Griffo für sich (er trennte sich im Streit von Manutius und wechselte zu dessen Konkurrenten Girolamo Soncino).

Aldus Pius Manutius mag die *seppie* kulinarisch nicht geschätzt haben, als Speise des Volkes konnte sie sich aber dennoch durchsetzen, was man beispielsweise auch daran erkennen kann, das *seppie* und Kraken mit kunstvoll geschwungenen Tentakeln viele Hausfassaden oder Balkongeländer zieren. In heutiger Zeit gelten *seppie* als Delikatesse; aber nur dann, wenn sie aus den sogenannten Barene stammen. In zahlreichen venezianischen Kochbüchern steht nämlich geschrieben: *seppie (seppioline) piccole e tenere di barena*, damit sind die speziellen kleinen *seppie* aus den Barene der Lagune gemeint, die im Ganzen verarbeitet werden sollen – was konkret heißt, dass die Tintensäcke intakt sein müssen, damit man genau mit dieser Tinte später dann die Sauce aromatisieren und färben kann.

Bei den Barene handelt es sich um für die venezianische Lagune typische Salzmarschen; der Name Barena wird oft als Wattenmeer ins Deutsche übersetzt, was nicht ganz zutreffend ist. Salzwiesen, die regelmäßig von den Gezeiten überflutet werden. Ihren Name leitet sich vom italienischen Wort *baro* ab, das so viel wie Busch oder Büschel bedeutet (in der venezianischen Vulgärsprache ist dies auch die Bezeichnung für die Schambehaarung der Frau) und auf die Grasbüschel verweist, die auf und um die Barene wachsen.

Die Barene bedeckten einst mehr als neunzig Quadratkilometer der venezianischen Lagune, heute sind es noch rund fünfzig. Im Regelfall liegen sie zehn bis zweiunddreißig Zentimeter über dem Meeresspiegel. Bewuchert werden sie ausschließlich von salztoleranten Pflanzen; zudem sind sie Nistplatz zahlreicher Vogelarten und an ihren Ufern (eigentlich sind es riffähnliche Kanten) laichen viele Fische und Meerestiere. Viele dieser Barene werden von natürlichen Kanälen durchzogen, die im venezianischen Dialekt *ghebi* genannt werden. Jede dieser Barene hat – abhängig von ihrer Höhe – eine unterschiedliche Flora und Fauna; ihr Beiname „Salzboden" stammt von den schweren, erstickenden, kaum durchlässigen Böden mit einer eigenartigen Schluff-Schotter-Ton-Zusammensetzung, die eine hohe Konzentration an Chloriden aufweisen.

Man unterscheidet die verschiedensten Barene zwischen solchen, die am Rande der Lagune liegen und solchen, die an Flussmündungen zu finden sind, oder in hohe, mittlere und niedrige Barene. All diese unterschiedlichen Barene sind aus ökologischer Sichtweise sehr wichtig, denn sie tragen dazu bei, den Wasseraustausch in der Lagune zu begünstigen, den Einfluss der Gezeiten auf den Wasserspiegel zu begrenzen oder auch – und das ist vielleicht ihre wichtigste Funktion für die Stadt Venedig – den Wellengang einzudämmen. Das große Problem der heutigen Zeit ist die Erosion, die vor allem aufgrund künstlicher Kanäle und extremer Schifffahrt vorangetrieben wird. Es ist daher für den Erhalt der Stadt extrem wichtig, diese Barene zu schützen und zu erhalten, denn ohne sie wäre die Stadt den Gezeiten quasi hilflos ausgeliefert.

So absurd das klingen mag, aber gerade die intensive Schifffahrt trägt tatsächlich zum Schutz der Barene bei, weil der (gereinigte) Schlamm, welcher beim Ausheben der Schifffahrtswege gewonnen wird, dazu genutzt wird, die Barene aufzuschütten – auf diese Weise konnten selbst Barene wieder „rekonstruiert“ werden, die zwischenzeitlich unter dem Meeresspiegel versunken waren. Heute schüttet man indes nur mehr selten auf, sondern sichert die besonders gefährdeten Randgebiete der Barene ab.

Ehrlicherweise muss man an dieser Stelle darauf hinweisen, dass die Schifffahrt die „geringere“ Schuld an der Gefährdung der Barene hat – Hauptursache für die Erosion ist die illegale Muschelfischerei, die mit schweren Geräten den Boden aufreißt und dadurch den schützenden Bodenwuchs zerstört.

Das flüssige Gold der Barene ist übrigens der Barena-Honig. Diese leider schwer zu bekommende – weil entsprechend seltene – Delikatesse stammt von Bienen, dich sich am gewöhnlichen Strandflieder gelabt haben, eine für die Barene typische Pflanze.

Die natürlich in den Barene aufgewachsenen *seppie* sind etwas kleiner als ihre Artgenossen aus der Adria, dem Mittelmeer oder dem Atlantik. Aber sie werden auf dem Rialotmarkt kaum angeboten, fast alles, was hier am Markt zu bekommen ist, stammt nicht von Fischern aus der Umgebung, sondern von Fischgroßhandelsunternehmen aus Norwegen und Deutschland. Da versteht es sich von selbst, dass die *seppie* zwar groß sind, sich aber nicht *di barena* nennen können. Der Preis bestimmt leider auch hier das Tagesgeschäft – *seppie* aus der Lagune sind nicht selten dreimal so teuer wie ihre Verwandten vom Großmarkt.

Es gibt zwar noch Seppiefischer in der Lagune, doch diese verkaufen ihre exklusive Ware so gut wie nicht am Rialtomarkt, sondern an Edel-Restaurants oder in Direktvermarktung an Einheimische.

Ich hatte vor vielen Jahren einmal das Vergnügen von einem Lagunenfischer in sein *casoni* zum Essen eingeladen worden zu sein – es gab als Vorspeise *seppie col nero* (puristischer und besser wie sie nicht hätten sein können) und danach eine selbst geschossene Ente mit Kapern und Sardellen geschmort, die regionaltypische Zubereitung für alle Arten von Wildenten. Die kleinen *seppie* werde ich in meinem Leben niemals vergessen, denn das war kein „Gummi", wie man das von diesen Tieren her ab und an leidlich kennt – nein, sie waren butterzart und voll des Aromas nach Meer und mehr!

Nun werden wir kaum an diese Köstlichkeit rankommen, aber mit kleinen *seppie* aus dem gut sortierten Großhandel (fragen Sie nach welchen aus der Adria, die sind mancherorts erhältlich) und deren Eigentinte (die ist besonders wichtig) kann man das Gericht zumindest nachkochen, denn das Rezept dazu haben wir!

Seppie (di barena) col nero

1 kg frische Sepien samt Tintenbeutel | 1 weiße Zwiebel | 2–4 Knoblauchzehen |125 ml Olivenöl extra vergine | Pfeffer aus der Mühle | Meersalz | evtl. etwas Zitronensaft

---

Die Sepien mit größter Sorgfalt waschen, dabei den Tintensack möglichst unverletzt entnehmen und auch den Mund in der Mitte rausschneiden und die Knochen entfernen.

Wenn die Sepien sehr klein sind, werden sie im Ganzen gelassen, größere Exemplare halbieren oder ganz große auch in nicht zu große Stücke schnetzeln.

Zwiebel und Knoblauch schälen, sehr fein hacken und in reichlich Olivenöl andünsten. Die Sepien hinzugeben und andünsten, dann mit Wasser aufgießen und auf milder Flamme kochen, bis die Flüssigkeit verdampft ist. Dann nochmals kochend heißes Wasser dazugeben, die Tinte hinzu-

fügen und salzen – auf kleiner Flamme köcheln lassen, bis die Sepien butterzart und weich sind; ggf. etwas heißes Wasser nachgeben.

Das köstliche Gericht ist fertig, wenn die Sepien weich und die Sauce mollig reduziert ist. Mit Pfeffer aus der Mühle würzen und sehr heiß auftischen. Wer mag, besprenkelt mit etwas Zitronensaft. Dazu isst man traditionell nur Weißbrot (man kann auch eine Polenta, Reis oder gekochte Rollgerste dazu servieren, doch ich empfehle das nicht).

Hinweis: Einen Schluck trockenen Weißwein in die Sauce zu geben, wird nicht als Häresie angesehen, auch kann man etwas Tomatenmark und ein Lorbeerblatt mitkochen lassen … aber dann wäre es schon ein anderes Gericht, dass die venezianische Küche *seppie in umido* nennt.

22

Carne al sale

Allgemein wird der Gewürzhandel Venedigs in den Vordergrund gestellt, doch lange bevor mit Luxusgütern aus dem Orient gehandelt wurde, begründete sich der Reichtum Venedigs (das waren damals vor allem Torcello und Burano) auf die Gewinnung und den Handel mit Salz. An vielen Stellen war die Lagune ideal dazu geeignet, Salz zu gewinnen –das Salz war zu antiken römischen Zeiten ein ungemein wichtiger Wirtschaftsfaktor wie aus Briefen des Cassiodor zu entnehmen ist.

Schon früh entwickelte sich das Salz in der Lagune als eine Art Währung, mit der die Einwohner dann Güter wie Getreide kauften, das in der Lagune nicht angebaut werden konnte.

Auch noch zu der Zeit, als das heutige Venedig aus dem Rivo Alto hervorgegangen war und sich zu einer Handelsmetropole entwickelte, gab es in der Peripherie eine wahre Salzindustrie, da das Salz auch zum Konservieren von Fisch und Fleisch genutzt wurde. Dafür hat man die gut gereinigten Lebensmittel in Schüsseln mit Salz eingelegt, worin sie für Monate hinweg haltbar gemacht werden konnten. Derart in Schüsseln konserviert, war Fleisch und Fisch sogar leicht zu transportieren und konnte so als Proviant (zum Beispiel auf Schiffen) oder als Handelsware dienen. Um 1200 verlagerte sich der Salzhandel ins heutige Centro Storico, vor allem in die Stadtteile Cannaregio und Dorsoduro – eines der größten Salzmagazine befindet sich nicht ganz ohne Grund am Zattere, denn dort bildete sich zur gleichen Zeit die Schlacht- und Fleischproduktion von Venedig heraus, einer der wichtigsten Abnehmer für das Salz. Die Salzgewinnung war bis ins Mittelalter keine einfache Sache und erforderte viel Erfahrung und handwerkliches Können. Das war zum Vorteil der Lagunenbewohner, denn Nachahmungen waren so nicht an der Tagesordnung und das Salz entwickelte sich zu einem einträglichen Staatsmonopol. Im 9. Jahrhundert begann Venedig, das Salz in die Regionen rund um den Po zu exportieren. Der Handel gedeihte prächtig und erreichte um 1200 seinen Höhepunkt, als in der Lagune fast 120 Salinen in Betrieb waren. Ein Drittel davon befand sich um die Inseln Torcello, Murano und Burano, zwei Drittel im Süden bei Pellestrina und Chioggia, das um 1500 das eigentliche Zentrum des Salzgewinnung wurde, weil im Norden der Salzabbau der Fischerei wich, die mit den *valli da pesca* eine neue, einfachere und nicht minder lukrative Einnahmequelle fand. Während dieses Prozesses wandelte sich auch das Wirtschaftssystem „Salz" weg von der Kirche hin zum Staat – war die Salzgewinnung vorher eine Domäne der Klöster (insbesondere der Benediktiner) in der nördlichen Lagune, so wanderte sie nun in die südliche Lagune und wurde direkt dem Dogen unterstellt.

1281 setzte Venedig die sogenannte *ordo salis*, eine Art Salzverordnung in Kraft, mit der der gesamte Salzhandel abgewickelt und gleichzeitig zum Staatsmonopol wurde, weil das neu eingesetzte Salzamt alles regelte: Erzeugung, Lagerung, Transport, Handel, Steuern – kurz, alles, was das Salz betraf, war nun Sache der Republik. Verschwendung, Schmuggel, Schwarzhandel oder auch das „Strecken" von Salz wurden mit aller Härte des Gesetzes bestraft. Das *Magistrato al sale* wurde so zu einer der mächtigsten Verwaltungen der Serenissima – Ähnliches kennt man aus anderen europäischen Städten, wo die „Salzämter" geradezu sprichwörtlich wurden. Wie beispielsweise in Wien, wo man „Beschwer dich beim Salzamt" zu jemandem sagt, der mit einer Beschwerde kommt, mit der man sich nicht beschäftigen will; es handelt sich also um eine völlig sinnlose Beschwerde – das ehemalige Salzamt hat Beschwerden auch nicht ernst genommen und sich in seiner Macht gesonnt.

Allerdings wäre Venedig nicht Venedig, wenn es sich seines Potenzials in Sachen Salz nicht bewusst gewesen wäre. Politisch weitsichtig war daher die Entscheidung, dass die Salinenarbeiter Freiheiten genossen. Damit verhinderte man erstens eine allzu rasche Urbanisierung und Stadtflucht von den Inseln auf den Rialto und hatte infolgedessen, dass die Menschen in der Lagune blieben, immer genügend Personal zur Hand. Im Bewusstsein darüber, dass die Salzgewinnung eine überaus komplexe und arbeitsintensive Angelegenheit war, gestattete man den Arbeitern der Salinen sogar herrschaftliche Rechte wie das Jagen und Fischen auszuüben.

Schon im 12. Jahrhundert versuchten Städte wie Padua mehr oder weniger erfolglos, das venezianische Salzmonopol zu unterwandern – es gelang ihnen nicht einmal annähernd in der Zeit, in der sich die Stadt in kriegerischen Auseinandersetzungen befand (im Falle Paduas war das zum Beispiel das vom Papst gestützte Kroatien – für Venedig hätte das fatal enden können, denn es zeichnete sich ein Pakt zwischen Ungarn/Kroatien und Byzanz ab; auch um dieser Gefahr zuvorzukommen wurde Konstantinopel 1204 praktisch dem Erdboden gleichgemacht). Zumindest noch nicht.

Als für Venedigs Interessen die sogenannte Terraferma – also die unter venezianischer Herrschaft befindlichen Gebiete am Festland – als Absatzmarkt für ihre Waren immer wichtiger wurde, gewann auch der Fluss Po als natürliche Wasserstraße an Bedeutung. Venedigs Interesse war es, diesen Fluss – am besten gleich bis nach Mailand hinauf – zu kontrollieren, doch gehörte der Po zum Herzogtum Ferrara. Die neuen Interessen Venedigs in Bezug auf das Hinterland ergaben somit für Ferrara die Möglichkeit, mittels Wegzöllen eine lukrative Einnahmequelle zu erschließen. Diesen Wegzoll sicherte sich Ferrara durch die Errichtung mehrerer stark befestigter Zollstationen. Man kann sich vorstellen, dass die profitgierigen venezianischen Händler alles andere als gewillt waren, sich ihre Gewinne durch die Abgabe von Zöllen schmälern zu lassen. 1482 erklärte Venedig dem Herzogtum Ferrara den Krieg, was der Ausbruch des sogenannten Salzkrieges (1482–1484) war. Hintergrund war aber nicht nur der Wegzoll, sondern auch die Tatsache, dass die Salinen Comacchios (heute ist die Stadt an der Adria berühmt für ihren Aal) unter Ferraras Herrschaft standen und der Serenissima somit ein ernstzunehmender Konkurrent im Salzhandel drohte. Venedig fiel zuerst in die Küstengebiete des Po ein, um von dort aus das venezianische Hoheitsgebiet ins Hinterland auszudehnen.

Unter dem Kommando des Condottiere Roberto Sanseverino segelte die Flotte der Serenissima von der Küste flussaufwärts, eroberte Rovigo und das Podelta und erreichte schließlich das Kastell bei Stellata, wo sich eines der Hauptzollämter Ferraras befand. Hier wurde Venedig von der Artillerie der Herrscherfamilie Este aufgehalten und es begann eine Belagerung. Obwohl Ludovico Sforza, Herrscher von Mailand, Truppen zur Unterstützung der Este von Ferrara sandte, konnten die Venezianer die mächtige Festung Stellata zunächst einnehmen. Doch der Erfolg war nur von kurzer Dauer, denn bereits 1484 endete der Salzkrieg mit einem Sieg Ferraras.

Venedig hatte die Vormachtstellung in der Adria nicht zuletzt auch dem „Weißen Gold" zu verdanken, das es beherrschte – nicht nur national, sondern international, denn auch das Salz aus Sizilien, Sardinien, Kreta, Zypern oder Apulien wurde über die Serenissima abgewickelt. Und weil die Serenissima ihrerseits eine perfekte Marktstruktur in Sachen Salz installiert hatte, die von einer Professionalität gekennzeichnet war, die im gesamten mediterranen Raum ihresgleichen lang hätte suchen müssen, hat sich auch lange Zeit niemand beschwert, sondern mehr oder weniger freiwillig der Salzdiktatur gebeugt.

Bis zum Ende der Löwenrepublik 1797 wurden mehr als 20 spezielle Salzkontore eingerichtet; das vielleicht schönste von ihnen befand sich gleich am Eingang zum Canal Grande mit der Punta della Dogana. Was wäre mehr Beleg dafür, wie wichtig das Salzgeschäft für Venedig war, als ein Salzkontor an derart prominenter Stelle.

In der Küche Venedigs spielt das Salz hingegen eine weit unbedeutendere Rolle – Rezepte wie Geflügel, Fleisch oder Fisch in Salzkruste waren den Venezianern sicherlich ein Gräuel. Auch wenn viele Restaurants in Venedig und den küstennahen Gebieten der Terraferma (vor allem Grado, Triest, Istrien etc.) insbesondere den Fisch in Salzkruste auf den Speisekarten führen, ist das alles andere als regionaltypisch. Die Zubereitung in Salzkruste stammt mit ziemlicher Sicherheit aus Spanien oder Frankreich (beide Küchen haben sich über die Jahrhunderte gegenseitig stark befruchtet). Für einen derart verschwenderischen Umgang mit Salz hatten die Venezianer nichts übrig. Das weiße Gold diente daher hauptsächlich der Konservierung von Lebensmitteln, in vielen traditionellen Rezepten taucht nicht einmal Salz als Würze auf – und diese Tradition bestimmt bis heute die Küche Venedigs. Wenn Rezepte auf in Salz konservierten Zutaten basieren, wie das beispielsweise bei den *bigoli in salsa* (*bigoli* mit Salzsardinen-Zwiebel-Sauce) der Fall ist, dann sind die Speisen derart „salzig", dass sie für Fremde und Touristen kaum genießbar sind. Und dann wieder bestellt man einen Teller *pasta e fagioli* (Pasta mit Bohnen) und greift unweigerlich zum Salzstreuer, weil das Gericht für den mitteleuropäischen Gaumen nach nichts schmeckt. Ich kenne nicht wenige Privathaushalte und Köchinnen und Köche in Venedig, die auch heute noch in ihrer Küche kein Speisesalz verwenden – wenn überhaupt, dann dient Salz fast ausschließlich zum Kochen von Pasta. Übrigens: Frischfleisch war sowieso selten und das handelsübliche in Salz konservierte Fleisch so intensiv, dass es ebenfalls keiner weiteren Würze bedurfte. Ich habe einmal mit einem befreundeten Metzger eine Salsiccia nach dem Rezept seines Ururgroßvaters hergestellt und werde niemals vergessen, wie extrem salzig diese Wurst nach dem Braten geschmeckt hat.

In vielen venezianischen Speisen findet man bis heute gesalzene Fische, Salzkapern oder sehr salzigen Speck als eine Art Salzersatz – sie dienen nicht nur als Gewürz, sondern sind auch heute noch derart salzig, dass es kein weiteres Salz mehr brauchte, um eine Speise zu würzen. Das berühmte Salz in der Suppe kam also von konservierten Lebensmitteln und beruhte nicht auf dem feinsinnigen Gespür des Küchenpersonals.

LOCANDA CIPRIANI Inn - Bar

Agnello sotto sale

2 kg Lammfleisch ohne Knochen (man kann auch jedes andere Fleisch nach Belieben nehmen) | 4 Knoblauchzehen | 4 Lorbeerblätter, vorzugsweise pulverisiert | Gewürze nach Belieben (Pfefferkörner, Fenchel, Anis, Nelke, Zimt, Kreuzkümmel … was gefällt) | 500 g Meersalz

---

Das Fleisch in Würfel schneiden und in eine Terracottaform mit Deckel (zum Beispiel Römertopf) geben. Geschälten und grob gehackten Knoblauch, Lorbeer, Gewürze nach Belieben und das Meersalz hinzugeben und gut vermischen. An einem kühlen Ort etwa eine Woche marinieren, ab und zu das Fleisch wenden. Nun einen Deckel auflegen und das Fleisch kühl lagern – es hält sich so gut zwei Monate.

Gegart wird das Fleisch, indem man es abgießt, kurz kalt abwäscht (oder um den Geschmack zu mildern, über Nacht in kaltem Wasser liegen lässt) und anschließend abgetropft zurück im Tontopf einfach neben einer Feuerstelle kocht oder in den Ofen schiebt. Das Fleisch gart dabei im eigenen Saft, wer mag, kann vor dem Garen etwas Wein und/oder Essig, Butter oder Olivenöl oder auch etwas gehackten *lardo* dazugeben. Das fertige Fleisch wird mit Weißbrot oder Polenta gegessen.

Castradina

Bei der *la castradina* handelt es sich um eines der vielen Küchengeheimnisse Venedigs, die allzu oberflächlichen Touristen für immer verborgen sein werden. Die *castradina* wird zwar in einigen venezianischen Kochbüchern erwähnt, doch angesichts ihrer Bedeutung für die Lagunenstadt nur sehr rudimentär. Ein Grund mag darin liegen, dass dieses Gericht nur um den 21. November genossen wird (genauer gesagt eigentlich nur vom 20. bis 22. November), ein anderer darin, dass das Gericht sehr ungewöhnlich ist.

Um die *castradina* und ihre Bedeutung besser zu verstehen, muss man sich mit der Basilika Santa Maria della Salute beschäftigen, die nämlich genau an einem 21. November – besser gesagt am 21. November 1687 – eingeweiht wurde. Seither findet am 21. November in Venedig das *Festa della Madonna della Salute* statt, mit dem nicht nur an die Einweihung der Basilika erinnert wird, sondern auch an das Ende der großen Pestwelle der Jahre 1630/1631. Zwar wurde Venedig schon einige Jahrzehnte zuvor (1575–1577) von der Pest heimgesucht, doch die Zahl der Pesttoten stieg 1630 derart an, dass sich die verbliebene Bevölkerung zu einer dreitägigen Bittprozession zusammenfand. Am 22. Oktober 1630 versprach der Doge Nicolò Contarini der Jungfrau Maria eine besonders schöne und prachtvolle Kirche zu errichten, wenn Venedig von der Seuche befreit werden würde. Die Sterblichkeit ging zwar etwas zurück, doch erst im November 1631 verschwand die Pest endgültig. Mit rund fünfzigtausend Personen ist mehr als ein Viertel der Stadtbevölkerung der Pest zum Opfer gefallen, dazu weitere hunderttausend in der Lagune und dem Umland. Unter den Toten war auch der Doge selbst zu beklagen, der am 2. April 1631 verstarb – er wurde übrigens in der Kirche Santa Maria Nova bestattet, die unter der Herrschaft der Habsburger als Lagerhaus verwendet und 1852 abgerissen wurde; das Grab ist seither verschollen.

Aber das Versprechen Contarinis wurde eingelöst und am 28. November 1631, also sofort nach dem Ende der Pest, nach der ersten Dankesprozession, mit dem Bau der Basilika begonnen. Zehntausende Bürger verloren dafür ihr Heim; Häuser und sogar Paläste wurden abgetragen und Hunderttausende Baumstämme in den Lagunenboden gerammt, um die Kirche an der Stelle bauen zu können, wo sie bis heute zu bewundern ist. Der Auftrag zum Bau der Basilika ging an Baldassare Longhena, der dieses einzigartige achteckige Gebäude entwarf, das eine wahrhaft grandiose Kuppel trägt und von vielen Mysterien und Geheimnissen umwoben wird, die zum Teil bis heute nicht geklärt werden konnten. Und an besagtem 21. November 1687 konnte der Prachtbau dann schließlich geweiht werden. Seitdem haben sich viele Bräuche zu diesem Feiertag entwickelt, einer von ihnen ist die alljährliche Prozession, welche über eine provisorische Holzbrücke von der Chiesa di Santa Maria del Giglio (in San Marco) über den Canal hinüber zur sogenannten Punta della Dogana (das ehemalige Zollhaus im Stadtteil Dorsoduro) und der nahe gelegenen Basilika Santa Maria della Salute führt und das anschließende Essen der *castradina* – und das nicht ohne Grund:

Sowohl das Gericht als auch seine Hauptzutat, besagter *castradina* (ein spezieller Hammelschinken), stammen eigentlich vom Balkan, genauer aus Montenegro, wo ein ähnliches Gericht bis heute als *kastradin* firmiert. Aber auch in Albanien und Dalmatien kennt man ähnliche Produkte.

Der Kaštradina ist ein spezieller Schinken aus Hammelkeulen, die gesalzen, kräftig gewürzt und vor dem Lufttrocknen kurz geräuchert wurden. Der Schinken hat einen extrem intensiven Geschmack, weshalb er in „vornehmen" Häusern gewässert oder gar separat vorgekocht wird, bevor er im eigentlichen Eintopf landet.

Der Grund, warum gerade dieses Gericht seit vierhundert Jahren zum Fest der Heiligen Madonna della Salute aufgetischt wurde und wird, ist der, dass man sich in Venedig gerne auch an die Hilfe Dalmatiens und anderer Balkan-Staaten erinnert, die Venedig in den Zeiten der Pest versorgten. Die von der Seuche heimgesuchte Stadt war derart erschöpft, dass die Versorgung und das Leben ohne die Unterstützung von vis-à-vis vollkommen zusammengebrochen wären. Noch heute stammt das Fleisch, aus dem die *castradina* gekocht wird, größtenteils aus Dalmatien. Venedig möchte mit dem Castradina-

Schmaus einerseits ihre Verbundenheit mit der Geschichte, andererseits den bis heute andauernden Dank an Dalmatien zum Ausdruck bringen.

Optisch erinnert der Eintopf verblüffend an ein Irish Stew, wenn er in der heutigen – zugegebenermaßen etwas modernisierten und verfeinerten Art – aufgetischt wird. In seiner traditionellen Variante, die übrigens auch in Montenegro bis heute nahezu unverändert aufgetischt wird, kocht man den Hammelschinken (im Ganzen) mit geschnittenem Kohl oder Sarma (milchsäurevergorener Krautkopf), Zwiebeln, Bohnenkraut (in Venedig nimmt man Thymian und eventuell auch Lorbeer), Butter oder Öl und reichlich Wasser; der geschmacksintensive Schinken macht jede weitere Würze obsolet. Wenn alles weich gekocht ist, löst man das Fleisch vom Knochen, zerzupft oder zerschneidet es und vermischt das zerkleinerte Fleisch anschließend mit dem weich gekochten Gemüse zu einem deftigen Eintopf. Wie gesagt: Das ist die ursprüngliche Variante, auf die Puristen bis heute schwören – wahrscheinlich, weil sie vortrefflich zu jenem kräftigen, einfachen roten Schankwein schmeckt, der in Venedig gern als *ombra* getrunken wird.

Die im wahrsten Sinne des Wortes herzhafteste *castradina* habe ich seinerzeit bei einer alt-eingesessenen Patrizierfamilie genossen. Der Palazzo verfügte über eine große Eingangshalle mit einem riesigen Kamin am dem dem Eingang gegenüberliegenden Kopfende. Nach der Prozession lud die Familie zur *castradina* ein, die in einem Kupferkessel stundenlang über sanfter Glut vor sich hingeköchelt hatte und den gesamten Raum mit einem unvergleichlichen Aroma nach Thymian, Lorbeer, Kohl und Fleisch erfüllte. Allein schon olfaktorisch war das ein einzigartiges Erlebnis, dazu muss man sich aber die Stimmung vorstellen: Es war ein nebeliger, nasskalter Novembertag, wir kamen von der stundenlangen Prozession, waren durchfroren und durchnässt und beklagten unisono Wetter, Venedig oder klamme Finger. Schlagartig besserte sich die Stimmung, als die Lodenmäntel (ja, Venezianer lieben Lodenmäntel – besonders in den oberen Kreisen) abgelegt waren und roter Wein aufgetragen wurde. Geröstete Brotscheiben mit *acciughe* (Sardellen) und winzige Tramezzini mit allerlei Füllungen standen parat und schließlich wurde im Schein flackernder Kerzen von livrierten Dienern die *castradina* in irdene Gefäße (auch das will die Tradition) geschöpft und von der illustren Gesellschaft genüsslich verspeist. Dieser Castradina-Schmaus ist für mich bis heute einer der vielen unvergesslichen kulinarischen Momente, die ich in Venedig erleben durfte …

Es versteht sich von selbst, dass ein derart traditionelles Rezept mitunter Wandlungen unterliegt; eine der bis heute wichtigsten ist der *risotto di cavroman*, ein mit Zimt und Tomate gewürzter Hammelrisotto, der nicht nur optisch einem orientalischen Pilaw ähnlich ist.

Abgesehen von diesem Risotto sind alle Abwandlungen bis heute nur rudimentär und sehr subtil – das Grundrezept gilt als unantastbar. Das Interessante dabei ist, dass das Gericht – obwohl es sehr rustikal ist – nicht nur in einfachen Osterien und Gasthäusern ausgegeben wird, sondern in allen Bevölkerungsschichten genossen wird. Selbst Luxusrestaurants lassen es sich nicht nehmen, zum Fest der Heiligen Madonna della Salute ihre Version der *castradina* aufzutischen. Diese Variationen mögen mitunter feiner zubereitet worden sein und aufgrund handwerklicher Tricks auch optisch ansprechender und eleganter daherkommen – doch auch sie bestehen nur aus Hammel-

schinken, Kohl, Zwiebel (eventuell kommt auch aus optischen Gründen mal eine Karotte dazu), Kräutern, Butter und/oder Olivenöl und Wasser. Dazu gibt es immer geröstete Weißbrotscheiben und Rotwein. So verlangt es die Tradition und an die wird sich in Venedig gern gehalten. Man hat Venedig in seiner Geschichte zwar geplündert und ausgeraubt – was man der Stadt aber nicht nehmen konnte, waren ihre Seele, ihr Brauchtum und die Traditionen.

Castradina

1 kg *Castrato salmistrato* | 1 kg Wirsing (Kohl) | 2–3 weiße Zwiebeln | 50–75 g Butter | 1 Bund frische Thymianblätter | evtl. 2 Lorbeerblätter | Pfeffer aus der Mühle | Salz

---

Das Hammelfleisch wird dreimal jeweils 20–30 Minuten gekocht, wobei man die ersten beiden Male das Kochwasser wechseln muss. Das dritte Kochwasser, in dem das Fleisch dann vollends weich gekocht wird, bewahrt man auf.

Die Zwiebeln schälen, hacken und in Butter hellgelb werden lassen. Den gewaschenen und in Streifen geschnittenen Kohl dazugeben und dünsten; dabei immer wieder mit Kochwasser vom Fleisch ablöschen. Wenn der Kohl fast gar ist, das weich gekochte Fleisch und so viel Kochwasser dazugeben, dass alles bedeckt ist. Reichlich Thymian und eventuell auch 1–2 Lorbeerblätter dazugeben und einkochen lassen, bis das Fleisch zerfällt und der Eintopf eine dickliche Konsistenz aufweist. Mit Pfeffer aus der Mühle und Salz kräftig würzen.

Mit gut gebutterten und leicht gesalzenen, gerösteten Brotscheiben auftischen. Dazu passt ein kräftiger Rotwein.

Hinweis: Wer mag, kann auch noch eine geschnittene Karotte mitkochen und/oder 1–2 geschälte Knoblauchzehen.

Gallina alla canevera

Übertriebener Luxus war den Stadtvätern von Venedig ein Dorn im Auge, denn die selbst ernannten Sparweltmeister waren sehr darauf bedacht, dass die Reichen auch reich blieben, damit diese im Falle eines Falles die Kriegskassen füllen konnten. Doch einsetzend mit dem 15. Jahrhundert verlor die Stadt mehr und mehr die Kontrolle, denn der Glanz und das ausschweifende Leben des französischen Hochadels wurde zum Vorbild der venezianischen Patrizier. Lieber zahlten diese Strafen an die Stadt als auf Prunk und Luxus zu verzichten. Wer sich die Strafen nicht leisten konnte, verlegte sich auf das Ausleihen oder das Tragen von Fälschungen – so wurde beispielsweise beim verarmten Adel liebend gerne Modeschmuck aus gefälschten Edelsteinen (sprich Glasschmuck) getragen, was eine ganz neue Industrie der „Fälscher" entstehen ließ. Die Stadtverwaltung reagierte wie immer mit einem Gesetz darauf und stellte das Herstellen von falschem Schmuck unter Strafe. Vergebens, denn bis heute ist der aus Glas gefertigte venezianische Modeschmuck ein Verkaufsschlager.

Waren die Venezianer den leidlichen Genüssen ohnedies nicht abgeneigt und liebten seit jeher gutes Essen und Trinken, so wurde nun mit den französischen Vorbildern auch das vermeintlich alltägliche Essen zum Bankett. Als dann der Glanz und Prunk des Hofes von Ludwig XIV. ganz Europa erhellte und ihm den Beinamen „Sonnenkönig" einbrachte, galten die althergebrachten Antiluxusgesetze kaum mehr etwas. Die Serenissima wollte nicht mehr geizen und sparen, sondern das Leben in vollen Zügen genießen – und zwar öffentlich, nicht nur im Geheimen und Versteckten.

Mit dem ausgehenden 17. Jahrhundert verlor die Serenissima nicht nur ihre Position als Kolonialmacht, sondern auch ihre gesamte außenpolitische Bedeutung. So verlegte man sich im 18. Jahrhundert vor allem darauf, sich selbst zu feiern. Der Karneval dauerte jahrelang und es war die Zeit der Hochblüte venezianischer Kunst, insbesondere der Musik, des Theaters und der Literatur. Musiker boten ihre Kunst auf nahezu allen freien Plätzen der Stadt an, die Theater waren ständig ausverkauft und es entstanden ständig neue Spielstätten und die Literaten wurden nicht nur in Form von Büchern gefeiert, sondern Dichter und Schriftsteller lasen ganz ungeniert öffentlich aus ihren Werken, die nicht selten erotisch bis obszön vulgär gestaltet waren. Giorgio Baffo, Lehrmeister des Casanovas, war beispielsweise so ein Dichter, den man ohne Probleme in den literarischen „Pornografenstand“ hätte erheben können.

Venedig feierte sich selbst, ohne dabei zu merken, dass es dem politischen und gesellschaftlichen Untergang geweiht war, was nicht zuletzt daran lag, dass es sich nicht mehr auf das selbst durch Handel Geldverdienen verlegte, sondern sich zunehmend auf die Einnahmen aus dem beginnenden Tourismusgeschäft verließ. Doch mit diesen von der Stadtverwaltung kaum zu kontrollierenden Einnahmen konnte sich die Serenissima die extrem aufwendige und teure, primär auf militärischer Präsenz sowie Tribut- und Zollzahlungen aufgebaute, Außenpolitik nicht mehr leisten, was bekanntlich tatsächlich in das Ende der Löwenrepublik durch Napoleon 1797 mündete. Dass Dekadenz mitunter ein jähes Ende hat, wissen wir seit der Antike, doch wahrhaben will das offenbar dennoch niemand – daran hat sich bis heute nicht viel geändert.

Was das *foyer* der Franzosen war, war den Venezianern ihr *ridotto*. Ursprünglich waren die französischen *foyers* beheizte Räume in Theatern, wo sich die Schauspieler umziehen und auf ihren Auftritt vorbereiten konnten. Im 18. Jahrhundert wurden die *foyers* dann zu vom Bühnebereich abgetrennten Wandelhallen für Zuschauer, die diese Einrichtungen für das gesellschaftliche Leben nutzten. Das *foyer* wurde zum Ort des Sehens und Gesehenwerdens, es wurden Kontakte gepflegt und geknüpft und oftmals war es mit großartigen Kantinen ausgestattet, die den Gästen jegliche kulinarischen Wünsche erfüllten – nicht selten war das *foyer* für so manchen Besucher wichtiger als das eigentliche Bühnenstück. 1752 wurde das *foyer* dann endgültig geadelt, nämlich mit dem Einbau eines besonders prunkvollen *foyers* in das Opernhaus von Schloss Versailles.

Die Venezianer hatten wie gesagt ihre *ridotti*. Salopp gesagt waren das nichts anderes als Hobbyräume für jene Schicht, welche sich so etwas leisten konnte. Jeder Venezianer, der etwas auf sich hielt, hatte sein *ridotto*, das gleich mehrere gesellschaftliche Funktionen zu erfüllen hatte. Denn anders als bei den Franzosen, die das Spiel in der Öffentlichkeit liebten, zogen die Venezianer es vor, die eine oder andere Leidenschaft nicht öffentlich auszuleben. Ein Grund dafür waren die Antiluxus-Gesetze, ein weiterer die zahlreichen anderen Gesetze und Verbote. So war es beispielsweise untersagt, sich in der Öffentlichkeit dem Glücksspiel hinzugeben – so trafen sich die Bessergestellten eben in ihrem *ridotto,* um dort zu zocken, da das Glückspiel seit dem 17. Jahrhundert als anrüchig galt und kein Patrizier zu Hause gespielt hätte. Die vornehmlich für das Glücksspiel vorgesehenen *ridotti* befanden sich im ersten Stock und hatten entweder einen vorgelagerten Balkon mit einem Loch im Fußboden oder spezielle Gucklöcher in den Fußböden, durch die man den Eingangsbereich oder die unter dem Spielsaal befindliche Diele einsehen konnte – das diente dazu, dass man sehen konnte, wer vor dem Haus beziehungsweise in der Diele stand, ohne dabei selbst gesehen zu werden. So war man schnell vorgewarnt und konnte entsprechende Vorkehrungen treffen, wenn unten die Schergen der Behörden standen, um dem unerlaubten Glücksspiel Einhalt zu gebieten. Ein Guckloch kann man im Palazzo Vendramin-Calergi, dem Sitz des venezianischen Casinos, betrachten. Die Leidenschaft, zu spitzeln, ohne selbst gesehen zu werden, haben die Venezianer übrigens immer noch – heute mittels umgebauter Autorückspiegel, die auf die Gasse gerichtet sind, um zu sehen, wer da des Weges kommt.

Bleiben wir noch einen Moment beim für die Serenissima so wichtigen Glücksspiel, denn es war gerade im 17. und 18. Jahrhundert für die Stadt prägend. Ein skurriles erstes Glückspielgesetz aus dem 17. Jahrhundert verbot das Laster im Beisein von Prostituierten und in verborgenen Spelunken – daher war der Platz zwischen den beiden Säulen des Heiligen Theodorus und des Markuslöwen auf der Piazetta vor dem Bacino di San Marco der einzige öffentliche Platz, wo unter Aufsicht der Serenissima legal die Würfel fielen. Doch man wurde der Sucht nicht Herr, selbst drakonische Strafandrohungen und immer schärfere Gesetze halfen nichts gegen diese „Seuche“. Auch Casanova erwähnte in seinen Memoiren das Unglück der Spielsüchtigen und zeigte Verständnis für Muslime, bei denen das Glücksspiel gänzlich untersagt war. Doch die Venezianer wären nicht die Venezianer, wenn sie nicht letztlich erstens Verständnis für menschliche Schwächen zeigen und zweitens daraus Kapital schlagen würden. Das war mit der Prostitution so und war schließlich mit dem Glücksspiel nicht anders. Also beschloss die Serenissima im Jahre 1638 aus der Not eine Tugend zu machen und eröffnete im Palazzo Dandolo einen speziellen *ridotto* (noch heute ein Ballsaal des in diesem Palast befindlichen Luxushotel Monaco e Grand Canal), wo Männer mit Speis und Trank bewirtet wurden, von der Stadtverwaltung bezahlte Kurtisanen zur Seite gestellt bekamen, die den Männern jeglichen Wunsch zu erfüllen hatten (es ist in Venedig überliefert, dass diese Kurtisanen zumindest oben ohne herumliefen, angeblich sogar ganz nackt), und schließlich ihrer Spielleidenschaft nachgehen durften. Der Clou an diesem weltweit ersten Casino unter staatlicher Aufsicht war nur, dass die Karten gezinkt und die Spielregeln zu Gunsten der Stadtverwaltung ausgelegt waren – mussten die Patrizier vorher mit „freiwilligen“ Abgaben die Kriegskassen füllen, so füllten sich die Kassen der Stadt nunmehr von ganz allein.

Gutes Essen, Alkohol und das sich vor der holden Weiblichkeit Präsentierenwollen verfehlten ihre Wirkung nicht. Die venezianische Aristokratie verlegte sich nun darauf, ihren Mut und ihre Männlichkeit nicht mehr auf dem Feld der Ehre auszuleben, sondern angespornt durch den süßen Schoss der leichten Damen ihren „Mut“ beim Zocken zu beweisen. Alles auf eine Karte – und weg war der Palazzo und die Zukunft einer ganzen Familie lag in Trümmern; zu gewinnen gab es außer einem kurzweiligen Kick und einer (ohnedies nur bezahlten) gespielten Liebesbekundung nichts. Man kam als reicher Patrizier und war nun ein sogenannter *barnabotti*. Diese verarmten

Adeligen hatten ihren Namen daher, dass sie nach Verlust des Familienpalastes nunmehr in ihnen zugewiesenen Häusern im Stadtteil San Barnaba hausen mussten – die zur Verfügung gestellten Wohnungen befanden sich rund um die Chiesa di San Barnaba, die 1989 durch den Film „Indiana Jones und der letzte Kreuzzug" weltberühmt wurde. Die Stadt bedankte sich übrigens auf ihre ganz eigene Weise bei den Spielsüchtigen *barnabotti*; da nur Patrizier den Bankhalter stellen konnten, wurden diese armen und ruinierten Seelen aus (ehemals) gutem Hause nunmehr von der Stadt als Croupiers eingestellt. Der Spielbetrieb fand nur während (des lang andauernden) Karnevals statt und die Serenissima selbst legte wie gesagt die Regeln fest: Es waren nur Kartenspiele erlaubt, während des Spiels hatte absolute Ruhe zu herrschen und außer den Croupiers, die mit Toga und Lockenperücke kenntlich gemacht waren, mussten alle Besucher Masken tragen. 1774 schloss der Große Rat sämtliche Spielcasinos zur Freude der Moralisten, die immer Anstoß daran genommen hatten – nicht wegen des Glücksspiels, sondern weil die *ridotti* neben dem Spiel das blieben, was sie immer waren: Orte der Kopulation! Die neben dem Monaco & Grand Canal verlaufende Gasse Calle del Ridotto erinnert an das erste Casino. Ganz in der Nähe hat Emilio seinen *ridotto*, er ist ein (sehr) wohlhabender venezianischer Immobilienmakler, der sich bereits in den 1990ern zur Ruhe setzen konnte und seitdem kaum etwas anderes macht, als das Leben zu genießen und um die Welt zu reisen. Doch zu Karneval ist er immer in seiner Heimat Venedig. 1995 lud er mich zu einer besonderen Veranstaltung ein, die er *Baffo & Casanova Redoute* nannte. Für das traditionelle Kartenspiel *Faraone* wurden originale Spieltische aufgestellt, die Speisen waren nach historischen Vorlagen zubereitet und angerichtet und alle Geladenen hatten in Originalkostümen zu erscheinen – das galt natürlich auch für die „leichten Mädchen", welche nicht fehlen durften und in ihren „Eva-Kostümen" einen wahrhaft paradiesischen Anblick boten und als Kellnerinnen für das leibliche Wohl zu sorgen hatten (anfassen und tanzen war erwünscht; mehr jedoch nicht, denn die Redoute war trotz aller

Frivolität aufgrund der geladenen Gäste sehr vornehm). Es war schon ein seltsames Bild, was sich da im flackernden Schein der tausend Kerzen vor einem bot und irgendwie hatte ich das Gefühl, auf einer Zeitreise zu sein, derart authentisch war die Szenerie. Und doch war es auch ein wenig skurril, besonders die zumeist mit der *baùtta* (der Umhang mit Kapuze bestand aus Seide und garantierte damals wie heute größtmögliche Anonymität; die *baùtta* wurde auch außerhalb der Karnevalszeit zu bestimmten Anlässen sowohl von Frauen als auch von Männern getragen und kann auch heute noch zu allen offiziellen Anlässen der Serenissima getragen werden) bekleidete Gesellschaft, wobei die Herren Dreispitz und Maske trugen, während die Damen auf ihrer *moretta* (Maske für Damen, die zwischen den Zähnen befestigt wurde) kauten und dazwischen die nur mit Masken ausgestatteten „Kellnerinnen" mit ihren Tabletts voller Gläser, in denen der Champagner im Rhythmus der Schritte synchron zu den wippenden Brüsten hin und her schwappte. Ich konnte mir gut vorstellen, wie die vornehme Gesellschaft des 18. Jahrhunderts in ihren *ridotti* gefeiert hat, und dass man da im Rausch der Sinne auch schon mal auf die Idee gekommen ist, übermütig zu werden und alles auf eine Karte zu setzen.

Das Wort *ridotto* ist in Venedig seit dem 13. Jahrhundert gebräuchlich und beschreibt grundsätzlich nur einen kleinen Raum, in den sich die Venezianer zurückzogen, um geheime Kontakte zu pflegen oder um sich der Liebeslust mit außerehelichen Partnern hinzugeben. Weil im *ridotto* auch gespielt wurde, hat man den Begriff auf die Casinos umgemünzt. Auch Casanova hatte selbstredend seinen *ridotto*, dieser befand sich unweit des Monaco & Grand Canal an der Ecke der Calle Vallaresso in etwa dort, wo heute das berühmte Handtaschengeschäft Hermès ist. Im Übrigen sah Casanova das Glücksspiel mit einem lachenden und einem weinenden Auge. Einmal bekannte er: „Verloren habe ich mit einem Lächeln, gewonnen ohne Begehrlichkeit …", dann aber wieder ist in seinen Memoiren (kurz vor seiner Verhaftung) davon zu lesen, dass er „sich über einen hübschen Gewinn“ freute. Es ist überliefert, wie sein *ridotto* beschaffen war: es war mit einem Nebenraum für die Bediensteten ausgestattet, der nur eine Durchreiche zum eigentlichen *ridotto* hatte, sodass die Dienerschaft nicht mitbekam, was sich im *ridotto* selbst zutrug. Das Umkleiden und Aufmascheln für den Theater- oder Casinobesuch war sicher das Harmloseste, was die als die für ihre voyeuristische Leidenschaft bekannte venezianische Dienerschaft zu sehen bekam.

Neben dem Glückspiel, der hemmungslosen Kopulation und den geheimen Geschäften dienten die *ridotti* aber auch einfach der Zerstreuung, weshalb viele von ihnen mit einer angeschlossenen Küche ausgestattet waren. Speisen, mit denen man aufgrund ihres Aufwands besonders „angeben“ und reüssieren konnte, waren in den *ridotti* besonders beliebt, weil die Männerwelt der Ansicht war, damit vor allem Geschäftspartner oder weibliche Gäste beeindrucken zu können beziehungsweise gefügig zu machen – wobei das bei den Damen nur in den seltensten Fällen notwendig gewesen sein dürfte, da der weibliche Besuch in den *ridotti* ohnedies durch den geleisteten finanziellen Obolus des Galans gefügig gemacht worden war. Es galt übrigens nicht als unschicklich und auch nicht als Prostitution, wenn Frauen kleinere oder größere Geschenke für Liebesdienste angenommen hatten. Casanova beschreibt in seinen Memoiren mehrfach, dass er einer Zopfe oder Kammerdienerin eine kleine Summe Geld gab, damit sie ihm die Zeit versüßte, bis die eigentliche Dame des Begehrens „bereit“ war – interessant ist dabei die Tatsache, dass das „Geschenk“ immer vor dem Liebesdienst entrichtet wurde.

Ich habe persönlich einige Hausherren reicher Familien kennengelernt, die vollkommen ungeniert einer Angestellten (der eigenen sowieso, aber auch denen von befreundeten Haushalten) einen Geldschein zusteckten, um sich sexuell verwöhnen zu lassen. Ich fragte meinen Freund Paolo, ob sich die Männer dabei nichts denken würden und bekam die lapidare Antwort, dass die weiblichen Hausangestellten von den Ehefrauen persönlich für ihre

Männer ausgesucht werden würden – damit diese nicht fremdgehen und sie wüssten, mit wem sich ihre Gatten außerehelich vergnügten. Und die Frauen (vornehmlich aus Rumänien, Bulgarien, der Slowakei, der Ukraine oder auch Äthiopien stammend) würden von Anfang an unterrichtet, was zu ihrem Aufgabenbereich gehören werde. In der venezianischen Gesellschaft hat sich scheinbar nicht viel geändert – zumindest hinter verschlossenen Türen ist alles beim Alten.

Leider trifft das nicht auf die Küche der Serenissima zu, denn diese leidet heute unter dem Wunsch der meisten Besucher nach „gut und günstig" und mehrheitsfähiger einfacher Italokost alla Pizza & Pasta, die aber mit der traditionellen venezianischen Regionalküche eher wenig bis gar nichts zu tun haben.

Das Rezept für die *gallina alla canevera* (Huhn in der Schweinsblase gegart) stammt ursprünglich auch nicht aus der Serenissima, sondern aus den Gebieten der Terraferma. In Padua und Vicenza kennt man das Gericht seit Hunderten Jahren, seit dem Spätmittelalter ist es auch in der in Geflügelgerichte verliebten Serenissima bekannt und beliebt. Das Rezept schreibt für seine Zubereitung ein Huhn (oder zur Weihnachtszeit auch einen Kapaun) der italienischen Rasse Polverara vor, eine Hühnerrasse aus Padua und Umgebung, die dort seit dem 13. Jahrhundert bekannt ist.

Auch wenn die Rezeptur recht aufwendig und kompliziert erscheint, so war das Gericht keineswegs nur beim Bürgertum und Adel präsent, sondern ebenso bei der Land- und Zivilbevölkerung. Bis heute identifiziert sich der Veneto mit Speisen wie dieser, weil nicht nur die Hühnerrasse autochthon ist, sondern auch das als eine Art Kamin verwendete Schilfrohr. Der Humanist, Philosoph und Arzt Michele Savonarola (1385–1466) war einer jener frühen Ernährungswissenschaftler, die dem Huhn gesundheitsverbessernde Wirkung nachsagten und daher dafür plädierten, dieses kulinarisch zu fördern. Es wird daher angenommen, dass durch sein Bestreben und seinen Einfluss das Geflügel gerade in den Küchen des Veneto und von Ferrara (weil

Savonarola schließlich zum Leibarzt der Este von Ferrara wurde) bis heute so präsent ist.

Schlussgedanke: Wenngleich der Veneto sich darin einig ist, dass dies eine regionaltypische Speise sei, so habe ich dennoch Zweifel, dass das Rezept wirklich aus der Region stammt. Da ist einerseits die Tatsache, dass wir einem in Schweinsblase gegarten Huhn auch in Frankreich begegnen; in der traditionellen Küche Frankreichs kennt man mit dem *poulard en vessie* ebenfalls ein Gericht, bei dem das Huhn in einer Schweinsblase gegart wird (es handelt sich dabei um eine mit Trüffeln und Gänseleber gefüllte Poularde in der Blase, die Joannès Nandron und Paul Bocuse bekannt gemacht haben). Zum anderen macht der Beiname *canevera* oder auch *canavera* stutzig, denn das ist die spanische Bezeichnung für das Schilfrohr, während dieses in Italien *canna* genannt werden würde – wobei das natürlich auch einfach Sprachgebrauch oder Dialekt sein kann.

Ich will dem Veneto sein Traditionsrezept nicht absprechen, aber das Gericht ist von der Zubereitung her so untypisch, dass es so gar nicht zu der ansonsten in der Region gebräuchlichen Stilistik passen will …

Barena mit Schilfgürtel

Gallina alla canevera

1 Huhn von 2 kg (vorzugsweise der Rasse Polverara) | 1 Schilfrohr von 20-30 cm Länge | 1 Schweinsblase | 1 Kelle Brühe | Pfefferkörner | Salz

---

Füllung: 1 Karotte | 1 Selleriestange und 2 Blätter Sellerie | 1 weißer Zwiebel | 1 Knoblauchzehe | 1 Apfel | 3 schöne Stücke Zitronenschale (nur die gelbe Schale) | 3 schöne Stücke Orangenschale (ohne weißen Teilen) | 1 Stück Zimtrinde | 5 Nelken | etwas Rohrzucker | Olivenöl extra | grobes Meersalz

---

Zunächst die Füllung vorbereiten. Hierfür Zwiebel, Knoblauch und Apfel (entkernt) schälen und das Gemüse putzen, alles grob zerhacken und mit Zesten, Nelken, gebrochenem Zimt und etwas Rohrzucker vermischen.

Das Huhn innen und außen salzen, innen zusätzlich mit dem grob gehackten Pfeffer ausstreuen, dann die Füllung in das Huhn stopfen. Den Vogel dressieren und das Schilfrohr in eine Öffnung stecken, danach den Vogel zunähen und in die gewässerte Blase geben – das Schilfrohr soll dabei aus der Blase herausragen, damit der Dampf aus dem Inneren wie durch einen Kamin entweichen kann.

Das Huhn in einen ausreichend großen Topf mit Salzwasser geben und rund 3–4 Stunden auf milder Flamme kochen. Nach Ende der Garzeit die Schweinsblase öffnen, den austretenden Saft (auch den aus dem Inneren des Huhns) auffangen und durch ein Sieb seihen. Den Saft in ein Töpfchen geben und etwas reduzieren.

Das Huhn auf einer großen und warmen Platte tranchieren und mit dem Eigensaft übergießen. Etwas Olivenöl darübergeben und mit grobem Salz bestreut auftischen.

Fagiano con salsa peverada

„Ich habe Fasane und die Zaffetta zu bieten!", mit diesen Worten lud einst Pietro Aretino seine engsten Freunde, den Bildhauer Jacopo Sansovino und den Maler Tizian, ein – gemeint war mit dieser seltsam klingenden Einladung, dass es zum Essen Fasane mit einer *salsa peverada* geben werde (dazu später im Kapitel mehr) und quasi als Nachtisch die Zaffetta – eigentlich Angela Zaffetta, genannt la Zaffetta, eine der berühmten *cortigiane oneste*, also eine „ehrenwerte" Kurtisane – zum Vernaschen. Während man im heutigen Venedig allerorts von Tizian hört und liest und der Malerfürst in allen Reiseführern eine prominente Rolle einnimmt, so redet kaum jemand gebührend ausführlich über Jacopo Sansovino, einem der einflussreichsten Bildhauer und Architekten Venedigs überhaupt. Und Pietro Aretino, seines Zeichens Kirchenkritiker, Schriftsteller, Dichter und Provokateur, kultivierte die literarische und künstlerisch-grafische Salonpornografie (mit teilweise auch nach heutigem Geschmack sehr extremen Darstellungen und Beschreibungen) genauso, wie er sadomasochistische Praktiken lobte und (unter anderem) in seinem berühmten Werk „Il Marescalco" die Heirat zwischen homosexuellen Männern befürwortete. Eine begehrte Kurtisane, drei begnadete Künstler und eines der berühmtesten Rezepte der Serenissima – fast zu viel des Guten für ein einzelnes Kapitel.

Fangen wir – gemäß dem Motto „Ladies first" – mit der Zaffetta an. In einem seiner über dreitausend Briefe (von denen übrigens die meisten als literarische Werke von Aretinos Druckerfreund und Verleger Francesco Marcolini veröffentlicht wurden) beschreibt Aretino Angela Zaffetta als wahres Wunderwesen der Lust, das alle Wünsche zu erfüllen vermochte: „Ihr verteilt Küsse, die Berührungen mit euren Händen, euer Lachen und euren Beischlaf so gut, dass noch nie jemand gestritten, geflucht oder sich beklagt hat …". Angela Zaffetta war eine der ehrenhaften Kurtisanen, die unter dem Schutz von vermögenden Bürgern und Patriziern standen und ein einigermaßen (zumindest materiell gesehen) gesichertes Leben führten. Diese Edel-Escortgirls, wie wir sie heute bezeichnen würden, zeichneten sich durch einen hohen Bildungsgrad mit entsprechender Intelligenz, Humor, sicherem gesellschaftlichen Auftreten und vor allem perfekter Gewandung aus. Daneben gab es die klassischen Mätressen, welche meist im Dienste eines einzelnen Gönners standen. Beide – Kurtisanen wie Mätressen – waren für das gesellschaftliche Venedig ungemein wichtig, denn es war absolut unüblich, dass sich Patrizier und reiche Bürger mit ihren Ehefrauen in der Öffentlichkeit zeigten. Während diese also gesittet zu Hause blieben (besser: bleiben mussten) feierten die Herren der Schöpfung ihre Feste zumeist mit „edelwerten" Damen. Es ist aber bei Weitem nicht so, dass die Damen gar kein Vergnügen hatten – ihnen standen persönliche Diener zur Seite, die ihnen jeden Wunsch von den Lippen ablesen mussten. Und noch etwas war ausschließlich der Damenwelt vorbehalten: die Altane, jene hölzernen Dachterrassen, die das Stadtbild der Serenissima bis heute prägen und bis heute eine Domäne der Frauenwelt sind – es gilt in venezianischen Kreisen als eine der höchsten Wertschätzungen, wenn man als Mann von einer Dame zum „Stelldichein" auf die Altane geladen wird.

Die Serenissima war im 16. Jahrhundert das Zentrum der Prostitution in Europa – auf eine Einwohnerzahl von rund 150 000 Menschen kamen fast 15 000 Prostituierte (manche Quellen sprechen auch „nur" von 11 000, was am Kern der Sache aber kaum etwas ändert). Es versteht sich von selbst, dass die meisten von ihnen keine Mätressen oder Kurtisanen waren, sondern einfache Straßenhuren, welche *meretrice* genannt wurden.

Die Stadtverwaltung Venedigs war in vielen Dingen inkonsequent, die Venezianer selbst dadurch in ihrer bigotten oder scheinheiligen Haltung zu vielen Dingen bestärkt. Ganz besonders deutlich wird dieser Widerspruch beim Umgang mit den Prostituierten und Touristen – damals wie heute rümpft man einerseits über das Treiben die Nase oder schimpft gar öffentlich über die „Touristenmassen", andererseits kassiert man gerne ab. Wer jetzt einhakt und meint, dass die Prostitution im heutigen Italien doch verboten sei, dem muss leider gesagt sein, dass er irrt: Prostitution ist in ganz Italien erlaubt und wird exzessiv angeboten und genutzt – verboten sind seit einem

Gesetz von 1958 nur die Bordelle, was dazu führte, dass die Damen mehr oder weniger ihren zum Teil überaus brutal agierenden Zuhältern geradezu hilflos ausgeliefert sind. Bordelle ließen sich viel besser kontrollieren als der Straßenstrich (von Ost-Europäerinnen und Afrikanerinnen dominiert) und die gerade schamlosen Avancen an Stränden in Form von „Masseurinnen" (meist aus Asien stammend) oder für das weibliche Geschlecht gut gebauten Handtuchverkäufern (meist aus afrikanischen Gefilden stammend).

Aber zurück zum Thema. Die Stadtverwaltung Venedigs ließ also die Kundschaft weitestgehend gewähren, während die Huren selbst in ihre Schranken verwiesen wurden. Die Schranken waren weit weniger restriktiv als in anderen (konservativeren) Städten Europas, aber immerhin existent. Die Gründe, warum die Schranken lockerer gehandhabt wurden, waren vielfältig. Einerseits wollte man der immer mehr um sich greifenden Sodomie und Homosexualität entgegenwirken, indem man die lendenmüde Männerwelt mittels freigelegten Brüsten und Venushügeln auf den Geschmack bringen wollte (ein Relikt aus der Zeit, in der die käuflichen Damen nackt „Werbung" für sich machten, ist die bekannte *Ponte delle Tette*, die Tittenbrücke). Die Damen wussten um die Vorlieben der Männer und kleideten sich (wenn es die Figur erlaubte) männlich und boten Analverkehr an, um die Homosexuellen als Kundschaft anzulocken. Ein anderer Grund warum die Serenissima die Prostitution eher gelassen hinnahm, war der, dass man „Erben" brauchte und „Nachwuchs" für das Militär. Die meist elternlosen Waisenkinder von Prostituierten landeten entweder im Kloster (wenn sie Glück hatten) oder als Ruderer auf militärischen Galeeren. Nachwuchs für das Kriegsgeschäft, eine der dunkleren Seiten der ansonsten glanzvollen Serenissima.

Während sich Kurtisanen und Mätressen aufgrund ihrer vornehmen Beziehungen frei in der Stadt bewegen konnten, durften die einfachen Huren nur im Castello-Viertel unweit von Rialto ihrem Gewerbe nachgehen. Als diese Eingrenzung nicht viel half, durften die Dirnen nur mehr im sogenannten Carampane (benannt nach der Familie Rampani, die der Stadt das Haus der

Freuden überließ) genannten Stadtteil verkehren – das bekannte Restaurant Antiche Carampane erinnert heute an diesen ehemaligen „Sperrbezirk“. Um die ausufernde Prostitution besser unter Kontrolle zu bekommen, verlegte sich die Stadtverwaltung auf ihre beiden Lieblingsthemen: das Zählen und statistische Erfassen von Daten sowie das Schaffen von Gesetzen. Aufgrund dieser Eigenschaften können wir heute die Geschichte der Serenissima besser nachvollziehen als die von allen anderen Städten Italiens – sogar was so heikle Themen wie die Sexualität und die Prostitution betrifft. So lesen wir beispielsweise im Prostitutionsgesetz von 1539, dass es dazu dienen würde, die Bevölkerung vor den Huren zu schützen. Die wichtigsten Punkte der Verordnung besagten: Prostituierte dürfen nicht in der Nähe von Kirchen wohnen, in die Kirchen durften sie nur, wenn keine respektablen Damen in selbiger waren, Bedienstete von Huren (ja, es gab Menschen, denen es noch schlechter ging als den Huren und daher als Diener oder „Beschützer“ für selbige tätig waren) durften nicht älter als 30 Jahre alt sein, reisende Prostituierte durften nur ihrer Tätigkeit nachgehen, wenn sie bei einer Frau von tadellosem Ruf wohnten (so verdienten sich die Venezianer mit der Zimmervermietung veritable Einnahmen durch überhöhten Mietzins), und es wurde eine sogenannte *Provveditori sopra la Sanitá* eingerichtet – eine erste Gesundheitspolizei, die über die Einhaltung der Prostitutionsgesetze wachte und für die Untersuchung der Huren zuständig war. Diese Behörde war übrigens auch für die lasterhaften Klöster zuständig, in denen nächtelang gefeiert, getanzt, kopuliert, verkuppelt und geschlemmt wurde – die legendären römischen Orgien dürften damit verglichen wahre „Kinderfeste“ gewesen sein.

Eine venezianische Kuriosität war unter anderem die Verordnung, dass die Huren keine Jungfrauentracht tragen durften. Auch das Nutzen von offenen Gondeln war ihnen untersagt, der Beischlaf in den Gondeln durfte nur in Gondeln mit Kabinen vollzogen werden, deren Vorhänge verschlossen bleiben mussten (darauf werden die meisten Freier wohl freiwillig Acht gegeben haben). Prostituierte durften nicht als Zeugen vor Gericht aussagen und – das

Der Rangone

wird wohl aus juristischer Sicht der schmerzhafteste Punkt gewesen sein – sie durften Freier, die nicht für geleistete Dienste bezahlen wollten (oder konnten), nicht verklagen. Vorkasse war zwar damals wie heute erlaubt, doch viele Freier wollten auf Nummer sicher gehen und erst nach dem Liebesdienst bezahlen. Den meisten Huren war es aus wirtschaftlicher Notwendigkeit unmöglich, abzulehnen, und sie waren somit gezwungen auch die abstoßendsten Praktiken auszuüben, um die Freier zu befriedigen. Das galt auch für die Mätressen und Kurtisanen – und mit dieser Information bekommen Aretinos Worte, dass sich niemand über sie „beschwert hätte", einen fahlen Beigeschmack.

Überhaupt war das Leben und Werk des Aretino in vielen Belangen skurril, extravagant, exzentrisch oder einfach nur undurchschaubar. Auf der einen Seite treffen wir einen der brillantesten, intelligentesten, intellektuellsten und kreativsten Köpfe seiner Zeit, auf der anderen Seite müssen wir uns mit einem schwergewichtigen, proletarisch vulgären, sexistischen und bisexuellen Querulanten auseinandersetzen, der kaum einer Konfrontation aus dem Weg ging. Ja selbst vor Verschwörungen und Gutheißung von Attentaten sind wir bei Aretino nicht sicher.

Aretino wurde 1492 in Arezzo geboren, daher resultiert sein Name, denn Aretino bedeutet „aus Arezzo". 1517 ging er nach Rom und schloss dort Freundschaft mit Malern wie Raffael und Giulio Romano. Während des Konklaves von 1521 erschienen seine ersten Pasquinate, Spottverse benannt nach der Statue des Pasquino, an die üblicherweise Studenten ihre Spottreden hefteten. 1525 folgten seine mittlerweile weltberühmten *sonetti lussuriosi* gepaart mit einschlägigen sexuellen Darstellungen in Form von Kupferstichen des Marcantonio Raimondi, der die erotisch-pornografischen Zeichnungen des Giulio Romano umsetzte (eine umfassende Sammlung dieser erotischen Werke befindet sich im Britischen Museum). Als künstlerisch wertvoll können die *sonetti* nicht wirklich bezeichnet werden, vielmehr als ordinär, dafür enthalten sie naturgenaue Beschreibungen der verschiedenen sexuellen Praktiken. Die gradlinige Ausdrucksweise mit ihren expliziten Beschreibungen von primären und sekundären Geschlechtsteilen, den verschiedenen Arten der Penetration und der möglichen Ausschweifungen brachte Aretino zwar Ruhm ein, aber auch Probleme mit dem Klerus, weshalb er noch im gleichen Jahr Rom verlassen musste. Zunächst führte ihn die Flucht nach Mantua, dann weiter nach Venedig, wo er eine Wohnung im Palazzo Bolani Erizzo bezog. In Venedig fand er den idealen Boden für sein satirisches Schaffen, er genoss die Protektion des Dogen Andrea Gritti und hatte somit Zugang zu den höchsten Kreisen der Stadt. Hier wurde er aufgrund seiner erotischen Abhandlungen, seiner legendären Festmahle und seiner kunstsinnigen Freunde ein regelrechter Star und genoss ein Leben in Überschwang – sexuell wie kulinarisch gab es keine Grenzen.

In Venedig genoss Aretino große literarische Freiheiten. Es entstanden seine berühmten Kurtisanengespräche, wo er die bigotte Prüderie seiner Zeit aufs Korn nimmt. Oder das bereits angesprochene Werk „*Il Marescalco*“, in dem er einen Höfling einen schönen Jüngling heiraten lässt und so die verbreitete Homosexualität bei Adeligen und Patriziern offenbart. Und nicht zu vergessen die von Francesco Marcolini veröffentlichten (zumeist kirchenkritischen) Briefe, in denen Aretino mit spitzer Feder die politischen und religiösen Umbrüche, Probleme und damit verbundenen Intrigen genauso karikiert wie Kunst, Kultur, Literatur oder triviales Zeitgeschehen à la Klatsch, Tratsch, Erotik oder „wer mit wem“? Aretino behauptete von sich, allein der Wahrheit verpflichtet zu sein, und schuf mit seinem umfassenden Werk ein wunderbares Zeit- und Sittenbild Venedigs im 16. Jahrhundert. Aretino erwarb so ein für Literaten seiner Zeit unfassbares Vermögen, das er zumeist für Orgien mit Kurtisanen oder Gelagen mit Freunden wie Tizian und Sansovino verprasste. Er war aber nicht unumstritten, vor allem seine tausendfachen Denunzierungen – so wurde beispielsweise Michelangelo von ihm der Homosexualität bezichtigt, weil dieser Aretino als künstlerischen Berater für die Entwürfe der Sixtinischen Kapelle anlehnte – wurden ihm übel genommen; so verwundert es wenig, dass seine Werke als eine der ersten in dem von Papst Paul IV. zusammengestellten

„*Index Librorum Prohibitorum*", also dem Verzeichnis der verbotenen Bücher, landeten. Venedig ehrte ihren Aretino auf eine ganz besondere Weise – mit einem besonderen Knauf an einer Seitentür des Markusdoms, der Aretinos Porträt darstellt. So etwas ist wohl auch nur in Venedig möglich, dass ausgerechnet einer der schärfsten Kirchenkritiker ein Denkmal an der berühmtesten Kirche der Stadt erhält.

So schaut Aretino von seiner Tür verschmitzt und in sich ruhend, lächelnd auf den Markusplatz, der in den heutigen Zügen maßgeblich von seinem Freund Jacopo Sansovino (1486–1570) geschaffen wurde. Der Bildhauer (unter anderem schuf er die Giganten Neptun und Mars auf der berühmten Freitreppe Scala dei Giganti im Hof des Dogenpalastes) und Architekt begann mit dem Bau der Libreria di San Marco auf der Piazetta, errichtete die weltberühmte *loggetta* am Fuß des Campanile und vollendete die Alten Prokuratien und gestaltete somit maßgeblich den Markusplatz in seiner heutigen Form. Er soll auch für die Neuordnung der Marktplätze verantwortlich gewesen sein, im Zuge derer die Verkäufer empfindlicher Waren wie Fleisch, Fisch, Milch- und Molkereiprodukte sowie Wein im Schatten (u.a. des Campanile) stehen mussten – von daher stammt der Legende nach auch der venezianische Name *ombra* für das Gläschen Wein ab.

Eine besonders interessante Geschichte steht hinter der – ebenfalls von Jacopo Sansovino vollzogenen – Umgestaltung der Fassade der Kirche San Zulian: Oberhalb des Eingangsportals hat Jacopo nämlich eine besondere Skulptur platziert. Es handelt sich hierbei um den Arzt und Gelehrten Tommaso Giannotti (1493–1577), in Venedig besser bekannt als der Rangone. Der Zeitgenosse unserer illustren Runde war ebenfalls für seine entnervende Selbstdarstellung berühmt-berüchtigt, dennoch sind seine Verdienste im Bereich der Medizin unbestritten. Wirklich berühmt wurde er aufgrund der Entdeckung eines Heilmittels gegen die Syphilis im brasilianischen Urwald. Für einer vom Laster und sexuellen Eskapaden geprägten Stadt, wie es Venedig seinerzeit war, kann der Wert dieser Arznei gar nicht hoch genug eingeschätzt werden. Allerdings sah Rangone selbst die Verabreichung von Arzneimitteln kritisch, denn er mahnte in seinem Werk mit dem Titel „Wie man das Leben des Menschen über 120 Jahre hinaus verlängern kann" vor allem einen gesunden Lebenswandel ohne allzu große Völlerei zu führen sowie die Einnahme von Medikamenten auf das Notwendigste einzuschränken.

Was Einschränkungen im kulinarischen Sinne betraf, so waren die Herren der Schöpfung im Venedig des 15. und 16. Jahrhunderts wenig angetan – vielmehr frönten jene, die es sich leisten konnten, einem Leben voller Gaumenfreuden. Es war ein bunter Mix aus orientalischen und griechischen Einflüssen, die sich mit Küchengepflogenheiten der sephardischen Juden, Relikten der altrömischen Küche sowie Ideen einer neuen venezianischen Küchenstilistik, welche sich gerade entwickelte, vermengten. Das 16. Jahrhundert war in der Tat kulinarisch geprägt von einem Wandel, der sich insbesondere in der Küchenkultur und den Tischsitten zeigte: maßgeblich verantwortlich für den Übergang hin zur Kochkunst waren Kochbuchautoren wie Maestro Martino mit seinem „*Libro de arte coquinario*" (Buch der Kochkunst) mit vielen Rezepten, die das heutige Italien kulinarisch prägen, oder Bartolomeo Sacchi detto il Platina mit „*De honesta voluptate et valetudine*", dem vielleicht berühmtesten Küchenwerk dieser Jahre, und natürlich Cristoforo di Messisbugo mit seinem „*Libro nuovo nel qual s'insegna à far d'ogni sorte di vivanda*" (Neues Buch über die Zubereitung aller Lebewesen), und ultimo, ma non per importanza Domenico Romoli detto il Panunto mit seinem Werk „*La singolar dottrina*". Der Buchdruck und das blühende Venedig schufen einen fruchtbaren Boden dafür, dass nun auch die Kochkunst ihren verdient hohen Stellenwert in der Serenissima erhielt. Es ist durchaus legitim zu behaupten, dass sich im 16. Jahrhundert in Venedig das entwickelt hat, was wir heute als venezianische Küchenstilistik bezeichnen.

Es ist nicht so, dass im 16. Jahrhundert das Rad der Rezepte neu erfunden wurde, aber man konnte aufgrund einer literarischen Basis neue Wege

A PIETRO ARETINO
1492 1556
"LA VERITÀ È
FIGLIA DEL TEMPO"
DAGLI AMICI
2001

erproben; das Alte und Bewährte war archiviert, was das Experimentieren erleichterte. Ein Rezept, das aus dem 13. Jahrhundert bis in die heutige Zeit überlebt hat, ist die *salsa peverada.* Allerdings hat sich die Sauce im Laufe der Jahrhunderte von der Rezeptur her ziemlich stark verändert – so viel sei vorweggenommen.

Die erste bedeutende schriftliche Erwähnung findet man im Kochbuch eines anonymen venezianischen Kochs aus dem 13. Jahrhundert. Damals verstand man unter der *salsa peverada* eine Art feine Velouté, also eine mit Mehlschwitze gebundene Sauce, die mit Apfel, Essig, entfetteter Fleisch- oder Fischbrühe (je nach Verwendung) verkocht wird; gewürzt hat man die *salsa peverada* damals sehr variabel – im Rezept wird nichts vorgeschrieben: *„con tante spezie quante ne servono*" (= mit so vielen Gewürzen wie benötigt). Empfohlen wird die Verwendung von Safran, wenn die Sauce gelb werden soll wird eine „weiße Grundsauce" bevorzugt, soll man auf den Safran verzichten.

Dann verschwindet die *salsa peverada* nahezu spurlos aus der Literatur – es existieren zwar etliche Rezepte für mit Leber gebundene Saucen, auch für Saucen, die nach wie vor mit Mehl gebunden werden, doch nicht mit der Bezeichnung *peverada.*

Allerdings ist die sogenannte pearà eine weitverbreitete und beliebte Sauce, die insbesondere zu gemischtem Siedefleisch wunderbar schmeckt. Somit konnte sich die aus Verona stammende Sauce sehr schnell auch in der Serenissima durchsetzen, denn gekochtes Fleisch wurde hier schon immer gerne gegessen. Die Zubereitung einer *pearà* ist denkbar einfach: 500 g altbackenes Landbrot wird zerbröselt in eine Kasserolle gegeben und nach und nach bei schwacher Hitze mit knapp 2 Litern Rinderbrühe aufgegossen, dann kommt Knochenmark (Menge nach Belieben) hinzu und die Sauce darf anschließend mindestens 2 Stunden köcheln (je länger, desto besser). Gegen Ende der Garzeit wird gesalzen und mit reichlich Pfeffer aus der Mühle gewürzt. Die *pearà* ist übrigens auch die Vorlage zum in Österreich sehr beliebten Semmelkren.

Wie der Zufall so will, begegnete mir am Gardasee in den 1990er-Jahren eine weitere Variante der *pearà*, welche ebenfalls aus Brühe und altbackenen Semmeln gekocht wurde, aber nicht mit Pfeffer, sondern mit reichlich geriebenem Käse, etwas geröstetem Knoblauch und Schnittlauch gewürzt wurde. Und das Erstaunliche für mich war, dass man diese Sauce hier als *peverada* anführte, was ich als einen namentlichen Verwechslungsfehler betrachtete.

Es war leider nicht möglich, genau zu eruieren, ab wann genau die venezianischen Lebersaucen des 15. und 16. Jahrhunderts als *peverada* firmierten und die traditionelle Safransauce quasi ablösten. Sicher ist nur, dass die *peverada* bei Cristoforo di Messisbugo in seinem „*Libro nuovo nel qual s'insegna a far d'ogni sorte di vivanda*" zu finden ist und dass sie somit bei den Este und wahrscheinlich in der Emilia Romagna bekannt war. Das ist in keiner Weise überraschend, denn die *peverada* (vor allem die Variante mit Fleisch, Wurst, Zwiebel und Leber) ist dem Bologneser Ragout mehr als nur „sehr ähnlich". Wir dürfen also historisch davon ausgehen, dass die *peverada* nicht aus dem venezianischen Kulturkreis stammt, sondern aus der Emilia Romagna – es war das einzigartige Werk des Cristoforo di Messisbugo, das für die Verbreitung seiner Rezepte sorgte. Warum der ansonsten so akribisch genaue Messisbugo seine Ragoutsauce nach einem venezianischen Rezept benannt hat, bleibt im Dunkel der Geschichte.

Es bleibt dennoch zu klären, wann und wie die venezianische Safran-Peverada zur heutigen Leber-Soppressa-Peverada wurde. Die Antwort darauf finden wir in der Terraferma.

Es existieren nämlich neben der venezianischen Safransauce viele unterschiedliche regionale Varianten der *peverada*. Natürlich hat man in der Terraferma die *peverada* nicht mit Safran zubereitet, aber es war (fast) immer eine mit Mehl oder altbackenem Brot gebundene Sauce. Man hat sich allerdings von der Serenissima den Namen für dieses Mahl ausgeliehen, um es salomonisch auszudrücken. Es war in der Küche des Volkes durchaus üblich, einfache Regionalrezepte mit Namen aus der Küche des Adels und der Patrizier zu bezeichnen – nicht nur in Italien, sondern auch in anderen europäischen Ländern. Die Wiener Küche ist da beispielsweise federführend, denn hier wird ein Knoblauch-Rostbraten als „Vanille-Rostbraten" (Vanille war so teuer, dass sie für das Volk schlicht unerschwinglich war) bezeichnet oder die Weinbergschnecke zur „Auster des kleinen Mannes".

So erging es auch der *peverada*, denn Safran war für die Bewohner der Terraferma sicherlich unerschwinglich. Im Trentino besteht eine *peverada* aus frischer Salami, die in einer Brotsauce (Brühe und altbackenes Brot) gegart und mit Olivenöl und Käse gewürzt wird – dazu isst man Polenta.

In Treviso kennt man ebenfalls eine *salsa peverada* und diese dem Vernehmen nach bereits seit dem 14. Jahrhundert. Warum das Jahrhundert hier so eine wesentliche Rolle spielt, ist die Tatsache, dass Treviso und die Region Marca Trevigiana in ebendiesem Jahrhundert venezianisch wurden. Die erste venezianische Herrschaft über Treviso dauerte von 1344 bis 1381; Hintergrund war der Streit des Dogen Francesco Dandolo mit Mastino II. della Scala, dem Herrn von Verona. Nachdem Mastino nicht nur Städte wie Belluno oder Vicenza annektierte, sondern auch versuchte, den Flusshandel zu kontrollieren, sah Dandolo die Interessen Venedigs bedroht. Venedig schloss daraufhin 1339 einen Pakt mit Bologna, Perugia, Sienna und Florenz. Das Besondere am nun folgenden Krieg gegen Verona war, dass Venedig nicht – wie damals üblich – auf ein Heer von Söldnern zurückgriff, sondern alle Venezianer zwischen zwanzig und sechzig Jahren zum Militärdienst verpflichtete. Auf diese Weise konnte die Serenissima ein Heer von vierzigtausend Mann aufbieten, die folgenden Schlachten fanden auf dem gesamten Gebiet der Scaliger (historischer Name der Herren von Verona) statt, mit dem glücklicheren Ende für Venedig. Am 24. Januar 1339 wurde der Friedensvertrag zwischen Verona und Venedig in der Markus-Basilika begangen, Venedig erhielt aus dem Vertrag unter anderem Treviso, das nun venezianisch war – formell übergab die Stadt Treviso die Herrschaft 1344. Das Ereignis ist aus zwei Gründen elementar für die Serenissima: Zum einen war es der Beginn Venedigs, seine Politik und seinen Einfluss auf das Festland auszudehnen, die sogenannte Terraferma (der Doge Francesco Dandolo gilt daher als Initiator der Terraferma), und zum zweiten war Venedig den Florentinern gegenüber vertragsbrüchig geworden (die Florentiner hätten die Stadt Lucca erhalten sollen, bekamen aber nur einige Burgen, was in Florenz für Verstimmung sorgte), woraus dann die späteren Spannungen zwischen Florenz und Venedig resultierten. Später gaben die Venezianer die Region Marca Trevigiana den Habsburgern als Pfand, damit diese die Serenissima in ihrem Kampf gegen Genua während des sogenannten Chioggia-Krieges militärisch unterstützten. Nach einem Intermezzo, in dem Carrara die Herrschaft über Trevisio zu erlangen suchte, wurde Treviso 1392 wieder venezianisch und blieb es für die folgenden Jahrhunderte.

Die *salsa peverada* der Marca Trevigiana war ein klassisches großes Mittagessen, das traditionell nach dem Kirchgang am Sonntag eingenommen wurde – ähnlich wie die Beuschelsuppe in einigen steirischen Regionen (wie z.B. der Apfelland-Stubenbergsee). Wie bei anderen Regionalrezepten, die aus der *cucina casalinga* stammen, so existieren auch bei der *peverada* viele verschiedene Familienrezepte. Aber man ist sich einig, dass die Sauce aus Hühnerleber, Soppressa und Sardelle zubereitet wird – Unterschiede gibt es eigentlich nur bei der Würze. Die *soppressa veneta* macht diese Variante einzigartig und regionaltypisch und ersetzt im Veneto die von Messisbugo empfohlene Salsiccia. Dazu passt, dass erste Aufzeichnungen der speziellen Salami-Varianten aus dem 18. Jahrhundert stammen.

Interessant ist in diesem Zusammenhang ferner, dass sich die Bezeichnung *peverada* angeblich von *pepata* ableiten soll, was bedeuten würde, dass es sich um eine „gut gepfefferte" Sauce handeln sollte; der Haken an der Sache ist nur, dass weder die venezianische Safransauce noch die *peverada* aus Treviso mit Pfeffer gewürzt wird und auch die Rezepte aus dem Trentino nicht – lediglich die Veroneser *pearà* wird gepfeffert. An dieser Sauce ist neben der Tatsache, dass es sich um das Ursprungsrezept der heute in Venedig üblichen *peverada* handelt, auch bemerkenswert, dass diese Fleischsauce nicht nur eigenständig als Mittagessen diente, sondern ebenso als Beilage zu allen möglichen Fleischgerichten diente. In der Marca Trevigiana vor allem zu Schweinefleisch, Kalbfleisch, Huhn und Perlhuhn. Traditionalisten und Puristen werden zwar nicht müde zu behaupten, dass die Sauce „nackt" genossen werden sollte – also als Hauptgericht dienen muss –, doch das macht heute fast niemand mehr.

Diese *peverada* der Marca Trevigiana ist also genau die Sauce, die heute in Venedig zu Geflügel und Wild gereicht wird – und auch das geht auf Messisbugos Kochbuch zurück, der diese Sauce mehr oder minder für alle Arten von Fleisch empfohlen hat. Sein Einfluss reichte also von den Este Ferraras über die Terraferma bis in die Lagunenstadt; und es dürfte ein schleichender Prozess gewesen sein, dass die traditionelle venezianische Safransauce durch die gehaltvolle Lebersauce ersetzt wurde.

Ein weiterer Grund dafür war, dass diese *peverada* für das einfache Volk wesentlich erschwinglicher war als die teure Variante mit Safran, und andererseits der Umstand, dass die gehaltvolle Lebersauce exzellent zu Geflügel und Wildgeflügel mundet – und gerade Federvieh in allen Formen, Größen und Spielarten war und ist die Leibspeise der Venezianer. Hinzu kommt, dass die Venezianer in früheren Zeiten kulinarisch wesentlich experimentierfreudiger und Neuerungen wesentlich „offener" gegenüberstanden als heutzutage. Das bedeutete vor allem, dass sie viele Rezepte, gerade solche aus der Terraferma, in ihre Küche integrierten. Bei der *peverada* aus der Marca Trevigiana dürfte ihnen das besonders leicht gefallen sein, da sich viele venezianische Patrizierfamilien rund um den Fluss Piave ansiedelten und herrschaftliche Anwesen errichteten (man denke in diesem Zusammenhang auch an die berühmten Bauten des Palladio); die Venezianer entdeckten während ihrer Sommerfrische das Landleben und die städtische Küche verschmolz mit der ländlichen zu dem, was wir heute allgemein als die Regionalküche des Veneto bezeichnen – eine einzigartige Form der italienischen

Küchenstilistik nämlich, die vollkommen entspannt und ganz selbstverständlich Merkmale städtischer Eleganz, bürgerlicher Opulenz und ländlicher Rustikalität in sich vereint, was sie wahrlich zu einer *grande cucina* macht.

Nachgedanke: Ich persönlich finde es spannend, herauszufinden woher sogenannte regionaltypische Rezepte wirklich stammen, denn oftmals stammen sie gar nicht aus der Region für die sie berühmt sind (oder umgekehrt). So ist mir schon bei der ersten Begegnung mit der *peverada* (im Bistrot de venise) aufgefallen, dass die Sauce eine für Venedigs Küche relativ unübliche opulente Stilistik zeigt. Durch das Buch „Pasta: The Story of a Universal Food" (Silvano Serventi u.a.) fühlte ich mich in der These bestätigt, denn hier las ich von einem *savor di peverada*, einer dunklen Fleischsauce, die niemand geringerer als Cristoforo di Messisbugo zu in Wildbrühe gekochten *pappardelle* empfohlen hat. Im Wissen darum, dass die Venezianer bereits seit dem 13. Jahrhundert eine *peverada* kannten, musste ich der Frage nachgehen, was die beiden Saucen miteinander zu tun haben. Das Ergebnis war, dass sie vollkommen autark entstanden und nichts außer einem berühmten Namen gemeinsam haben.

Bevor wir nun zum venezianischen Fasan in Lebersauce kommen, hier kurz die Beschreibung der Zubereitung einer authentischen *peverada*, wie man sie früher als Hauptspeise genoss: 100 g gesäuberte Hühnerlebern und 2 Sardellen hacken. ½ TL gepressten Knoblauch in knapp 100 ml Olivenöl hellgelb werden lassen, Leber und Sardellen hinzugeben, ebenso die abgeriebene Schale einer Zitrone, etwas gehackte Petersilie und gut 125 g zerkrümelte Soppressa. Mit etwas Essig, Zitronensaft, Salz und Pfeffer abschmecken und einige Minuten köcheln lassen. Mit altbackenem oder geröstetem Weißbrot auftischen.

Fagiano con salsa peverada

1 Fasan von 1,5 kg | 100–150 g *lardo* | 4 Knoblauchzehen | 1 Zitrone | 2 Rosmarinzweige | einige Salbeiblätter | Leber und den Magen vom Fasan | 50 g Kalbs- oder Hühnerleber extra | 80–100 g Soppressa | 50 g fein gehacktes Kalbfleisch | 1 Essiggurke | 1 in Essig eingelegter Paprika | 1 Glas trockener Weißwein | 50 g Butter | Olivenöl extra | Pfeffer aus der Mühle | Salz

---

Den ausgenommenen und gewaschenen Fasan innen und außen mit Salz und Pfeffer würzen, danach mit Speckscheiben, 1 Knoblauchzehe, Zitronenschale, 1 Rosmarinzweig und etwas Salbei umwickeln und alles gut binden.

In einer Kasserolle Öl und Butter erhitzen, etwas gehackten *lardo* darin anschwitzen, gepressten Knoblauch, gehackte Rosmarinnadeln und Salbeiblätter dazugeben und andünsten. Den Fasan in die Kasserolle geben und rundherum anbraten. Danach die gehackten Fasanen-Innereien hinzufügen, die gehackte Kalbsleber, das Kalbfleisch, zerkrümelte Soppressa und etwas Zitronenschale. Nach einiger Weile auch die gehackte Essiggurke und den Paprika dazugeben. Alles mit Weißwein aufgießen, Deckel auflegen und im Ofen bei 250 Grad schmoren – wann immer es notwendig ist, den Vogel mit sehr heißer Brühe begießen.

Den fertig gebratenen Vogel aus der Sauce nehmen und warm stellen. Den Bratenfond nochmals mit Brühe aufgießen, auf den Herd stellen und einkochen lassen. Dann den Fond durch ein Sieb passieren, nochmals mit etwas Brühe aufgießen, einige Minuten zur gewünschten Konsistenz einkochen lassen und mit dem Saft einer halben Zitrone und einer ordentlichen Prise Pfeffer aus der Mühle abschmecken.

Den Fasan in Portionsstücke zerteilen, auf einer Platte anrichten, mit der Sauce überziehen und mit Polenta oder gerösteten Weißbrotscheiben auftischen.

LA CUCINA STORICA

VENEZIANA

Fegato alla venexiana/ Figà de vedelo

Das traditionelle Antico dolo, das Ristorante Cà D'oro alla Vedova, das renommierte Lokal Graspo de Ua oder auch das gänzlich auf Fleischgerichte spezialisierte Ristorante Ai Gondolieri – sie alle rühmen sich damit (nicht ganz zu Unrecht, sei an dieser Stelle angemerkt), eine wunderbare *fegato alla venexiana* auf die Teller zu zaubern. Die *fegato alla venexiana* ist unbestritten das präsenteste Gericht auf Venedigs Speisekarten und kein Lokal scheint es zu wagen, auf diesen Klassiker verzichten zu können – ja selbst Lokale mit moderner Küchenstilistik wie etwa das Algiubagio versuchen, neue, kreative Formen der venezianischen Leber aufzutischen. Letztlich scheint es dabei ziemlich egal zu sein, ob es sich um eine einfache Osteria, eine rustikale Taverne oder ein vornehmes Restaurant handelt; die *fegato alla venexiana* ist omnipräsent. Und es handelt sich tatsächlich um ein typisch venezianisches Rezept. Das wissen wir deshalb so genau, weil uns ein gewisser Carlo Goldoni umfassende Einblicke in die Küche des 18. Jahrhunderts gewährte und in seinem Werk „*Il campiello*" (1756) genau dieses Rezept erwähnt.

Bevor wir uns näher mit der venezianischen Kalbsleber beschäftigen, sei Carlo Goldoni ein Absatz gewidmet, denn ihm ist es zu verdanken, dass wir heute so gut darüber Bescheid wissen, wie feudal sich die Serenissima im 18. Jahrhundert ernährt hat: Kurz gesagt, es gab alles! Allerdings mit einer nicht ganz unwesentlichen Einschränkung: nicht für alle! Aber getafelt wurde generell anständig und für die damaligen Verhältnisse auch kultiviert, denn selbst in einfachen Wirtshäusern und Tavernen war es üblich, dass die Tische mit Leinen gedeckt waren und Besteck wie Löffel, Gabel und Messer Verwendung fanden.

Carlo Goldoni war der große Reformator des italienischen Theaters; Mitte des 18. Jahrhunderts sorgte er dafür, dass die altgediente Commedia dell'arte mit ihren streng typisierten Rollen aus der Mode kam. Er ebnete den Weg für echte Charaktere. Als richtiger Venezianer liebte er das gute Essen und Trinken genauso wie die erotischen Freuden und suchte Inspiration dadurch, dass er sein Haupt in möglichst üppigen weiblichen Musen-Brüsten versenkte, wie mir mein Freund der ehemalige Bibliothekar von Marciana erzählte. Diese Leidenschaft sollte ihm Mitte der 30er-Jahre des 18. Jahrhunderts zum Verhängnis werden, denn eine „unglückliche Liebesangelegenheit" – sprich der eifersüchtige Gatte einer seiner zahllosen Liebschaften und Musen – zwang Goldoni dazu, Venedig mehr oder weniger *stante pede* zu verlassen.

Goldoni schlug sich in den Folgejahren als Advokat und Rechtsanwalt durch, geschrieben hat er mehr oder minder zwischendurch – jedoch mit großem Erfolg und Beifall. 1848 gelang es ihm, eine Fixanstellung bei Girolamo Medebach zu erlangen. Fortan gab er seine Arbeit als Anwalt auf und schrieb nur mehr für das Ensemble des Teatro Sant'Angelo. In dieser Zeit verfeinerte er den neuen Theaterstil, der so ganz nach dem Geschmack des Publikums war. Seine Werke beschrieben immer wieder das venezianische Leben und als großer Genießer vor dem Herrn auch die Küche. Ein kleiner Auszug der Werke mit den jeweils erwähnten Rezepten:

„Il servitore di due padroni" (1746): *bollito e salse per il bollito* (gemischtes Kochfleisch mit verschiedenen Saucenvorschlägen), *carne pastizada* (Fleischauflauf), *budino* (Schokoladenpudding), *fricandó* (Kalbfleischeintopf), *minestra* (Gemüsefleischeintopf mit Teigwaren und Ei), *polpetti di carne* (Fleischbällchen)

„La bottega del caffè" (1750): *cioccolata* (warme Schokoladencreme)

„La cameriera brillante" (1754): *selvatico in tocio* (Wild in Sauce), *stufato* (einfacher Fleischeintopf), *torte* (Torten)

„Il Campiello" (1756): *cervella tenere* (eingebröseltes Hirn in Butter gebraten), *figà de vedelo* (Kalbsleber mit Zwiebel und Essig), *lingua salata* (gepökelte und gekochte Kalbs- oder Rinderzunge), *risi co la castradina* (Risotto mit Hammel)

„Una delle ultime sere di Carnevale" (1762): *raffioli* (Ravioli mit Entenfüllung), *ripieno per la tacchino* (Truthahnfüllung)

„Chi la fa l'aspetta" (1766): *anatra arrosto* (im Ofen geschmorte Ente), *fricassea* (Frikassee vom Lamm), *lattesini* (Lamm- oder Kalbsbries in Butter gebraten)

Das Schöne an Goldonis Rezepten ist, dass sie die Speisen des Volkes sind. Üblicherweise sind uns vom Mittelalter bis ins 19. Jahrhundert fast ausschließlich die Rezepte der Reichen und Schönen überliefert, wie das einfache Volk genossen ist uns leider weitaus weniger bekannt. Dank Goldoni bekommen wir aber einen Einblick in die (klein-)bürgerliche Küche Venedigs und nicht nur das – auch das Denken und Fühlen dieser Leute spiegelt sich in Goldonis Werken wieder.

Carlo Goldoni wurde reich und berühmt und 1761 zog er nach Paris, um dort am Italienischen Theater zu arbeiten. Er verbrachte die letzten dreißig Jahre seines Lebens dort und schrieb noch einige sehr erfolgreiche Stücke, insbesondere seine Komödien und Lustspiele wurden vom Publikum mit Begeisterung aufgenommen.

Wir wissen nun, dass die Venezianer spätestens seit dem 18. Jahrhundert eine Kalbsleber mit Zwiebel und Essig zubereiten. So weit, so gut – doch küchenhistorisch tut sich an dieser Stelle folgendes Problem auf: Im berühmten venezianischen Kochbuch „*La singola dottrina*" von Domenico Romoli, detto il Panunto („Die einzig wahre Lehre", Venedig 1560), finden wir eine ganz andere Zubereitung für Kalbsleber: Hier wird sie zwar ebenfalls geschnetzelt, aber in einer kräftigen Sauce aus Schmalz, Quitten, Dörrzwetschgen, Rosinen, Pinienkernen, Most, etwas gedörrtem Fisch und Gewürzen zubereitet, die mit Milz und geriebenem Brot gebunden und vor dem Servieren mit Zucker und Zimt bestreut wird. Sehr viel Ähnlichkeit hat das nicht mit unserer heutigen venezianischen Kalbsleber.

Um zu verstehen, wie die heutige Rezeptur entstanden ist, müssen wir einmal mehr ins 13. Jahrhundert zurückreisen, denn etwa zu dieser Zeit hat sich der sogenannte *saòr* in Venedigs Küchen etabliert – wahrscheinlich schon früher, aber im 13. Jahrhundert finden wir im Kochbuch eines anonymen venezianischen Kochs die erste Aufzeichnung zum *saòr*, damals als Konservierung für Fische gedacht.

Der traditionelle *saòr* besteht im Wesentlichen aus Zwiebeln, Essig und exotischen Gewürzen wie Nelke und Ingwer. Es waren dann die Juden, welche aus der Not heraus die teuren Gewürze durch Pinienkerne und Rosinen ersetzten und den *saòr* nicht für Fische, sondern für Melanzani zweckentfremdeten. Und siehe da, es war so gut, dass diese Melanzani als die berühmten *melanzane alla veneziana* (*melanzane in saòr*) in die Küchengeschichte Venedigs eingegangen sind. Weil aber die Venezianer – zumindest damals – viel lieber Fleisch als Fisch oder Gemüse aßen, hat man den *saòr* kurzerhand auch über gegartes Fleisch gegossen – und das schon im 13. Jahrhundert! Damals über Hühnerfleisch, wie einschlägige Rezeptsammlungen vermitteln (noch heute ist „Huhn mit Essig" ein Küchenklassiker, wird aber fälschlicherweise nicht den Venezianern, sondern den Franzosen zugesprochen). Und auch die Kalbsleber mundete vorzüglich mit dieser aromatischen Marinade. Noch heute kennt man in Venedig ein Rezept namens *fegato in saòr*, das im Grunde nichts anderes ist als eine kalte Version der *fegato alla venexiana* – der einzige Unterschied ist, dass man für die warme Rezeptur auf Rosinen und Pinienkerne verzichtet.

Warum man sich in Venedig statt der aufwendigen mittelalterlichen Rezeptur mit der Zeit auf die „einfache", heute übliche Variante geeinigt hat, dürfte nicht zuletzt mit Venedigs Bedeutung als gastronomisches

Mario hat mir viele Geheimnisse der venizianischen Küche verraten.

Zentrum zu tun haben. Gerade im 18. Jahrhundert war die Serenissima nahezu ausschließlich mit Kunst und Kultur, Bällen und Maskenbällen, Unterhaltung und Zerstreuung in Form von Glücksspiel und ähnlichen *divertimenti* sowie Essen und Trinken beschäftigt, was dazu führte, dass die Stadt schon damals eines der bedeutendsten touristischen Zentren Europas war. Die Massen an Besuchern mussten damals wie heute verköstigt werden und mit den gleichermaßen üppigen wie aufwendigen Traditionsgerichten konnte man allenfalls beim Adel reüssieren, bei den meisten Reisenden hingegen nicht, denn diese bevorzugten preiswerte und schnell aufgetischte Rezepte. Also wurden viele Klassiker vereinfacht, um dem Wunsch nach preiswerter Hausmannskost gerecht zu werden.

Daran hat sich bis heute nichts geändert, nur das gastronomische Niveau Venedigs, leider insgesamt gesehen so weit gesunken, dass die unfassbar einfach zuzubereitende *fegato alla venexiana*, für deren Zubereitung es nahezu kein Grundwissen um das Kochhandwerk braucht, zu ungeahnten Ehren gekommen ist. Sicher, man kann in Venedig fantastisch essen, wenn man bereit ist, sich erstens dafür Zeit zu nehmen und zweitens auch den entsprechenden (gerechtfertigten!) Preis zu bezahlen – weil das aber die wenigsten Touristen sind, bestimmen augenscheinlich Pizza, Pasta, Panini und Fastfood das heutige kulinarische Bild Venedigs, während die großartige Küchenhistorie der Serenissima fast ausschließlich in traditionsbewussten Osterien und gehobenen Restaurants gefeiert wird und somit den meisten Besuchern verborgen bleibt.

Fegato alla venexiana

600 g Kalbs- oder Milchkalbsleber | 600 g weiße Zwiebeln | fein gehackte Petersilie | Olivenöl extra vergine | Zitronensaft oder Weinessig | Pfeffer aus der Mühle | Meersalz

---

Die Leber häuten und in Streifen schneiden. Die Zwiebeln schälen und sehr fein hobeln, danach in einer großen Pfanne in nicht zu wenig Olivenöl dünsten (wer mag, kann 2 Lorbeerblätter mitdünsten). Wenn die Zwiebeln beginnen Farbe anzunehmen, die Leber zufügen. Die Hitze erhöhen und abrösten. Wenn der Bratensatz eine helle Farbe angenommen hat, mit Zitronensaft oder Essig nach Geschmack ablöschen. Die Pfanne vom Herd nehmen und die Leber zart mit gehackter Petersilie, gemahlenem Pfeffer und einer Prise Salz würzen. Mit dampfend heißer Polenta auftischen.

Tipp: Mit einem Stück Butter kann das Gericht wunderbar veredelt werden.

La Bondiola con lingua

Es ist schon erstaunlich, wie sich Rezepte im Laufe ihrer Geschichte verwandeln können, um dann irgendwann wieder – nicht selten durch reinen Zufall – in neuem Gewand serviert zu werden, welches aber dem ursprünglichen frappierend ähnlich ist. Ein ganz typisches Beispiel dafür ist in der venezianischen Küche die gekochte Zunge.

Die älteste urkundliche Erwähnung eines Zungenrezepts finden wir in Carlo Goldonis „*Il Campiello*" von 1756.

Damals wurde die Zunge von Kälbern und Rindern gepökelt, bevor man sie kochte, wie folgende historische Anweisung belegt: „Für 5 Kalbszungen oder 2 große Rinderzungen nehme man 1 Pfund Salz, 2 Unzen Nelkenpfeffer (Piment), 1 Unze Zimt, 1 Unze Nelken, 5 Unzen Salpeter, einige Knoblauchzehen, 5 Zweige Rosmarin, 5 Zweige Salbei, einige Lorbeerblätter und Thymian. Das Ganze gut verschlossen 6–15 Tage in einer Terrakottaform aufbewahren." Vor dem Kochen wird empfohlen die beiden harten Häute der Zunge abzuschälen, heute wissen wir, dass man das besser nach dem Kochen macht. Sehr interessant ist die Zusammensetzung der Pökelmischung – ich habe das einmal genau befolgt und bin zu dem Entschluss gekommen, dass das Rezept zu einem hervorragenden Ergebnis führt; allerdings würde ich heute nicht mehr derart viel Salpeter empfehlen.

Während wir in heutigen venezianischen Kochbüchern die Zunge allenfalls noch als Bestandteil des *bollito misto* antreffen, so ist sie dennoch in einigen Osterien Venedigs präsent, wenngleich nicht mehr in gepökelter Form, sondern als *lingua in salsa* – gut möglich, dass es sich hierbei um einen Überlieferungsfehler handelt, denn von der *lingua salata (salmistrata),* wie die Pökelzunge genannt wird, ist es nur eine Kürzung weniger Buchstaben zur *lingua in salsa*, was aber Zunge in Sardellensauce bedeutet (Rezept nachstehend). Gleichwohl ist die Kalbszunge in der würzigen Sardellensauce ein delikater Gaumenschmaus.

So weit, so gut – wäre da nicht das *festa della sensa*, eines der traditionellsten Feste der Serenissima, das zu Christi Himmelfahrt ausgetragen wird. Zu diesem Fest isst man traditionell Zunge in einer besonderen Form.

Das *festa dell'Ascensione* (Christi Himmelfahrt; *sensa* auf venezianisch, weil zu dieser Zeit die venezianische Messe stattfand) ist eines der traditionellsten und ältesten Feste von Venedig und geht auf das Jahr 1000 zurück. Im deutschsprachigen Raum ist dieses Fest auch als „die Vermählung des Dogen mit dem Meer bekannt", was auf den Pilger und Glockengießer Peter Füssli zurückzuführen ist, der im 1. Jahrhundert von diesem Fest berichtete.

Das Fest erinnert an ein für Venedig sehr wichtiges historisches Ereignis: Die Eroberung Dalmatiens unter dem Dogen Pietro II. Orseolo; mit dem Sieg der venezianischen Flotte über die Piraten am 9. Mai 1000 konnte Venedig seine Herrschaft über die obere Adria erstmals so richtig manifestieren. Nach dem Sieg wurde beschlossen, dass jedes Jahr zu Christi Himmelfahrt an dieses wichtige Ereignis erinnert werden soll.

Als dann 1177 zwischen Papst Alexander III. und Friedrich Barbarossa im Dogenpalast unter Anwesenheit des Dogen Sebastiano Ziani der Frieden von Venedig geschlossen wurde, bekam der Doge als Zeichen des Danks für seine diplomatische Unterstützung vom Papst einen goldenen Ring geschenkt und gleichzeitig erkannte Friedrich Barbarossa die Souveränität der Serenissima über die Adria an – dies wird als Beginn der Seemacht Venedig angesehen. Für die Venezianer ist es die fast mystische Vereinigung mit dem Meer, denn bei den damaligen Feierlichkeiten fuhren der Doge, die gesamte Stadtelite (vor allem die staatliche inklusive der wichtigsten Behördenvertreter), der Klerus sowie der Patriarch von Venedig, unter Begleitung zahlreicher Boote, zum Lido, um dort die *sposalizio del mare*, die Vermählung Venedigs mit dem Meer, zu feiern.

Das Fest wurde zur Staatsfeierlichkeit und ab 1253 führte der *bucintoro*, das prachtvolle doppelstöckige Paradeschiff des Dogen, die Prozession an – ihm folgten zahlreiche Boote mit hohen Staatsdienern und Ministern. Die Schiffsprozession startete vor dem Markusplatz am Bacino di San Marco und zog zu San Nicolò, einer der Durchfahrten zur Adria. Hier warf der

Doge unter feierlichen Gesängen und umschmeichelt von feinstem Weihrauch symbolisch einen goldenen Ring ins Meer, um die Vermählung der Stadt mit dem Meer symbolisch zu erneuern – dazu sprach der Doge die Worte: „Desponsamus te, mare, in signum veri perpetuique dominii (Wir heiraten dich, Meer, zum Zeichen unserer wahren und beständigen Herrschaft)". Anschließend wurde in der Kirche von San Nicolò eine feierliche Messe abgehalten.

Anschließend gab es für die *arsenalotti* (die Werftarbeiter im Arsenal) ein Festessen, bei dem Unmengen von Fleisch und Wein aufgetragen wurden – da die *arsenalotti* zuvor nur mit Rudern den Bucintoro des Dogen zum Lido und zurück rudern mussten, hatten diese sich das redlich verdient, denn das schwere Paradeschiff zu rudern, war sicher nichts als reine Galeerenarbeit. Eine Gondelregatta schloss die Feierlichkeiten im Freien ab, danach begab sich der Doge mit dem Rat, den Ministern und hohen Beamten, den Vertretern des Klerus sowie den geladenen Botschaftern in den Palast, wo ein Festmahl aufgetragen wurde – und einer der Gänge musste die eingangs erwähnte Pökelzunge sein.

Das *festa della sensa* ist bis heute fixer Bestandteil der Festivitäten Venedigs und wird immer am ersten Sonntag nach Christi Himmelfahrt abgehalten – die Rolle des Dogen wird dabei vom Bürgermeister der Stadt übernommen. Und bis heute ist es Brauch, dass gekochte Pökelzunge genossen wird, allerdings nicht mehr mit einer *salsa* (würzige Sardellensauce), sondern mit Kren (Meerrettich), der mit hoher Wahrscheinlichkeit ein Relikt aus Habsburger Zeiten ist; in der traditionellen Wiener (und österreichischen) Küche wird ebenfalls Pökelzunge mit Kren gegessen.

Das *festa della sensa* war aber mehr als nur eine Prozession, denn rein „zufällig" fand um Christi Himmelfahrt auf dem Markusplatz eine der wichtigsten Messen Venedigs statt – mit Besuchern aus aller Herren Länder. Somit war das *festa della sensa* für die Stadt Venedig auch eine sehr gute Gelegenheit, der Welt ihren Reichtum, ihre Überlegenheit sowie die Vielfalt ihres herrschaftlichen Einzugsgebietes zu demonstrieren. Neben der eigentlichen Messe, die genau genommen einem großen Jahrmarkt geähnelt hat, auf dem Produkte aller Art feilgeboten wurden, gab es zahlreiche Schaubuden, akrobatische Darbietungen, Musik, Tanz und Unterhaltung aller Art – es war die größte zeitgenössische internationale Messe und muss eine derartige Zurschaustellung von Staatsmacht und -reichtum gewesen sein, dass Zeitzeugen gern von Staatspropaganda sprachen.

Die letzte Seeschlacht der Venezianischen Republik fand 1796 unter dem 120. Dogen Ludovico Manin (1725–1802) statt. Ludovico Manin war seit 1789 Doge, wurde also genau zu jener Zeit ins Amt berufen, als die Französische Revolution ausbrach, die von Historikern auch als der Beginn vom Ende der Ära der Serenissima bezeichnet wird. Nach dem Einmarsch Napoleons in Italien und seinen ersten militärischen Erfolgen bildete sich 1795 eine erste Koalition gegen Frankreich, an der auch viele italienische Staaten teilnahmen – nur Genua und Venedig nicht, die sich als neutral bezeichneten. Schlimmer noch war, dass die Serenissima die außenpolitische Situation vollkommen fehleinschätzte und ungeachtet der Bedrohung wurde mit gewohntem Pomp der Karneval gefeiert und auch noch das traditionelle *festa della sensa*. Erst als am 1. Juni 1796 die französischen Truppen in Verona einfielen, erkannte man in Venedig – viel zu spät – den Ernst der Lage und suchte nun vergeblich nach einer diplomatischen Lösung. Vergeblich deshalb, weil bereits der gesamte oberitalienische Raum Schauplatz der kriegerischen Auseinandersetzungen von Frankreich und Österreich geworden ist. Am 18 April 1797 wurde in einem geheimen Papier zum Friedensvertrag von Leoben zwischen Frankreich und Österreich festgelegt, dass Dalmatien, Istrien und Venetien an Österreich fallen sollen – und kaum eine Woche später lag die französische Flotte vor dem Lido. Venedig konnte zwar noch ein Schiff versenken, doch der Einzug der Franzosen war nicht mehr aufzuhalten. Ohne weiteren Widerstand zu leisten, legte der Doge Manin am 12. Mai 1797 sein Amt zugunsten der

Festa della sensa

municipalità provvisoria (einer provisorischen Verwaltung) nieder. Zwei Tage später zog er mit seiner Familie aus dem Dogenpalast aus und begab sich in den restaurierten Familienpalast Palazzo Dolfin Manin (heute noch existent – allerdings nicht zu besichtigen, weil in Besitz einer Bank). Und am 16. Mai 1797 geschah dann das, was bis dato niemand für möglich gehalten hatte: Fremde Truppen standen auf dem Markusplatz und am selbigen Tag wurde die Kapitulation unterschrieben – Venedig war nun nicht mehr die Serenissima, sondern in der Hand der Franzosen.

Nach der Rückgabe der Krone und des Goldenen Buches ging Manin nur mehr selten durch die Stadt, da er von den zornigen Bürgern unentwegt beschimpft wurde, weil er die tausendjährige Republik nahezu kampflos den Franzosen überlassen habe, was ihr Ende bedeutete. Schließlich vereinsamte der letzte Doge und zog sich vollkommen zurück, nicht einmal die engsten der ehemaligen Freunde soll er noch empfangen haben. Am 24. Oktober 1802 verstarb er und wurde – auf eigenen Wunsch – ohne jeden Pomp in der Familiengruft Cappella Manin in der Kirche Santa Maria di Nazareth (Scalzi Kirche) begraben. Sein schlichtes Grab kann noch heute besucht werden.

Heute wird das *festa della sensa* vom jeweiligen Bürgermeister angeführt und ist – wie die große Regatta – mehr oder minder zu einer Touristenattraktion verkommen. Doch für viele Venezianer ist das *festa della sensa* noch immer eine sentimentale Besinnung an den einstigen Glanz und Reichtum der Stadt, die sich nie wieder so richtig von den Schicksalsschlägen des 18. und 19. Jahrhunderts erholt zu haben scheint. Viele Palazzi sind in fremden Händen und das venezianische Lebensgefühl verschwindet zugunsten wirtschaftlicher Interessen „fremder Herren und Länder".

Venedig ist nicht mehr Venedig – und verliert sich selbst immer mehr. Symbolisch dafür ist der Kampf der Venezianer gegen die Übermacht der Kreuzfahrtschiffe, der wie ein Kampf David gegen Goliath wirkt – und ohne moralische Unterstützung von außen würden die meisten Venezianer auch diesen Kampf resigniert aufgeben. Fast könnte man meinen, dass Venedig mit seinen eigenen Waffen geschlagen wurde.

Da passt es gut ins Bild, dass man leicht den Eindruck gewinnen kann, dass die Venezianer auch ihre regionale Küche aufgegeben haben, um sich einem touristischen Einheitsgeschmack zu beugen; obwohl gerade in Italien ein flächendeckender Trend hin zum Erhalt der traditionellen, regionalen Rezepte „in" ist, so findet man solche Gerichte im Touristenhotspot Venedig kaum mehr – wenn überhaupt, dann nur in einigen teuren Luxusrestaurants oder abseits gelegenen kleinen Tavernen, wo nur wenige Fremde hinkommen.

Allerdings kommt auf diese Weise Geld in die Stadtkasse – Geld, das dringend gebraucht wird, um wenigstens die faszinierende, traumhafte Fassade zu erhalten … und wenn die Substanz dahinter fehlt, ist das umso mehr wert.

Lingua in salsa

1 größere Kalbszunge (ca. 1 kg) | 1 Bund Gemüse (Selleriestange, Karotte, Zwiebel, Lorbeerblatt, 1 Zweig Thymian) | 8–12 eingelegte Sardellen (je nach gewünschter Intensität – empfohlen werden größere Sardellen, keine Anchovis) | 2 EL Kapern | 1 Knoblauchzehe | trockener Weißwein (vorzugsweise Soave) | etwas Mehl | 50 g Butter | Olivenöl | Pfeffer aus der Mühle | Meersalz

---

Die Zunge auf offener Flamme kurz absengen, dann mit einem Fleischklopfer rundherum bearbeiten. Sobald sich die Zunge elastisch anfühlt, diese kalt abspülen und die erste graue Außenhaut abziehen. Die Zunge zusammen mit dem Gemüse in einen Topf mit schwach gesalzenem Wasser geben, knapp mit Flüssigkeit bedeckt gut 45–60 Minuten zugedeckt weich kochen. Dann die Zunge aus dem Sud heben und nun auch die weichere Innenhaut abziehen. Sud abseihen und beiseitestellen.

Die Zunge in Mehl wenden. Die Butter in einer Kasserolle zerlassen, die Zunge darin auf kleiner Flamme rundherum goldbraun braisieren – das heißt, ab und zu mit etwas Brühe untergießen.

Zwischenzeitlich die Sardellen abspülen (wenn nötig filetieren und von Kopf und Gräten befreien), danach grob hacken. Etwas Olivenöl in eine Pfanne geben, den gehackten Knoblauch darin anschwitzen, danach 1 gutes Glas Wein angießen. Kurz aufkochen lassen, dann Sardellen und Kapern hinzufügen und alles mindestens 10 Minuten köcheln lassen. Danach die gesamte Sauce durch ein Sieb streichen oder im Mixer pürieren. Warm beiseitestellen.

Die fertige Zunge lauwarm werden lassen, aufschneiden und auf einer Platte angerichtet mit der Sauce überziehen. Pfeffer darüber mahlen und nach Belieben mit Salat, Petersilie, Kräutern, Zitronenzesten und/oder gehackter Chili garnieren.

Sguaseto

Hinter diesem mysteriösen Namen verbirgt sich ein nicht weniger mysteriöses Eintopfgericht aus Innereien, das mitunter auch als *squazetto* bezeichnet wird; und je undurchsichtiger eine Rezeptur ist, umso mehr Legenden ranken sich um sie. Umso erstaunlicher ist es, dass folgende Geschichte im *registri dei giustiziati*, dem venezianischen Verzeichnis der Hingerichteten, tatsächlich nachzulesen ist.

Der Protagonist dieser Geschichte ist ein gewisser Biasio, genannt „el Cargnio", weil er in den Karnischen Alpen geboren wurde. Teile der karnischen Alpen gehörten seit 1420 zum *stato da terra* der Republik Venedig. Damals wie heute war die Region berühmt für das Verarbeiten von Fleisch und so lernte auch Biasio in seiner Kindheit, wie man aus Schweinefleisch wunderbare Schinken und Würste herstellt bis er handwerklich so weit war, sich *luganegher* (Wurstmacher) zu nennen. Kurzerhand beschloss er, seine Kunstfertigkeit in handfestes Geld umzuwandeln, und zog in die reiche Handelsstadt Venedig. Hier formierte sich zu jener Zeit aus der ursprünglichen *confraternita dei becheri* (Bruderschaft der Fleischer) eine neue Bruderschaft, nämlich die *confraternita dei luganegheri* (Bruderschaft der Wurstmacher), sozusagen eine Gruppe von Spezialisten, die im Jahre 1676 ihren Höhepunkt erreichen sollte.

Zwar bezog sich das Handwerk der *luganegheri* weitgehend auf die Grundlagen der Fleischerei wie Schlachtung und Verarbeitung von Schweinefleisch, doch aufgrund ihrer besonderen handwerklichen Fähigkeiten wurde ihnen gestattet, auch die sehr empfindlichen Teile – weil extrem leicht verderblich – wie Köpfe, Füße und Innereien von Schlachttieren zu verarbeiten. Diese Ausnahmestellung gestattete ihnen sogar, jene Schlachtteile von *becheri* aufzukaufen und roh oder verarbeitet weiterzuverkaufen. Vor allem das Gebiet um San Giobbe wurde daraufhin zum Zentrum der *luganegheri*, die aus dem ehemaligen Fleischerhandwerk einen lukrativen Wirtschaftszweig mit industriellen Ausmaßen machten.

Allen voran wurden die Zubereitungen von Herz, Hirn, Lunge, Kutteln, Ochsenschwanz und anderen Fleischteilen die Verkaufsschlager, denn die-

Campo e Chiesa San Zan Degolà

se preiswerten Gerichte ermöglichten es, den ärmsten der Armen, an proteinhaltige Nahrung zu kommen. Aber die *luganegheri* wussten aus ihnen derart wohlschmeckende Speisen zuzubereiten, dass sich alsbald auch das Bürgertum und sogar (man sagte „verarmte“) Patrizier daran labten – nur der Hochadel vermied (zumindest offiziell) den Verzehr derartig rustikaler Speisen, zu denen auch der *sguaseto* gehörte. Mehr noch: Dieser Eintopf sollte zum Paradegericht der *luganegheri* aufsteigen. Jeder hatte seine eigene Rezeptur und hielt diese streng geheim. Im *sguaseto* durfte alles verarbeitet werden, es gab keine Vorschrift bis auf die eine, dass Innereien darin enthalten sein mussten. Und diesen Umstand wusste Biasio weidlich auszunutzen.

Er muss ein wirklich begabter *luganegher* gewesen sein, denn er war weit über die Grenzen Venedigs hinaus berühmt für seine Würste und vor allem für seinen *sguaseto*. Er verdiente gut und schon bald konnte er sich in Santa Croce, genauer am Campo San Zan Degolà (italienisch: San Giovanni Decollato; venezianisch: Zan Degolà – benannt nach Johannes dem Enthaupteten, bzw. dem Täufer, dem Patron der gleichnamigen Kirche am Campo, aber dazu gleich noch mehr) ein eigenes Haus samt Fleischerei und angeschlossener Taverne leisten. Die Venezianer kamen von den entferntesten *sestieri* zu ihm, um sich seinen köstlichen Eintopf einzuverleiben. Das Rezept war sein streng gehütetes Geheimnis und mystisch verriet er nur so viel, dass eine Kombination von besonders zartem Fleisch und herzhafter Wurst sowie eine geheime Mischung von Aromen und Gewürzen für den einzigartigen Geschmack sorgen würden. Sein *sguaseto* muss so unfassbar schmackhaft gewesen sein, dass ihn sich sogar Patrizierfamilien kommen ließen, weil nicht einmal die begnadetsten herrschaftlichen Köche in der Lage waren, diese Köstlichkeit auch nur annähernd wohlschmeckend nachzukochen.

Doch was in den juristischen Annalen der Stadt nachzulesen ist, schockiert das zarte Gemüt bis heute und brachte Biasio den Beinamen „das Monster von Venedig“ ein. Es ist zu lesen, dass genau zu dieser Zeit auffallend viele Kinder im Stadtteil als vermisst gemeldet wurden – weil es sich allerdings um

Relief von Johannes dem Täufer auf der Chiesa San Zan Degolà

Kinder von Knechten und Mägden handelte, wurde der Sachverhalt von der Gerichtsbarkeit wenig bis gar nicht verfolgt … und auch die Mütter hatten seinerzeit andere Sorgen als weiter nachzuforschen. Eines Tages passierte jedoch ein entscheidendes Ereignis, das zwar dokumentiert ist, doch bis heute konnte nicht geklärt werden, ob es aufgrund einer Schlamperei Biasios tatsächlich „rein zufällig" geschehen war oder ihm doch eine auf Eifersucht und Befindlichkeit oder gar Denunzierung beruhende Intrige zugrunde liegt – jedenfalls fand ein gewisser Bootsmann namens Toni, ein Stammkunde der Taverne, eines Tages etwas Hartes in seinem *squazeto*. Als er das Ding aus dem Mund zog, verzog es ihm vor Schreck das Gesicht, denn es handelte sich um das erste Glied eines Kinderfingers samt anhaftendem Fingernagel! Geschockt lief ihm kalter Schweiß über die Stirn und er war schon kurz davor aufzuschreien und zu protestieren, als er sich besann und mit kaltem Blute beschloss, den *gnorri* (italienisch: *fare lo gnorri*, den Ahnungslosen spielen, sich dumm stellen) zu machen und das *Corpus Delicti* einzustecken. Gesagt, getan! Er bezahlte seine Zeche und beeilte sich, möglichst rasch zur *quarantia criminal* (auch nur *Quarantia*, Konzil der Vierzig, genannte Organisation für alle Geld-, Finanz-, Gesetzes- und später auch Zivil- und Strafrechtsangelegenheiten) zu kommen, um dort die grausige Entdeckung vorzulegen und den Übeltäter zu denunzieren (bis heute wissen wir nicht, ob der Finger tatsächlich im Topf gefunden wurde oder ob Toni ein von eifersüchtigen Konkurrenten bezahlter Denunziant war – verwunderlich wäre das nicht, denn das Denunzieren war in Venedig an der Tagesordnung, es gab sogar eigene Briefkästen, in die man denunzierende Anklageschriften stecken konnte; es ist aber für den letztendlichen Tathergang nicht entscheidend, wie sich gleich herausstellen wird).

Sofort nach Vorlage des makabren Fundes machten sich die *birri* (venezianische Kurzform für die *sbirri soldati* – Staatspolizei) auf, um die Taverne von Dach bis zum Erdgeschoß auf den Kopf zu stellen. Und tatsächlich wurden sie in der Wurstküche fündig: Laut Aktenvermerk fanden sie Gliedmaßen von Kleinkindern und sogar Säuglingen, die bereits in Portionsstücke geschnitten worden sind oder vorgehackt wurden, um anschließend als Wurst oder eben „Geheimzutat“ im *sguaseto* verarbeitet zu werden. Derart in flagranti überführt, blieb Biasio nichts anderes übrig, als seine Gräueltaten zu gestehen; allerdings wollte oder konnte er sich nicht erinnern, wie viele Kinder er im Laufe der Jahre getötet hatte, und auf die Frage, ob sie ihm zugeführt oder gar verkauft wurden, schwieg er. Als der Richter während des (kurzen) Prozesses wissen wollte, wie er derartige Abscheulichkeiten verüben konnte, sagte Biasio lakonisch: „Son sghei!“ (venezianisch für „sono soldi“, also des Geldes wegen).

Man kann sich sehr leicht ausmalen, welch Schreckgespenst nun über der Stadt herrschte, als sich die Nachricht verbreitete – plötzlich vermissten fast alle Familien irgendeinen Angehörigen und vor allem die zahlreichen Gäste und Stammkunden von Biasio waren fassungslos, dass sie Kannibalen waren, ja mehr noch „Kinderfresser!“ (An dieser Stelle sei angemerkt, dass aus vielen historischen Quellen bekannt ist, dass Personen, die einmal Menschenfleisch gegessen haben, das unstillbare Verlangen verspüren, es wieder essen zu wollen – das wäre auch eine Erklärung dafür, dass der Laden von Biasio so viele Stammkunden hatte).

Die Rechtsprechung der Serenissima nahm ihre Sache sehr ernst und konnte nur ein einziges Urteil fällen: Die Todesstrafe, welche am 18. November 1503 vollstreckt wurde. Aufgrund der besonderen Schwere des Verbrechens wurde der Delinquent vor der eigentlichen Vollstreckung gequält und gedemütigt: Zuerst band man den in Ketten gelegten Biasio vor dem Gefängnis an den Schwanz eines Pferdes und schleifte ihn quer durch die Stadt zu seinem Ladengeschäft, wo der wütende Mob bereits sehnsüchtig wartete, um ihn zu beschimpfen und mit Unrat zu bewerfen, bevor ihm vor der johlenden Masse beide Hände abgehackt wurden. Die Hände verschnürte man mit Schweinedärmen und legte sie ihm als Zeichen der Verachtung wie eine Kette um den Hals, danach wurde er vom Mob unter Aufsicht der Polizei auf verschiedene Arten gedemütigt und gefoltert – gerade nur so viel, dass er nicht daran starb, denn die eigentliche Exekution war Sache des

Staates. Den halb Toten und wahrscheinlich aufgrund der Schläge und des Blutverlustes ohnmächtigen Biasio schleppte man dann zum Markusplatz, wo er zunächst noch einmal eine letzte Folter erfuhr, bevor er schließlich zwischen den *Colonne di San Marco e San Todaro* enthauptet wurde (die beiden markanten Säulen stehen am Markusplatz direkt an der Wasserkante, eine trägt den Markuslöwen, die andere den heiligen Theodorus mit Krokodil – zwischen diesen beiden Säulen wurden alle Todesurteile für „Normalsterbliche" vollstreckt; nur für Patrizier oder Adelige nicht, diese wurden zwischen den beiden rosa farbigen Säulen in der Galerie des ersten Stockes des Dogenpalast gerichtet). Anschließend wurde Biasios Leiche geviertelt: Den Kopf steckte man auf einen Pfahl und stellte ihn tagelang am Campo di San Zan Degolà aus, die restlichen Körperteile wurden an speziellen ankerähnlichen Haken an verschiedenen markanten Orten in der Stadt aufgehängt.

Dem nicht genug, entschied das Gericht, und so sollte das Wohnhaus samt Fleischerei und Taverne dem Erdboden gleichgemacht werden.

Und nun kommt eine skurrile Besonderheit ins Spiel. An der Seitenwand der Kirche von San Zan Degolà befindet sich ein Flachrelief (es zeigt einen abgetrennten Kopf eines bärtigen Mannes), das offiziell dem Hl. Johannes dem Täufer zugeschrieben wurde; angeblich befand sich sogar eine Reliquie von Johannes dem Täufer in der Kirche, es soll sich dabei um einen Finger (!) gehandelt haben. Eine weitere Besonderheit – und erstaunliche Parallele zur Geschichte von Biasio – ist die Tatsache, dass sich hier eine weitere Tragödie abgespielt haben soll: Es wird erzählt, dass am 21. November 1500 der damalige Priester von San Zan Degolà, ein gewisser Francis, seine ganze Familie ausgerottet habe. Der Mann wurde am 19. Dezember zum Tode verurteilt – erstaunlich ist nicht nur, dass dieses Verbrechen gerade einmal drei Jahre vor Biasios Untaten stattgefunden haben soll, sondern auch, dass diesem Priester ebenso die Hände vor seinem Haus abgeschnitten wurden, bevor er zwischen den Säulen auf dem Markusplatz hingerichtet wurde. Anders als bei Bisaio, den eindeutig die Geldgier geleitet hatte, ist beim Priester nie ermittelt worden, wie und warum er diese schreckliche Tat begangen hat.

Seit jener Zeit erkennen die Bewohner des Stadtviertels im Flachrelief von Johannes dem Täufer das Antlitz des berüchtigten Biasio – bemerkenswert: Offenbar war der Schlächter und Kindermörder Biasio für die Menschen interessanter als der Familienmörder im Priestergewand. Und weil die Taten des Biasio, bis heute das „offizielle“ Monster von Venedig, wohl niemals vergessen werden dürfen, hat man in Venedig in der Nähe des Campo San Zan Degolà zunächst eine Riva nach Biasio benannt (die „Riva de Biasio“), und weil's so schön schrecklich war, ist dieser Name in der venezianischen Toponymie derart unvergessen geblieben, dass man auch gleich noch eine Vaporetto-Station nach dem Übeltäter benannte. Unsterblich ist wohl die einzigartige Faszination des Verbrechens an sich – bis heute, wenn man ehrlich ist.

Weniger unsterblich war die Zubereitung des *sguaseto*, der beinahe vollkommen von den venezianischen Speisekarten verschwunden ist – einerseits, weil er wohl den zartbesaiteten Gaumen der meisten Touristen schockieren würde,

Zwischen den Colonne di San Marco e San Todaro wurden die Todesurteile vollzogen.

andererseits, weil seine Zubereitung recht aufwendig ist. Selbstredend, dass ich mit meinen venezianischen Freunden immer wieder mal einen *sguaseto* gekocht habe. Es handelt sich dabei um ein deftiges, dem Ragout ähnliches Gericht, welches aus verschiedenen Innereien und Fleischteilen – manchmal auch Wurstresten – vom Schwein, Gemüse und (wenigen!) Gewürzen hergestellt wird. Heute nimmt man dafür zumeist Kalbsinnereien und -fleisch oder sogar Rinderinnereien und Ochsenschwanz, was dem Gericht eine gewisse Ähnlichkeit zum in Wien beliebten Bruckfleisch verleiht; aber wie gesagt, original macht man das aus Schwein. Hier nun ein Rezept, wie es im 16. Jahrhundert wohl in dieser Form in Venedig serviert worden sein könnte.

Sguaseto

1 kg gemischte Innereien vom Schwein küchenfertig vorbereitet (Hirn, Herz, Lunge, gereinigter Magen, gehäutete Zunge, gerne auch gewässerte und entnervte Nieren, Schlund) | 500 g Schweinsfüße, Ringelschwänze etc. | 500 g Salsiccia | 1 Glas Weißwein | 2–3 große Zwiebeln | 2–3 Knoblauchzehen (nach Belieben) | 1 Stange Staudensellerie | 1 große Karotte | Olivenöl und/oder Schweineschmalz | 3 Lorbeerblätter | Petersilie (nach Belieben) | Pfeffer aus der Mühle | Salz | Weinessig (nach Belieben) | geriebener Käse

---

Alle Innereien küchenfertig zuputzen, gut reinigen und in kleine Stücke schneiden. Schweinsfüße und Schwänze klein hacken, die Salsicca häuten und zerbröseln. Das Gemüse putzen und sehr fein hacken.

Öl und/oder Schmalz in einer schweren Kasserolle erhitzen und zunächst Zwiebeln, Knoblauch (wenn gewünscht), Sellerie, Karotte und Lorbeerblätter kräftig darin anbraten. Dann das Fleisch dazugeben und farbgebend rösten, danach mit einem großen Glas Wein ablöschen und den Wein langsam verkochen lassen. Salzen, pfeffern, etwas Wasser dazugeben, Deckel auflegen und auf kleinster Flamme stundenlang köcheln, bis alles weich ist – nur bei Bedarf etwas Wasser nachgeben und umrühren (Hinweis: Heute kommt in den *sguaseto* auch etwas Tomatenpüree).

Den fertigen *sguaseto* mit Essig (wenn gewünscht), Salz und Pfeffer abschmecken und anrichten. Gehackte Petersilie und geriebenen Käse darauf streuen und den herzhaften Eintopf mit gerösteten Weißbrotscheiben (oder Polentascheiben) genießen.

Hinweis: Sehr gut schmeckt auch eine Mischung aus Kalbsinnereien mit Kutteln (natürlich gemischte Labmagen, Blättermagen und Pansen) und Kalbfleischabschnitte (vorzugsweise von Schwanz, Bauch, Kopf und Füßen – am besten Wade und/oder Kalbstelze) – gerne darf hier auch etwas Rosmarin dazukommen und das Ganze mit eingelegten Salzzitronen geschmacklich abgerundet werden.

Tettine alla venexiana

Wenn man(n) wachsamen Auges durch Venedig streift, so wird das Auge, wohin man auch sieht, mit entblößter Weiblichkeit erfreut. Gut, in einem ehemaligen Ridotto-Saal mag ein freizügiges Frauenfresko noch nicht wirklich überraschen, aber dass Darstellungen von weiblichen Busen hier vor allem die Kirchen zieren dann doch etwas. Und was die Kirchen betrifft, so handelt es sich bei den Damen mit freigelegter Brust keineswegs immer um eine sogenannte *Maria lactans* (stillende Madonna). Venedig war eine der Hochburgen der Herstellung von Maria-lactans-Kunstwerken aller Art – von Malerei bis Relief und von Statuetten bis Statuen war alles zu haben, was das Herz der Kirchenväter und die ihrer Schäfchen erfreute.

In der Chiesa di San Moisè tanzen am Altarbild leicht bekleidete Damen singend und musizierend um das „goldene Kalb“, während am linken Altarrand angetrunkene Hetären mit gerafften Röcken locken. Auf vielen der ausgestellten Meisterwerke sind Damen mit entblößten Brüsten dargestellt, teilweise in explizit erotischen Posen. Oder auch die Chiesa di Santa Maria del Giglio ist in diesem Zusammenhang nennenswert, hier finden wir im Reliquiensaal eine Maria Magdalena Figur, deren Brustwarzen neckisch aus dem Gewande blitzen.

Auch wenn es für all diese Bilder eine religiöse Erklärung gibt – wie, dass die Mutterbrustsymbolik als Zeichen des Erbarmens zu interpretieren ist –, so kann man sich dennoch des Eindrucks nicht erwehren, dass auch einer andere, profane Motivation der Antrieb war. Vor allem wenn man die vielen Chorstühle betrachtet, die in Venedig erhalten geblieben sind, kommen einem Zweifel an der rein religiösen Wirkung, denn wozu muss ein Chorgestühl von Dutzenden Damen mit freigelegtem Busen verziert sein, wenn es nicht der Erotik dient? Ich bin sicher, dass dieser Hintergedanke bei der Erstellung eine Rolle gespielt hat und die vielen offenherzigen Damen mit ein Grund waren, dass die Kirchen und die Gottesdienste gut besucht wurden.

In Venedig werden die weiblichen Brüste nicht nur gerne „betrachtet“, sondern ab und an auch mal kulinarisch „genossen“. Italien ist, was seine

Küche betrifft, in vielen Dingen weitaus archaischer als die meisten nördlichen Länder. Und so werden nicht nur Innereien, sondern auch Genitalien fast überall als regionale Spezialität kultiviert. Und der Reigen der Köstlichkeiten macht auch vor ausgefallenen Dingen wie etwa *lattume di tonno* (Sperma vom Thunfisch) nicht Halt, besonders Hoden und Euter gelten auch als Delikatesse.

In der Tat wird in Venedig das Euter – vor allem jenes von Kälbern – gerne gekocht und mit Zitronensaft beträufelt genossen. Ja mehr noch, es gibt regelrechte Orgien rund um diesen archaischen Schmaus.

Meine Kollegin Gloria ist waschechte Sizilianerin, hat einen Friulaner geheiratet und lebt heute in Venedig, wo sie eine Art Catering-Betrieb leitet (in Wahrheit ist sie so etwas wie eine private Mietköchin). Sie wird nicht müde, darauf zu verweisen, dass das gekochte Euter eine sizilianische Spezialität sei und die Venezianer es von dort übernommen hätten – in der Tat habe ich in Catania gekochtes Euter als Streetfood gegessen, aber das gibt es auch in Neapel, wenn man schon so genau sein will. Aber zurück zu Gloria, einmal im Jahr zum Karneval veranstaltet sie ein eigenwilliges Fest.

Gloria lud dafür jeweils zwölf Damen und zwölf Männer in einen privaten Ridotto zum Essen ein, es gab jedes Jahr das gleiche Menü: *teteun* (eine spezielle Wurstware aus Kuheuter), *pasta con lattume* (Pasta mit Fisch-Sperma), *tettine di vitello alla venexiana* (Gekochtes Kalbseuter) und *tette delle monache* (Brüste der Nonnen – ein süßes Gebäck mit Creme). So weit, so gut, wäre da nicht die Besonderheit gewesen, dass alle Damen mit entblößten Brüsten bei Tisch zu sitzen hatten.

Nach diesem Menü kam es zum eigentlichen Höhepunkt, denn es wurde eine besondere Form von „Blinde Kuh" gespielt, ein Gesellschaftsspiel, das bei den Venezianern schon im Mittelalter beliebt war und das auch Casanova aufgrund seiner erotischen Komponente liebte. Den Männern wurden die Augen verbunden, dann standen alle auf und gingen im Raum herum. Konnte ein Mann eine der Damen erhaschen, so musste er ihre Brüste abtasten – erriet er, wer die Dame war, dann stoppte das Spiel und der Mann durfte exakt eine Minute lang an jedem Nippel nuckeln. Dann ging alles von vorne los … Sollte jetzt eine(r) der geneigten Leser(innen) auf die Idee kommen, anzufragen, wie man an diesem Spiel teilhaben könne, so muss ich leider sagen, dass es keine käuflichen Eintrittskarten gibt, man konnte nur von Gloria persönlich eingeladen werden.

Warum in den venezianischen Osterien Innereien im Generellen und spezielle Innereien wie Euter und Hoden im Besonderen so gut wie verschwunden sind, ist sicher auch ein Ergebnis des Massentourismus, der „mehrheitsfähigere“ Speisen wünscht. Das ist ehrlich gesagt sehr schade, denn Venedig beraubt sich damit selbst eines traditionellen Kulturguts; Florenz, Neapel, Palermo, Catania und andere italienische Städte machen einen regelrechten Kult um ihre Innereienküche. Venedig macht das nicht und geht einmal mehr eigene Wege.

Tettine di vitello alla venexiana

1 Kalbseuter | 2 Lorbeerblätter | Salz | Zitronensaft | Olivenöl extra

---

Das Euter in Salzwasser mit Lorbeerblättern weich kochen, dann aus dem Sud heben, etwas abkühlen lassen und zuerst in Scheiben, danach in Streifen schneiden. Mit Salz, Zitronensaft und Olivenöl würzen und eventuell mit gehackter Petersilie bestreuen. Dazu trinkt man traditionell Prosecco.

BARONE PIZZINI

Trippa in rosso

Wenn von Kutteln die Rede ist, dann scheiden sich die Geister, denn die einen lieben sie, die anderen verschmähen sie – einen Mittelweg gibt es kaum, da das eigenwillige Aroma der Kutteln stark polarisiert. Ich gehöre zu denen, die seit ihrer Kindheit mit Kutteln vertraut sind und bestelle sie, wann immer sie auf einer Speisekarte stehen (mein Stiefvater kam aus der badischen Region und liebte diese Köstlichkeit, die auch im alemannischen Raum gerne aufgetischt wird).

In Venedig schätzt man, wie eigentlich in ganz Italien, seit eh und je das herzhafte Aroma von Kutteln, weshalb sie auch heute noch fixer Bestandteil vieler traditioneller Osterien und Trattorien sind. In der räumlichen Rustikalität fühlt sich dieses klassische Armeleuteessen, das auch vom Bürgertum gern genossen wurde, besonders wohl. Auf den Tafeln der Reichen waren sie kaum zu sehen, da standen Fisch, Geflügel und Gemüse im Vordergrund.

Wenn man erleben will, wie das heutige Venedig seine *trippa* isst, dann empfiehlt sich ein Besuch der wunderbaren Osteria Al Diavolo e l'Acquasanata (Teufel und Weihwasser) unweit des Rialtomarktes. Hier bekommt man die Kutteln auf die ganz traditionelle venezianische Art: Dafür werden die gereinigten *trippa* in leicht gesalzenem Wasser gekocht und anschließend mit etwas scharfem Senf genossen – basta, so schmecken sie wirklich super zu rotem Wein! Ähnlich verfährt man übrigens mit dem *testina di vitello* (Kalbskopf), auch dieser wird nur gerollt und in Salzwasser gekocht, dazu gibt es eine *salsa verde* (Grüne Kräutersauce); und auch die an Sulzigkeit kaum zu überbietenden, allseits beliebten *nerveti* (Archillessehne vom Kalb) werden nur gekocht, um anschließend mit Zwiebel und Rotweinessig den Gaumen zu erfreuen. All das gibt es ebenfalls in besagter Osteria, die im Jargon nur „acquasanta“ genannt wird.

In Italien unterscheidet man kulinarisch vier Arten von Kutteln – *lampredotto* (Labmagen), *millefoglie* (Blättermagen), *reticolo* (Netzmagen) und *rumine* (Pansen), da sie oftmals einzeln verarbeitet werden. Im Nord-

Die rote Badewanne in der Osteria Amarone

osten Italiens ist vor allem der extrem schwer zu reinigende Blättermagen begehrt, weil er extrem mager ist, eine spezielle blättrige Struktur aufweist und sich gut mit den regionalen Aromen verbinden lässt. Aber auch der Netzmagen und der Labmagen sind beliebt, der derbere Pansen hingegen nur etwas für Spezialisten.

Neben der eben beschriebenen sehr einfachen Rezeptur kennt die venezianische Küche selbstverständlich noch etliche andere Zubereitungen. Bei den *trippa alla vecchia maniera* kommen die gekochten Kutteln zusammen mit *lardo* in eine mit geriebenem Grana Padano, Olivenöl, Knoblauch, Salz und Pfeffer gewürzte (separat zubereitete) Brühe und werden mit gehackter Petersilie bestreut aufgetischt – dazu reicht man geriebenen Grana Padano, von dem jeder so viel dazugibt, wie er zu brauchen meint. Unter *trippa agli aromi* versteht man Kutteln, die stundenlang in einer würzigen, mit etwas Mehl abgebundenen Sauce aus Zwiebeln, Rosmarin, Salbei, Nelke, *lardo*, Butter, Öl, Weißwein, Pfeffer und Salz gekocht werden. Oder, um noch ein Beispiel zu nennen, die rein aus Blättermagen hergestellten *trippa alla campagnola* (damit ist der Ortsteil Campagnola im Ort Malcesine am Gardasee gemeint, der zeitweise unter venezianischer Herrschaft stand), die in einer Fleischbrühe schwimmen, welche mit reichlich Olivenöl vom Gardasee, trockenem Weißwein, Lorbeerblättern, Salbei, Rosmarin, etwas Tomatensauce, wenig Grana Padano, Salz und Pfeffer gewürzt wurde.

Ich habe mich hier für das Rezept *trippa in rosso* entschieden, weil es eine ziemlich bemerkenswerte Zubereitung hat – erstens ist es von der Farbe her gar nicht rot, sondern maximal rosa, und zweitens gibt es mehrere Kochanleitungen, die zum Teil sehr unterschiedlich sind. So wird es einmal mit Karotte gekocht, ein anderes Mal mit ein paar geschälten Tomaten und dann wieder nur mit ein wenig Tomatenkonzentrat. Woher diese Unterschiede kommen war leider nicht festzustellen – wie bei so vielen anderen Gerichten der weitverbreiteten *cucina povera* fehlen dazu Aufzeichnungen.

Mein Freund Enrico, ein ehemaliger Osteria-Besitzer vom Rialto, hatte eine ganz eigene Idee dazu, die ich gerne wiedergebe, wenngleich ich nicht davon überzeugt bin, dass sie stimmt: Er war der Ansicht, dass damit in speziellen Osterien dokumentiert wurde, dass hier die Homosexualität ausgelebt werden darf – ein „rotes" Gericht als Erkennungsmerkmal einer Szene sozusagen.

So ganz weit hergeholt ist diese Theorie nicht, denn Homosexualität war in Venedig schon immer ein Thema. Im 16. Jahrhundert war sie in der damaligen Serenissima sogar so weit verbreitet, dass die Liebesdienerinnen den damaligen Patriarchen Contarini baten, Maßnahmen dagegen zu ergreifen. Weil es auch der venezianischen Regierung lieber war, dass sich Männer mit Frauen vergnügten als die „unnatürliche" Homosexualität auszuleben, wurde von ihr vorgeschrieben, dass sich die Kurtisanen ab sofort mit entblößten Brüsten oder weit gespreizten Beinen zur Schau stellen mussten, um der lendenmüden Männerwelt Lust zu machen – sozusagen als aufreizendes und erregendes Werbemittel. Offenbar nutzte diese Maßnahme nur bedingt etwas, denn es ist überliefert, dass die Prostituierten sich auch als Männer verkleideten und Analverkehr angeboten haben, um auch homosexuell Veranlagte als Kundschaft zu gewinnen. Die Werbemaßnahme mit nackter Haut war damals derart inflationär, dass sie nicht richtig gewirkt hat – heute ist sie hingegen erfolgreich.

Venedig wäre nicht Venedig, hätte es nicht auch zu diesem Thema eine Anekdote: Anfang des 20. Jahrhunderts zog ein verschrobener Engländer namens Frederick William Rolfe in den vierten Stock des Palazzo Marcello, besser bekannt unter seinem Pseudonym Baron Corvo. Er wurde 1860 in London geboren und genoss eine sehr unorthodoxe Erziehung, da er mit fünfzehn Jahren das Elternhaus verließ; so versuchte er sich unter anderem als katholischer Priesterseminarist. Aus der Karriere wurde nichts, dennoch war er in den Kirchenpomp so verliebt, dass er sich seine Wohnung im Palazzo Marcello mit purpurrotem Stoff auskleiden ließ, einem Material, aus dem die Soutanen der Kardinäle gemacht werden.

Er hatte England unter anderem deswegen verlassen, weil er wegen seiner Homosexualität in Schwierigkeiten geraten war; im in dieser Hinsicht toleranten Venedig führte er hingegen ein unstetes Leben und ging mit jungen Gondolieri baden. Obwohl als Schriftsteller eher erfolglos, gelang es ihm, immer wieder Gönner zu finden, von denen er sich aushalten ließ. Der skurrile Engländer mit dem kurz geschnittenen Haar, dem Kneifer, der Pfeife und der karierten Kappe war stadtbekannt.

Weil er als Schriftsteller dem Hungertod näher war als Ruhm und Reichtum, kam er eines schönen Tages auf die Idee, seine sexuelle Neigung merkantil umzusetzen: So verfasste er schwulen-pornografische Schriften und betätigte sich als Zuhälter, der hübsche Jünglinge an reiche homosexuelle Engländer vermittelte – das Geschäft war einträglich und fortan musste er weder frieren noch hungern und konnte in rotem Schwulst lieben.

Am 25. Oktober 1913 wurde Corvo tot in seiner Wohnung aufgefunden, die in Venedig längst erotisches Klatschthema Nummer eins war. Der Konsul der britannischen Majestät soll dem Vernehmen nach sehr bemüht gewesen sein, den reichhaltigen Nachlass aus pornografischen Fotos, erotischen Zeichnungen, Aufzeichnungen, Notizen und kompromittierenden Adressen eilends verschwinden zu lassen. Die Legende Corvo war aber bereits unsterblich und sein Salon ist mittlerweile museal zu besichtigen.

Heute ist ein gewisser Lucio Bubacco, seines Zeichens Glaskünstler in Murano, die Ikone der Homosexuellen. In seinen Händen schmilzt das Glas förmlich dahin, um anschließend in neuer und hocherotischer Form wie Phönix aus der Asche aufzuerstehen und die Welt mit explizit sexuell-provokanten Darstellungen zu erfreuen.

Bubaccos Figuren scheinen dabei nahtlos an die Sünden vergangener Tage anzuknüpfen und die Schamlosigkeit der alten Serenissima wieder aufleben lassen zu wollen. Egal ob tanzende Weiber, kopulierende Leiber, heterosexuell, transsexuell, lesbisch, schwul oder Fetische – nichts lässt er aus, alle Genres werden adäquat bedient und so kann, wer will, aus einem

Glas trinken, das von Damen geziert wird, die sich *con una carota nel culo* vergnügen!

Bubcacco setzt damit eine lange Tradition fort, denn kaum woanders war Kunst (und dazu zählte auch die Kochkunst) so eng mit Erotik verwebt wie in Venedig. Bubacco ist heute gerade bei Homosexuellen eine Größe, denn seine knallroten oder pechschwarzen Teufel sind fantasievolle Darstellungen der Männlichkeit.

Ob die Homosexualität nun irgendetwas mit dem Kutteleintopf zu tun hat oder nicht, sei dahingestellt. In der Serenissima ist die Wahrheit mitunter schwankend wie ein Boot auf den Wellen und die Erzähler biegen sich Geschichten zurecht, wie Rudermänner ihre Kähne durch die Sturmfluten steuern. Schön sind diese Geschichten allemal und wie immer steckt in jeder Legende auch ein Stück Wirklichkeit.

Und so schmecken diese Kutteln wirklich vorzüglich – egal, ob man nun klein geschnittene Karotten oder doch Tomaten verwendet. Es ist einerlei, denn beides fällt geschmacklich kaum ins Gewicht, weil nur so viel davon verwendet wird, dass der Eintopf eine blass-rosa Farbe erhält, die an die Säulen des Todes am Dogenpalast, zwischen denen die zum Tode verurteilten Patrizier hingerichtet wurden, erinnert. Doch einen Kutteleintopf mit den sichtbaren Zeichen der Staatsgewalt in Verbindung zu bringen, das wäre dann doch etwas zu weit hergeholt … aber andererseits sind wir in Venedig …

Trippa in rosso

1,5 kg Kutteln | 125 ml Olivenöl extra | 1 große Zwiebel | 2 Knoblauchzehen | trockener Weißwein (nach Belieben) | 4 EL eingelegte geschälte Tomaten (oder 2 klein gehackte Karotten) | Pfeffer | Salz | geriebener Grana Padano

---

Die gut gereinigten Kutteln in reichlich, leicht gesalzenem Wasser vorkochen, bis sie fast weich sind, abgießen und nochmals reinigen. Nach dem Abkühlen die Kutteln in lange Streifen schneiden, die Tagliatelle ähnlich sind.

Die gehackte Zwiebel und den Knoblauch (wenn man Karotte verwendet auch diese) in reichlich Olivenöl anrösten, dann die Kutteln dazugeben und leicht anrösten. Salzen, pfeffern und mit einem Gemisch aus den Tomaten und Weißwein (wenn Karotten, dann nur Wein) ablöschen. So viel weiteren Wein angießen, dass die Kutteln bedeckt sind, danach kochen lassen bis die Sauce leicht eingekocht ist und eine schöne Farbe hat – heiß servieren und den geriebenen Käse extra dazu reichen.

Dolci & Liquori

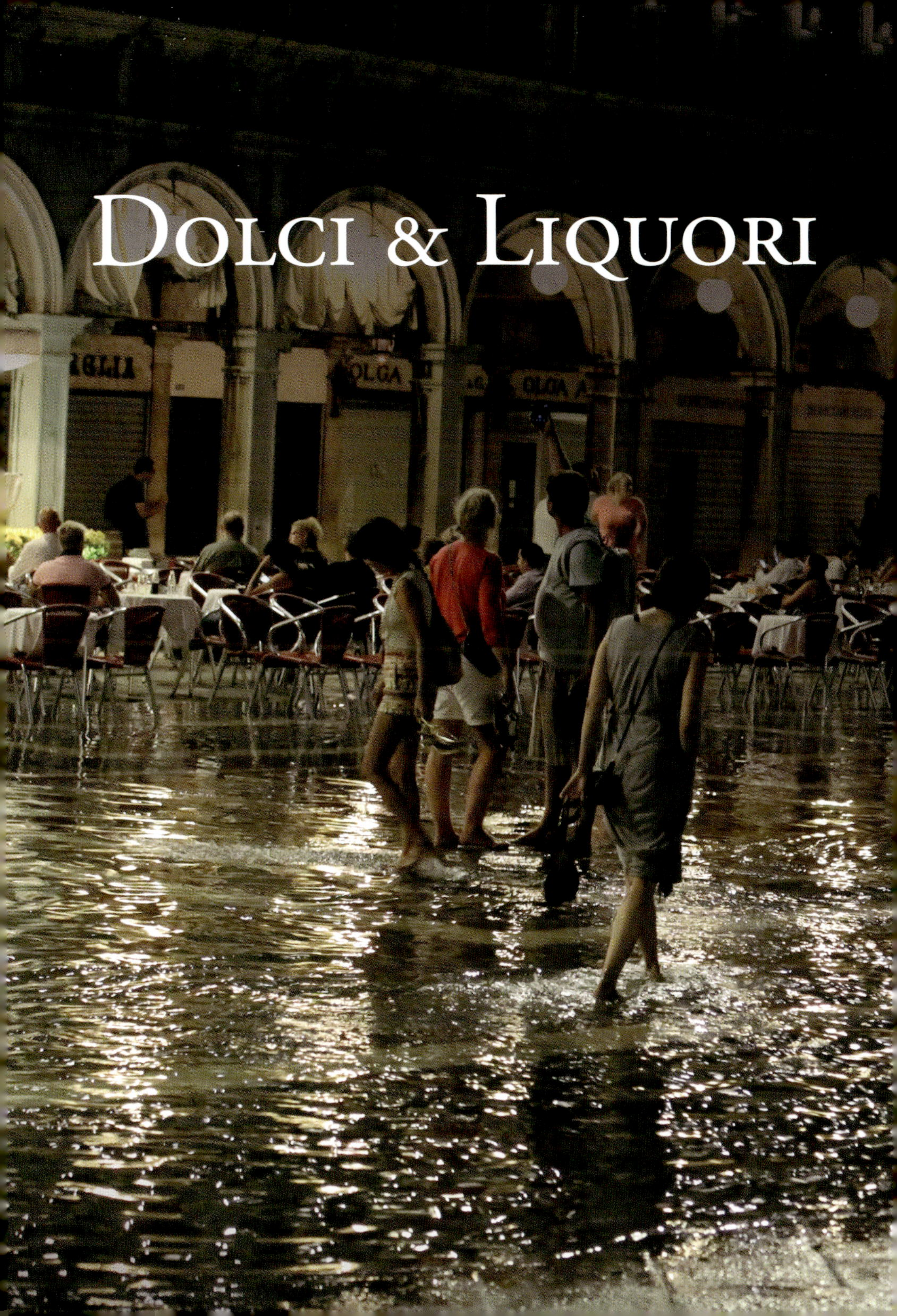

Baicoli € 8.00
Il Fornaio
Il Fornaio Antica Ricetta Veneziana
Pane del Pescatore alla Vaniglia
Nostra Produzione
Il Fornaio Biscotti Veneziani Assortiti
€ 2.80 /200 gr.
Fornaio
Veneziani
Assortiti
€ 5.50
€ 8.50

Baicoli

Die *baicoli* sind eine Art Zwieback aus leicht gewürztem Biskuit. Die trockenen Kekse in den hübschen bunten Dosen stammen fast ausschließlich von der Pasticceria Dal Nono Colussi und gehören heute zu den beliebtesten Mitbringseln, weshalb sie in Venedig an nahezu jeder Ecke käuflich zu erwerben sind. Doch kaum jemand macht sich Gedanken darüber, welche große Symbolik und Geschichte sich hinter diesem Gebäck verbirgt.

Baicoli ist eigentlich die venezianische Bezeichnung für den Seebarsch und wird deswegen für die Kekse verwendet, weil sie von der Form her an den Körper dieser Fische erinnern. Und diese „Verbindung" mit dem Meer kommt nicht von ungefähr, denn der Biskuit wurde speziell als Proviant für die Seefahrer (militärisch wie auch wirtschaftlich) entwickelt. Aufgrund ihrer extrem langen Haltbarkeit waren sie ideal dazu geeignet – zudem versorgten sie die Mannschaft mit kraftspendenden Kohlenhydraten (während eingelegte Fische für Fett und Eiweiß sorgten). Tatsächlich litten venezianische Seefahrer weder an Skorbut noch an anderen Mangelerscheinungen, was ihnen über Jahrhunderte hinweg einen entscheidenden Vorteil einbrachte.

Es versteht sich nahezu von selbst, dass andere aufstrebende Seefahrernationen dieses Superfood des Mittelalters als Proviant für ihre Marine und Handelsschiffe begehrten. Und so verwundert es nicht, dass die *baicoli* schon sehr bald zu einem Exportschlager wurden und zu einem der bedeutendsten Handelsgüter aufstiegen – und die noch dazu direkt in der Serenissima erzeugt worden sind. Insbesondere Spanien erkannte sehr bald den Wert dieser Kekse und importierte sie in großem Stil, während Venedig seinerseits Getreide aus Spanien bezog. Anfangs ein gutes Geschäft für beide Seiten. Doch die Beziehungen zwischen Venedig und Spanien sollten auch ihre Schattenseiten bekommen.

Die erste große Krise der venezianisch-spanischen Beziehungen ereignete sich zu Beginn des 16. Jahrhunderts, als sich Spanien 1508 der sogenannten Liga von Cambrai anschloss, ein anti-venezianisches Bündnis, von Papst Julius II. initiiert und vom französischen König Ludwig XII. sowie dem Habsburger Kaiser Maximilian I. ins Leben gerufen. Viele schlossen sich diesem Bündnis an, um territoriale Ansprüche in Italien geltend machen zu können und vor allem die Macht Venedigs einzuschränken. Am 27. April 1509 sprach der Papst ein Interdikt gegen Venedig aus, dieses Verbot von Gottesdiensten galt im Mittelalter als schwere Strafe. Die venezianische Armee erlitt am 14. Mai 1509 bei der Schlacht von Agnadello eine schwere Niederlage, konnte aber wenig später einige zunächst verloren gegangene Städte und Regionen zurückerobern. Trotzdem konnte Venedig die Vorherrschaft Spaniens in Italien nicht mehr aufhalten und schon bald beherrschte Spanien den gesamten Süden Italiens.

Spanien war aber andererseits immer wieder Venedigs Bündnispartner gegen die Osmanen; 1499 bis 1503 und 1537 bis 1540. Doch ab 1545 schwanden die Kräfte Venedigs zusehends, was sich unter anderem daran zeigte, dass nun angekettete Galeerenhäftlinge an den Riemen saßen, nicht wie zuvor Söldner. Als 1571 die Heilige Liga – ein von Papst Pius V. mit Venedig und Spanien mit dem venezianischen Erzfeind Genua geschlossenes Bündnis – die berühmte Seeschlacht von Lepanto (vor dem griechischen Patras gelegen) gegen die Osmanen gewann, konnte Venedig keinen veritablen Vorteil daraus ziehen; mehr noch, die Seeschlacht von Lepanto sollte Venedigs letzte große Teilnahme an der Weltpolitik sein.

Im 17. Jahrhundert sollte sich zwischen Venedig und Spanien etwas ereignen, das als die „Mutter aller Intrigen“ in die Geschichte eingegangen ist. Bis heute konnte nicht gänzlich geklärt werden, wer alles daran beteiligt gewesen war. Die Venezianer hatten ihre außenpolitischen Ambitionen vor allem gegen die Türken gerichtet, innerhalb Italiens verhielt man sich vollkommen neutral. Venedig war bestrebt, sich nicht in die Auseinandersetzungen mit den Uskoken (christlichen Flüchtlingen aus dem türkisch-muslimischen Bosnien), die von den Habsburgern in den Grenzgebieten angesiedelt worden waren, hineinziehen zu lassen; offiziell zur Verteidigung, de facto aber, um auf venezianischem Gebiet „Piraterie" zu betreiben und Unruhe zu stiften. Als Venedig sich durch die ständigen Übergriffe der Uskoken gezwungen sah, 1613 doch militärisch gegen sie einzugreifen, wurde es in einen mehrjährigen Krieg gegen die Habsburger verwickelt, der bis 1617 andauern sollte. Genau in diesem Jahr versuchte der spanische Vizekönig von Neapel die Vorherrschaft Venedigs in der Adria zu brechen, was nicht gelingen wollte. Es förderte jedoch Venedigs Misstrauen gegen Spanien und führte dazu, dass man den spanischen Gesandten abberufen und drei seiner Männer aufhängen ließ. 1622 kam es dann zu angesprochenem Vorfall, der mitverantwortlich ist für den Mythos Venedig: Ein gewisser Giulio Muscorno, seines Zeichens ein einfacher Sekretär, bezichtigte seinen Chef, den Gesandten Antoni Foscarini, venezianische Staatsgeheimnisse an die Spanier verkauft zu haben, und denunzierte seinen Arbeitgeber beim Rat der Zehn. Der Rat beauftragte einen gewissen Giovanni Rizzardo, Beweise gegen Foscarini zu sammeln, doch es fanden sich keine und Foscarini wurde am 30. Juni 1618 zunächst förmlich freigesprochen und 1622 sogar zum Senator. 1621 war die Gräfin von Arundel nach Venedig gezogen, die Foscarini aus seiner Zeit als Gesandter in London kannte und daher besuchte. Am 8. April 1622 wurde Foscarini erneut verhaftet, es wurde ihm abermals vorgeworfen, Kaiser Ferdinand II. sowie dem päpstlichen Nuntius Staatsgeheimnisse gegen Geld verkauft zu haben – und zwar im Palast Mocenigo, wo die Arundels hausten. Die Belastungszeugen waren Domenico und Girolomo Vano, die ihre Informationen von Gian Battista gehabt haben wollen, dem Diener des spanischen Botschafters. Am 22. April wurde Foscarini zum Tode verurteilt und – wie bei Hochverrat üblich – kopfüber auf der Piazzetta zwischen den beiden großen Säulen aufgehängt. Und das obwohl parallel dazu die beiden Denunzianten Girolomo Vano und Domenico bereits gestanden hatten, bestochen worden zu sein – sie hätten Geld für eine Leistung bekommen, die sie nicht näher beschreiben konnten oder wollten. Daher ist bis heute nicht bekannt, wer hinter dieser Intrige stand. Am 16. Januar 1623 wurde Antonio Foscarini posthum freigesprochen, exhumiert und mit einem Staatsbegräbnis gefeiert; gefeiert hat sich dabei vor allem die Serenissima selbst, denn es wurde ein Brief an alle europäischen Höfe gesandt, worin der Irrtum bekundet wurde, verbunden mit der Rehabilitation Foscarinis und der Lobeshymne auf die Stadt mit ihrem ausgeprägten Sinn für „Gerechtigkeit". Foscarini wird das wenig geholfen haben, seiner rehabilitierten Familie hingegen schon. So lobte der Doge Marco Foscarini (1762–1763) noch ausdrücklich den Rat der Zehn für das Widerrufen des Fehlurteils.

Auf den ersten Blick scheint diese Intrige „harmloser" zu sein als sie gemacht wird. Doch bei genauer Betrachtung der politischen Hintergründe wird klar, dass sich wesentlich mehr dahinter befand, nämlich das, was ganz Europa in den Abgrund ziehen sollte – die aufkeimenden Konflikte zwischen Staat und Kirche sowie zwischen Katholiken und Protestanten. Dieser Konflikt spaltete auch die Stadt Venedig: Auf der einen Seite fanden sich die sogenannten *giovani* (Jungen), die gegen die Einmischung des Papstes in die Politik der Serenissima waren, mit protestantischen Herrschern in Europa sympathisierten und den katholischen Habsburgern misstrauten, allen voran der erzkatholischen spanischen Linie – ein gewisser Paolo Sarpi war Rädelsführer dieser Gruppe. Auf der anderen Seite standen die *vecchie* (Alten), die Traditionalisten und Papstanhänger – daher auch *papalisti* genannt –, die Spanien unterstützten, das den Süden Italiens beherrschte. Antoni Foscarini war ein Anhänger der *giovani*, nicht zuletzt, weil er lange Zeit in London als Gesandter Venedigs tätig war, sah er die katholische Kirche kritisch.

Für das Brodeln der Gerüchteküche in Venedig war letztlich der Herzog von Osuna (spanischer Vizekönig in Neapel) verantwortlich. Trotz verschiedener Friedensvereinbarungen weigerte er sich die Waffen gegen Venedig ruhen zu lassen, und griff vor allem immer wieder venezianische Handelsschiffe in der Adria an. Das schürte das Misstrauen der Venezianer gegen Spanien, denn die Serenissima war der Ansicht, dass die spanische Botschaft in Venedig den Vizekönig und Umstürzler unterstützen würde – die Angriffe auf die Schiffe und die Umsturzversuche sorgten dafür, dass sich auch bei den *vecchie* eine anti-spanische Stimmung breitmachte und die Stimmung so angespannt war, dass der Botschafter Spaniens Hals über Kopf die Stadt verließ.

Die Skepsis gegen alles Spanische führte schließlich zu Massenverhaftungen von Spaniern, die angesprochenen drei Botschaftsmitarbeiter wurden gleich hingerichtet, um ein Exempel zu statuieren.

Insgesamt zeigt sich in der Geschichte zum Teil das Dilemma Venedigs. Während die Befürworter und das offizielle Venedig die Rehabilitation Foscarinis zum Triumph der Gerechtigkeit selbst über die Staatsraison feierten, waren die Gegner der Ansicht, dass dies ein typisches Beispiel für die Geheimniskrämerei eines dekadenten Staates sei, der von einer undurchschaubaren Macht mit grausamen Methoden – Rat der Zehn genannt – schikaniert und tyrannisiert wird. Es entstanden allerlei Gerüchte und Sagen, wie immer, wenn Menschen etwas nicht ganz verstehen; auch Verschwörungstheorien aller Art und der Mythos Venedig war endgültig geboren worden.

Mit den *baicoli* und dem Handel mit ihnen hat sich Venedig letztlich eine Art Bärendienst erwiesen, denn einerseits hat man damit gutes Geld verdient, andererseits hat man seinen Gegner Spanien ein Hilfsmittel gegeben, die Welt zu erobern. Nach der Entdeckung „Amerikas" durch den Genueser (aus venezianischer Sicht: ausgerechnet!) Christoph Kolumbus und schließlich durch die Machtausdehnung des Reiches unter dem Habsburger Kaiser Karl V. stieg Spanien am Ende des 16. Jahrhunderts zu einer Weltmacht auf drei Kontinenten auf – doch der Erfolg währte nicht lange. Bereits um die Jahrhundertwende war sein Zenit überschritten und der allmähliche Abstieg begann, allerdings einhergehend mit der Hochblüte spanischer Kunst und Kulturgeschichte eines ebenfalls zur Dekadenz verdammten

Staates. Diese Haltung übernahmen die Venezianer dann von den Spaniern im 18. Jahrhundert – denn als die Serenissima keine außenpolitische Macht mehr besaß, kümmerten sie sich nur mehr um das süße, künstlerische und kulturelle Leben.

Welche Dimensionen die Produktion und der Handel mit Zwieback einst hatten, lässt sich heute noch nachvollziehen, das Gebäude, in dem sich das *Museo storico navale* (Schifffahrtsmuseum) befindet, ist ein ehemaliger Speicher für die *baicoli*.

Heute interessiert das niemanden mehr, wenn er in das zart nach Orange duftende Gebäck beißt. Und kaum jemand denkt mehr daran, dass die Sitte, dieses Gebäck in geschmolzene Schokolade zu tauchen, von den Spaniern abgeschaut wurde. Doch ein Trost bleibt den Venezianern: Sie verdienen immer noch gutes Geld mit dem populären Gebäck, das damals wie heute in alle Welt exportiert wird.

Baicoli

500 g Mehl | 100 g Zucker | 60–75 g Butter | 30 g Hefe | Saft von 2 Orangen (oder 2–3 TL Orangenblütenwasser) | Salz

---

Die in wenig warmem Wasser aufgelöste Hefe mit gut 50 g Mehl, einer Prise Salz und dem Zucker zu einer ziemlich festen Masse verrühren, diese zu einer Kugel formen, oben kreuzförmig einschneiden und zugedeckt 30 Minuten an einem warmen Ort rasten lassen. Dann in einer Schüssel mit dem übrigen gesiebten Mehl, der weichen Butter, Orangensaft (oder Orangenblütenwasser) und etwas weiterem warmen Wasser zu einem homogenen Teig verkneten.

Aus dem Teig circa 25 Zentimeter lange Stangen von etwas mehr als 5 Zentimeter Durchmesser formen. Diese etwas flach drücken und unter einem Tuch mindestens 1 Stunde aufgehen lassen. Danach zuerst bei 150 Grad 10 Minuten backen, dann bei 200 Grad nochmals 10 Minuten fertig backen. Auskühlen und einige Stunden rasten lassen, danach etwas schräg in 2–3 Millimeter dünne Scheiben schneiden. Diese auf ein ungeschmiertes Backblech legen und bei 50–70 Grad im Ofen goldgelb rösten, dabei ab und an wenden. Die *baicoli* sind fertig, wenn sie sich ganz trocken anfühlen und eine goldgelbe Farbe haben.

Ciambelle per le monache

Krapfen für die Nonnen – welch seltsamer Name für ein Rezept! Bei näherer Betrachtung des Rezepts fällt auch noch auf, dass es sich eher um Kekse als um Krapfen handelt. Und doch hat es mit diesem Rezept viel mehr auf sich, als man denkt – und wie wichtig dieses Rezept für Venedig war, lässt sich auch daran erkennen, dass es im Kochbuch des anonymen Kochs aus dem 13. Jahrhundert beschrieben wird.

Das Leben der Nonnen in Venedig war höchst unterschiedlich von der Lebensqualität und prinzipiell davon abhängig, in welchem Kloster man war und aus welcher Gesellschaftsschicht man kam. Während bei den Augustinerinnen das Motto „Liebe und tue, was du willst" mitunter sehr frei und weltlich interpretiert wurde und auch die Benediktiner-Klöster zum Teil ein lasterhaftes Leben führten, so waren Franziskaner-Orden wesentlich strenger, zumindest offiziell.

Freilich war in allen Klöstern Keuschheit ein Thema, doch dieses wurde mitnichten so praktiziert wie gepredigt – viele Nonnen hatten ganz offen ausgelebte Affären mit Mönchen, Priestern oder Bischöfen, andere sogar mit weltlichen Galanen. So wurde beispielsweise Casanova sein Verhältnis zu zwei Nonnen zum Verhängnis. Bis heute erzählen sich die Fischer in der Lagune die wildesten Geschichten, vor allem die Nonnen in einsam gelegenen Klöstern sollen dem „bunten Leben" nicht abgeneigt gewesen sein – laut Legenden war genau das Gegenteil der Fall: Mit offen präsentierten Brüsten und freigelegter Scham sollen sie auf den Klostermauern sitzend mit ihren weiblichen Attributen Seefahrer zum Liebesspiel angelockt haben. „Gratis" war diese (eigentlich illegale) Freude freilich nicht, denn nicht selten diente sie dazu, den Lebensunterhalt zu erwirtschaften, was viele Nonnen zu verkappten Prostituierten werden ließ.

Nicht alle Zeitgenossen begrüßten das ausschweifende Leben mancher liebestollen Nonne. So schreibt ein unbekannter Chronist des 13. Jahrhunderts: „Nach der Zerstörung von Malamocco (Anmerkung des Autors: Malamocco am Lido di Venezia war eine der ersten Siedlungen in der Lagune und über viele Jahre Sitz der Dogen und des Bischofs. Ein verheerendes Erdbeben samt Sturmflut zerstörte Palast und Klosteranlage – aber Malamocco wurde wieder aufgebaut.) erhielten die Nonnen auf immer ein Kloster, welches aufgrund seiner ungesunden Lage nichts Reizendes war. Die Fürsten des Hauses Ziani beschenkten sie mit Häusern und Einkünften (Anmerkung des Autors: Die Familie der Ziani stellte mit Sebastiano Ziani, 1102–1178, einen der wichtigsten Dogen Venedigs dar, denn Sebastiano ging als großer Stadtplaner in die Geschichte ein – Sebastiano war einer der reichsten Männer seiner Zeit mit umfangreichen Besitztümern in Venedig und der Lagune). Aber die Reinheit der Sitten gewann durch dieses Kloster sehr wenig. Die Nonnen lebten, wie es ihnen beliebte, und aus dem Kloster heraus, sie gingen weltlichen Geschäften nach, und das ganze Jahrhundert über hatte man genug damit zu tun, den Gräuel der Frevel aus diesem Kloster zu vertilgen … wie sehr würden sich Klosteranstalten für das weibliche Geschlecht bei dem Staate empfehlen, wenn man nicht befürchten müsste, dass in denselben ein geheimer Samen des Lasters genährt würde … Die Sitten der Nonnen wurden überdies so lasterhaft, dass sie sich in ihrem Kloster alle Freiheiten erlaubten, welche man am weiblichen Geschlecht auch außer den Klöstern tadelt … welche aber so wie die meisten Benediktinernonnen in die größten Ausschweifungen gerieten …“

Ob die *ciambelle* bei den Nonnen als Präsent dienten, um die Pforten der Freude zu öffnen, konnte ich leider nicht endgültig herausfinden – unwahrscheinlich wäre das aber nicht. So hat mir Christiana, eine befreundete Bootsführerin erzählt, dass man die *ciambelle* in Venedig früher als *denaro mano* (Handgeld) bezeichnet habe, weil man(n) dafür eine Handbefriedigung bekam (ähnlich der ehemaligen fünf-Mark-Münze, die in Deutschland „Heiamann“ genannt wurde, weil man(n) für fünf Mark einer Frau beiwohnen konnte; Heia machen = schlafen). Da sich professionelle Prostituierte wohl kaum mit diesem Hungerlohn zufriedengegeben hätten, liegt die Vermutung nahe, dass es Damen gegeben hat, die – aus welchem Grund auch immer – statt Geld auch Naturalien nahmen/bekamen. Arme Ordensschwestern lebten von Almosen und Zuwendungen aller Art. Wurden die Ausschweifungen zu bekannt und geriet ein Kloster wegen zu weltlicher Lebensweise (sprich: wegen sexueller Eskapaden) in die öffentliche Kritik, so wurden in der ersten Stufe die Zuwendungen und Stiftungen gestrichen, was meist zur Folge hatte, dass sich die nunmehr verarmten Nonnen erst recht haben prostituieren müssen, weil einen Beruf auszuüben, nahezu ein Ding der Unmöglichkeit war. Der nächste Schritt war dann vorprogrammiert: Das Kloster wurde geschlossen und aufgelassen, die Nonnen umgesiedelt oder vertrieben. Das leerstehende Kloster bekam daraufhin ein anderer Orden und das Spiel begann von vorne.

Alberto, ein lieber venezianischer Freund und Bibliothekar, hat mir in einer weinseligen Stunde erzählt, dass es in der großen Bibliothek Dokumente gebe, die in aller Genauigkeit das lasterhafte Leben der venezianischen Nonnen beschreiben würden – reinste Pornografie meinte er. Die Stadt Venedig ist seit jeher dafür bekannt gewesen, alles, aber auch absolut alles genauestens zu dokumentieren: Dabei herausgekommen ist eine der größten Dokumentensammlungen der Welt. Mehr als vierzig Studentinnen und Studenten sitzen tagtäglich daran diese schier unendliche Anzahl an Akten von Geburts-, Heirats- oder Todesurkunden, Pfandbriefen, Grundbucheinträgen, Handelsverträgen, Gerichtsakten, Verhören, Verwaltungsakten, Briefe von Denunzianten, Dekrete der Dogen und vieles andere mehr aufzuarbeiten – leider gibt die Stadt Venedig nur Teile ihres Schatzes preis. Insider wie Alberto wissen aber zu berichten, dass es zum Beispiel ein einträgliches Geschäft für Nonnen war, sich die Hostien in die Scheide zu stecken und anschließend zu verkaufen – der Käufer konnte dann entscheiden, ob er die Hostie selbst mit der Zunge finden oder wie in der Kirche auf die Zunge gelegt bekommen wollte; es sei wohl eine Sache des Preises gewesen, schmunzelte Alberto.

Es gab aber auch tugendhafte Klöster, zumindest in den Wunschvorstellungen der Elite Venedigs. Es war in Patrizier- und Adelskreisen nämlich durchaus üblich, unverheiratete Töchter oder solche, die sich allzu unkeusch verhalten hatten, kurzerhand ins Kloster zu stecken – natürlich mitsamt einer großzügigen Mitgift. Auch geschiedene, verwitwete oder einfach nur von ihren Gatten verlassene Damen gingen nicht selten ins Kloster; die Motivation war dabei in den wenigsten Fällen der Glaube, vielmehr war es der vermeintlich sichere Schoß der Gemeinschaft, welche die Damen dazu antrieb ins Kloster zu gehen.

Da es oftmals rein pragmatische Gründe waren, warum Frauen ein Kloster aufsuchten, galt es keineswegs als Schande, wenn diese ihren körperlichen Bedürfnissen nachgaben – und wenn diese auch noch Almosen einbrachten, war das umso willkommener. Lesbische Liebe oder Masturbation wären vom rein katholischen Standpunkt der Kirchenlehre her genauso eine Sünde gewesen wie die Kopulation mit Männern – doch hätten sie keinerlei merkantilen Vorteil erbracht. Von den Männern gab es Zuwendungen, Geschenke oder gar Stiftungen, womit die „Sünde" zumindest einen wirtschaftlichen Vorteil für die Glaubensgemeinschaft ergab.

Viele venezianische Adelige hatten Nonnen als Mätressen, denn lange bevor die berühmten venezianischen Kurtisanen auftauchten, waren Nonnen die begehrtesten Gespielinnen: Sie waren verhältnismäßig rein und gebildet, hatten selten bis gar nie eine Geschlechtskrankheit und wenn sie schwanger wurden, so war das nicht weiter tragisch, wurden die meisten Kinderkrippen und Waisenhäuser der Stadt ohnedies von Nonnen verwaltet – also waren die Bastarde mehr oder minder versorgt. Zudem wollten sich die wenigsten Adeligen mit den gewöhnlichen Prostituierten abgeben, weil diese vor allem fremde Seeleute bedienten und man daher nicht genau wusste, was die normale Hure sich dabei so alles eingefangen hatte. Kurz gesagt: Für die Männerwelt, das erotische Arrangement mit Nonnen alles andere als unpraktisch – zumindest auf den ersten Blick.

Das weibliche Pendant zu den mächtigen und wirtschaftlich teilweise sehr potenten männlichen Orden war das Benediktinerkloster San Zaccaria, dessen Geschichte bis ins 9. Jahrhundert zurückreicht. San Zaccharia war einer der reichsten Orden der damaligen Zeit überhaupt, nicht nur, weil reiche Patrizier ihre unverheirateten Töchter mitsamt einer ordentlichen Mitgift dort unterbrachten, sondern auch weil der Orden sehr gut organisiert war und ausgezeichnet wirtschaftete. So unterhielt San Zaccharia beispielsweise eine der größten Gemüseplantagen der Stadt. Eine dieser Plantagen grenzte in den Anfängen der Republik an den sogenannten *arrengo*, den Platz der Volksversammlung. Im Jahre 811 verlegte der Doge Angelo Partezipazio seinen Sitz von Malamocco nach Civitas Rivo Alto (aus dem „Rialto" wurde), wo er mehrere Grundstücke besaß. Wo genau das lag und wo genau die Residenz erbaut wurde, ist heute leider nicht mehr bekannt; es wird vermutet, dass es sich in der Gegend um San Pietro in Castello befunden haben könnte. Im Testament des Dogen wurde erstmals das Kloster San Zaccaria, das mit einem großzügigen Erbe des Dogen bedacht wurde und so ersten Wohlstand erlangte.

Als dann der Doge Sebastiano Ziani – wie bereits oben erwähnt einer der wichtigsten Stadtplaner Venedigs – einen ersten Palastbau anstrebte, der es verdiente, „Dogenpalast" genannt zu werden, begab er sich auf die Suche nach einem geeigneten Platz. Der Palast sollte vom Meer aus bereits gut sichtbar sein und zum Wahrzeichen Venedigs werden. Gleichzeitig aber verhältnismäßig geschützt liegen. Und so fiel die Wahl auf den heutigen Standort vor dem Bacino San Marco.

Als am 17. Dezember 1340 mit dem Bau des Dogenpalastes – so wie wir ihn heute kennen – begonnen werden sollte, hatte man ein Problem zu lösen, denn die Nonnen von San Zaccaria hatten ausgerechnet auf dem Gelände, das bebaut werden sollte, ausgedehnte Ländereien, wo sie Gemüse anbauten. Doch das Kloster San Zaccaria konnte es sich leisten, diese wertvollen Ländereien dem Dogen zu vermachen (ob entgeltlich oder unentgeltlich ist nicht überliefert), damit dieser den Palazzo Ducale endgültig umsetzen konnte – des Weiteren besaßen die Nonnen übrigens auch weite Flächen

Dogenpalast und Markusbasilika stehen in den ehemaligen Gemüsegärten von San Zaccaria

jenes Areals, auf dem der heutige Markusdom steht, welche sie ebenfalls großzügig hergaben.

Als Dank für das Abtreten der Ländereien wurde festgelegt, dass der Doge mit seinem Gefolge jeweils am Ostersonntag die Chiesa di San Zaccaria aufsuchte, um dort alljährlich den reich besetzten *cono ducale* in einer ehrwürdigen Prozedur der Äbtin zu präsentieren – das Tragen des *cono ducale* war sonst nur bei höchsten Staatsbesuchen und staatlichen Feierlichkeiten üblich. Eine Geste des Dankes und der Anerkennung, welche das Band zwischen den Nonnen von San Zaccaria und den Dogen manifestieren sollte. Ein gegenseitiges Bündnis zum Vorteil beider Seiten entstand somit aus der einfachen Schenkung eines kleinen Gemüsegartens.

Seit dem 14. Jahrhundert tragen die Dogen von Venedig diesen berühmten *cono ducale*, jene markante Kopfbedeckung, welche auch als Herzogen-Horn bekannt ist; eine Legende besagt, dass die Äbtin von San Zaccaria bereits 864 dem Dogen eine derartige Kopfbedeckung gestiftet haben soll (als Dank für ein neues Kloster oder auch als symbolisches Zeichen dafür, dass sich der damalige Doge Pietro Tradonico von Byzanz emanzipieren wollte), aber dafür gibt es keinen historischen Beleg. Der *cono ducale* bestand aus einem Kronenrelief, auf dem eine steife Mütze angebracht war, die sogenannte Phrygische Mütze (auch Skythische Mütze genannt). Diese in der Antike häufig dargestellte Kopfbedeckung wurde zumeist aus dem Hodensack von Stieren gefertigt, weil man angenommen hatte, dass damit die Kraft des Stiers auf den Träger übergehen würde – aus diesem Grund wurde die Mütze oftmals stabilisiert, sodass sie während Kampfhandlungen als Helm dienen konnte. Die vielleicht berühmteste Darstellung einer solchen Helmmütze findet man auf dem Alexandermosaik im *Museo archeologico nationale* in Neapel, wo Dareios III. eine derartige Helmmütze trägt. Mützenhelme dieser Art wurden sehr lange auch von byzantinischen und venezianischen Soldaten getragen. Je nach Rang waren es einfache oder kunstvoll besetzte Lederhelme. Im Laufe der Zeit wurde der *cono ducale* dann mit Brokat, Damast, Gold, Silber, Perlen und/oder Edelsteinen verziert; darunter trugen die Dogen einen Camauro aus Leinen, der in den Wintermonaten vor Nässe und Kälte schützen sollte, weil er nicht nur die Schädeldecke, sondern auch die Ohren und den Nacken abdeckte.

Das Kloster San Zaccaria war aufgrund seines Reichtums einer der größten Kunstmäzene seiner Zeit, allerdings sind davon nur mehr die kostbaren gotischen Altäre erhalten, die von den Nonnen selbst in Auftrag gegeben wurden. Die Hauptattraktion von San Zaccaria ist heute aber das grandiose Gemälde *Sacra Conversazione* von Giovanni Bellini, das zu den bedeutendsten Werken der Renaissance gezählt werden muss – es gibt nicht wenige Kunsthistoriker, die sogar der Auffassung sind, dass es sich hierbei um DAS Bild der venezianischen Renaissance überhaupt handelt.

Ein reicher Nonnenorden ist selbstverständlich immer eine gute Quelle für alle Arten von Fantasien, die sich dann mit wahren Begebenheiten zu einer bunten Geschichte vermischen. Allerdings ist es wahr, dass die Nonnen von San Zaccaria ebenfalls keine Kinder von Traurigkeit gewesen sein dürften – hinter den schützenden Klostermauern frönten sie ein frivoles Leben voller *divertimenti* (Zerstreuungen/Unterhaltungen) und Sinnesfreuden; ihr Reichtum ermöglichte es ihnen, ihr Kloster in einen komfortablen, palastähnlichen Salon zu verwandeln, der alle Annehmlichkeiten eines eleganten Wohnhauses bot. Zudem konnten sie es sich leisten, einen eigenen Konzertsaal zu unterhalten, in dem auch erotische Feste aller Art stattgefunden haben; ja sogar junge Burschen wurden „eingeladen", um maskiert und verkleidet den Nonnen eine besonders befriedigende Wallfahrt zu ermöglichen.

Zudem stand das Kloster im Verdacht und in der Kritik mittels veritabler Korruption seine Interessen (wirtschaftliche wie private) zu vertreten; die zumeist reiche und vermögende Männerwelt wird im Liebestaumel so manches wirtschaftliche oder politische Geheimnis preisgegeben haben, das die Nonnen für sich zu nutzen verstanden oder den Galan überhaupt gleich erpressen konnten, denn Beischlaf mit Nonnen war grundsätzlich illegal.

Im Fall von San Zaccaria war die Grundlage des Verdachts auf Korruption die sehr interessante Tatsache, dass sich dieser Orden auf der Schwelle vom 15. zum 16. Jahrhundert durch eine sogenannte Renitenz der geistlichen Aristokratinnen auszeichnete. Die Nonnen wollten sich nicht reglementieren lassen und schon gar keine strengeren Ordensregeln akzeptieren – diese Interessen vertraten sie mit allen ihnen zur Verfügung stehenden Mittel körperlicher und finanzieller Art … und gewannen. Bis heute ist der daraus resultierende – aus kirchlich-religiöser Sichtweise mehr als nur zweifelhafte – Deal in Italien sprichwörtlich und lebt in dem Wort *broglio* weiter, mit dem vor allem ein *broglio elettorale*, also ein Wahlbetrug, gemeint ist. Der Name stammt vom Wort *brolo* (damals im Venezianischen *broglio*) ab, was nichts anderes bedeutet als Gemüsegarten.

Ciambelle per le monache

250 g Mehl | 150 g Ei | 200 g Zucker | 1 TL Honig | 1 Prise Salz

Die Eier mit dem Salz und dem Zucker schaumig schlagen, das Mehl unter Rühren langsam dazugeben und sorgfältig einarbeiten. Den Teig mit etwas Honig verfeinern und auch diesen unterrühren.

Die Masse in einem langen Streifen auf ein gefettetes Backblech dressieren (zum Beispiel mithilfe eines Spritzsacks mit einer Lochtülle von 13 Zentimetern), zwischen den Teigstreifen genügend Platz lassen, weil der Teig beim Backen aufgehen wird.

Schnell und kräftig bei etwa 220 Grad (Unter- und Oberhitze) im Backofen etwa 8–10 Minuten backen (früher hat man die Form neben das offene Feuer gestellt, würde heute auch gehen – zum Beispiel in einem Kugelgrill).

Das Gebäck auskühlen lassen und vor Sonne und Luft geschützt (z.B. in Blechdosen) aufbewahren; die süße Leckerei hält sich so gut zwei Wochen – wenn man sie lässt.

Crema fritta

Der *carnevale* ist eine der Hauptattraktionen Venedigs – das ist heute so und war früher nicht viel anders. Er steht für Venedig wie der Dogenpalast, der Markusdom oder der Campanile und ist ein Markenzeichen der Serenissima, das man weltweit kennt. Kein Wunder also, dass sich Hunderte von Mythen und Legenden um ihn und seine Geschichte ranken. Doch unabhängig von all diesen muss man eingangs dieses Kapitels eines richtigstellen: Es gibt einen großen Unterschied zwischen dem modernen Straßenkarneval, der in den 70er-Jahren des vorigen Jahrhunderts von weitsichtigen, durch Fellinis Casanova-Verfilmung inspirierten Touristikmanagern erfunden wurde, und dem echten, traditionellen *carnevale* der Venezianer, welcher zwar mit großem Prunk gefeiert wurde und wird, aber nicht öffentlich, sondern hinter Türen, die den meisten Menschen verschlossen bleiben werden – entweder weil die Eintrittspreise nahezu unerschwinglich teuer sind oder weil man erst gar keine Karten bekommt oder auch weil man gar keine kaufen darf, weil es sich um geschlossene „Geheimveranstaltungen" von Logen oder reichen Patrizierfamilien handelt.

In den 1980er-Jahren war der gesellschaftliche *carnevale* – also jener der Bälle, Tanzveranstaltungen und Festmahle – noch nicht so verschlossen wie heute. Weil aber viele Venezianer die ihnen zustehenden Eintrittskarten um horrende Gelder an potente Amerikaner (hauptsächlich), aber auch Deutsche, Österreicher, Japaner, Engländer und nicht zuletzt Italiener verkauft haben, wurden die Veranstalter in der Vergabe entweder strenger oder gleich so teuer, dass kaum ein Aufschlag mehr möglich war. Ich hatte das große Glück, durch Beziehungen Mitglied in einer venezianischen *compagnia* zu werden, was mir die Teilnahme an einigen der rauschendsten Feste meines Lebens ermöglichte.

So viel sei an dieser Stelle vorweggenommen: Der traditionelle venezianische *carnevale*, wie er von Traditionalisten gepflegt wird, hat nichts mit dem kitschigen Treiben in modernen Kostümen zu tun. Für den echten *carnevale* gaben (und geben bis heute) die Venezianer Unsummen aus, nicht nur für aufwendige Kleider und Kostüme, wie sie auf den Veranstaltungen vorgeschrieben werden, sondern auch für die Feste selbst. Die verschiedenen Vereinigungen, Gesellschaften, *scuole* (Bruderschaften, Zünfte) oder auch privaten Veranstalter wetteifern miteinander, wer den rauschendsten Ball mit der glanzvollsten und prunkvollsten Ausstattung organisiert, wer die besten Musiker bei sich aufspielen lässt und nicht zuletzt, wer das opulenteste, teuerste, aufwendigste und von den besten Köchen der Stadt zubereitete Abendessen aufzubieten in der Lage war. Ich habe Veranstaltungen erlebt, bei denen sage und schreibe 957 Gerichte und Speisen aufgetragen wurden – man wollte das Festmahl für Heinrich III. nachstellen wie es 1574 von Marsilio della Croce beschrieben wurde. Aber nicht nur das Festmahl wurde nachgekocht, sondern alles andere drumherum ebenfalls: von den Fingerschalen zum Reinigen, die vor und nach jedem „Speiseaufzug" gereicht wurden, über Musik-Ensembles in Originalkostümen und mit Originalinstrumenten und Gauklern aller Art bis hin zu den persönlichen Dienern und Kurtisanen in Originalkostümen (was bedeutete, dass der Rücken freiblieb und der Busen nur mit einem hauchfeinen, durchsichtigen Stoff „bedeckt" war), die für das Wohlbefinden ihrer Zugewiesenen „Herren auf Zeit" zuständig waren. Die Tische bogen sich förmlich durch die Last der Hunderten von Silber-, Gold-, und Glasplatten mit den erlesensten Gerichten, wie sie das Mittelalter zu bieten hatte. Getrunken wurde aus feinsten venezianischen Gläsern und die Veranstalter bestanden darauf, dass man den damaligen guten Sitten Folge zu leisten hatte: Sprich, es musste gerülpst werden! Das Ergebnis dieses fast 24 Stunden andauernden Gelages (es begann um Schlag zwölf Uhr Mittag und endete am nächsten Mittag um Schlag zwölf Uhr) war, dass ich als einzelne Person hingegangen bin und sie im „Doppel" verließ.

Feste aller Art sind bis heute für die Bewohner der Lagunenstadt ein willkommener Anlass, gut zu tafeln – da muss es dann viel, gut, üppig und teuer sein. Während man an gewöhnlichen Tagen des Jahres durchaus genügsam – wenngleich nicht in Askese – lebt und sich mit ein paar *cicchetti* oder *panini* zufrieden gibt, so darf es bei besonderen Anlässen an nichts fehlen. Das bezieht sich nicht nur auf das Essen und Trinken, denn auch das Frivole ist durchaus eine Leidenschaft der Venezianer; nicht in der Öffentlichkeit, aber in kleinen intimen Kreisen kennen die Venezianer nur wenige Hemmungen. Anders als heute gerieten die Venezianer vergangener Tage wegen ihrer Liebe zu leiblichen und fleischlichen Genüssen immer wieder in die Kritik von Moralisten. Sogar die Würdenträger der Kirche – selbst nur in den seltensten Fällen opulenten Gastmahlen abgeneigt – bemängelten ab und an, dass die Menschen bei den großen christlichen Feiern nur sehr unkonzentriert und ungeduldig das Ende der Predigten regelrecht abwarteten, nur um endlich zur Hauptattraktion, dem Festmahl übergehen zu können.

Der historische Karneval Venedigs besteht neben den Gesellschaftsbällen aus unterschiedlichen *divertimenti* für das Volk, wobei Tierhetzen, Herkulesspiele, Schaukämpfe und -schlägereien, Feuerwerke sowie von der Stadt oder Anwärtern auf das Dogenamt finanzierte Sauf- und Fressorgien in der Gunst der Bevölkerung ganz oben standen. Der venezianische Karneval geht auf die Saturnalien (deren wichtigster Aspekt die Aufhebung der Stände war, was bedeutete, dass auch Sklaven ihren Herren gleichgestellt waren – in ihrem Mittelpunkt standen, wie könnte es anders sein, ausgelassene Festmahle) der Antike zurück und begann traditionell am Stefanitag, also am 26. Dezember. Für die Venezianer war der *carnevale* aber nicht nur das bedeutende Fest vor der Fastenzeit (an die hat sich sowieso kaum jemand so richtig gehalten), sondern vor allem die alljährliche Erinnerung an den Sieg Venedigs (unter dem Dogen Vitale Michiel II.) über Aquileia (unter dem Patriarchen Ulrich II. von Treffen) im Jahre 1162. Die Feierlichkeiten dazu werden traditionell am Donnerstag vor Aschermittwoch – dem sogenannten *giovedi grasso* (fetter Donnerstag) – unter Anwesenheit des Dogen höchstpersönlich sowie des Senats, der wichtigsten Beamten und Botschafter begangen.

Das erste schriftlich überlieferte venezianische Karnevalsfest fand unter dem Dogen Vitale Falier 1094 statt, zu dessen Amtszeit Venedig zwar seine wirtschaftliche und außenpolitische Macht festigen konnte, aber auch mit großen innenpolitischen Problemen zu kämpfen hatte – vor allem die durch ein Erbeben und Überschwemmungen ausgelöste Hungersnot machte Venedig sehr zu schaffen. Obwohl Falier nur knapp einem Amtsenthebungsverfahren entgangen war (man schob ihm die Schuld am Hunger in die Schuhe), ehrte man ihn posthum mit einer Gedenktafel im Atrium von San Marco mit den Worten „König der Könige und Verbesserer der Gesetze“ sowie mit einem Mosaikbild neben dem Hochaltar, das gleichzeitig das wahrscheinlich älteste Porträt eines Dogen überhaupt ist.

Die berühmten Karnevalsmasken haben ihren Ursprung in den antiken Totenmasken und wurden in Venedig erstmals im 13. Jahrhundert vom Chronisten Martino da Cànal erwähnt. Zu Karneval wurden spezielle Masken getragen (es gab neben den Karnevalsmasken auch solche für andere Anlässe wie Casino-Besuche und viele andere), die sogenannten Halbmasken, welche nur den oberen Teil des Gesichtes verdeckten und den Trägern so ermöglichten, ohne Schwierigkeiten essen und trinken zu können. Die Masken entstammten den Kostümen der *Commedia dell'arte* und waren sogenannte „Sprechmasken“ (im Gegensatz zu den Vollmasken, mit denen die Schauspieler nur erschwert sprechen konnten).

Die Masken und Kostüme des historischen Karnevals sind keine Fantasiegebilde, sondern festgelegte Trachten mit langer Tradition. Teils erinnern sie an historische Begebenheiten aus der Stadtgeschichte, wie etwa der schwarz gekleidete „Pestarzt“ als traurige Reminiszenz an die verheerenden Epidemien des 16. und 17. Jahrhunderts, andere stammen – wie etwa die Masken von Pantalone oder Arlecchino – eben aus besagter Theatertradition der *Commedia dell'arte*. Neben den drei genannten ist die von Männern und Damen gleichermaßen getragene Figur *baùtta* (mit Dreispitz, schwarzem Umhang und weißer Maske) die beliebteste aller Figuren, während die Damenwelt sich vor der Kostümierung *moretta* geradezu fürchtete, denn elementarer Bestandteil war hier gleichnamige Maske aus schwarzer Seide, die an einem Stab befestigt zwischen die Zähne eingeklemmt wurde und das Sprechen nahezu unmöglich machte. Weitere beliebte Karnevalsfiguren aus der *Commedia dell'arte* sind die schlaue Colombina, der trickreiche Diener Brighella, der prahlerische Capitano oder die aus Neapel importierte Figur des Hanswurst Pulcinella (dessen Ursprünge wohl auf die Antike zurückreichen dürften), aus der im historischen Alt-Wiener-Volkstheater die Figur des Kasperls wurde.

Seine Hochblüte erlebte der venezianische Karneval im 18. Jahrhundert. In dieser Zeit kamen dann auch Kostüme auf, die mit der Tradition brachen. In einem Dokument, das sich mit den verschiedenen Karnevalskostümierungen befasste, ist von Angler mit Rute, Jäger mit Gewehr (Attrappe!), Advokaten mit Akten, Lakaien, Teufeln oder Metzgern die Rede – weitaus weltlichere Figuren also, die auch darauf zurückzuführen sein dürften, dass ein Verfall der Sitten zu verzeichnen war. Der Karneval wurde mehr und mehr zur Massenorgie mit sexuellen Ausschweifungen aller Art. Der richtige Boden für Giorgio Baffo oder Giacomo Casanova, die legitimierten Nachfolger von Pietro Aretino, dem „Erfinder" der Salonpornografie!

Der Karneval war im alten Venedig eine ausgelassene Zeit. Es wurde getanzt (vor allem die arabische *moresca*) und man übte sich im Bau von menschlichen Pyramiden, eine Tradition, die heute noch zu hohen Festtagen in Katalonien mit den sogenannten *castells* gepflegt wird und wahrscheinlich im 18. Jahrhundert von den Venezianern übernommen wurde. Die Metzger der Stadt schlachteten einen Ochsen, der den Patriarchen von Aquileia symbolisierte und diesen damit demütigen sollte. Der Karneval war aber nicht nur die Zeit der Kulinarik, sondern auch des Theaters und der Schauspieler. Am Markusplatz wurde ein großes Marionettentheater aufgebaut, zudem gab es auf allen Plätzen Darbietungen von Gauklern, Zauberern und Akrobaten – Höhepunkt war der seit 1548 durchgeführte Engelsflug, bei dem ein Seiltänzer auf einem Seil zur Spitze des Campanile stieg, von dort Blumen in die Menge warf und dann auf einem zweiten Seil wieder hinunter zur

Tribüne vor dem Dogenpalast „spazierte" (wie viele Akrobaten den Tanz auf dem Seil nicht überlebten, ist nicht überliefert).

Die Vielfalt der Festlichkeiten kannte im Karneval keine Grenzen, während sich das Volk an Bullenhetzen mit Hunden und Bären erfreute, so ergötzten sich die Patrizier zivilisierter in den Theatern der Stadt, die zu dieser Zeit fast ununterbrochen bespielt wurden.

Die legendären Kostümfeste wurden in den schönsten Sälen der Stadt veranstaltet, die zur Karnevalszeit geöffnet wurden – zumindest für diejenigen, welche im Besitz einer der (teuren) Eintrittskarten waren. Am Dienstag vor Aschermittwoch kam es dann zur Massenekstase, Abertausende von *masqueraders* liefen mit Fackeln durch die Stadt und tauchten sie in ein mystisches Bild. Kurz vor Mitternacht wurde traditionell zwischen den beiden Säulen auf der Piazetta (also dort, wo sonst die Todesurteile vollstreckt wurden) eine überlebensgroße Darstellung des Pantalone (dem Selbstdarsteller mit auffälligen rot-schwarzem Gewand) verbrannt, bevor um Schlag zwölf Uhr Mitternacht alles vorbei war und die Fastenglocke San Francesco della Vigna die karge Zeit einläutete. Es ist überliefert, dass die Venezianer die Karnevalszeit gerne auch mal verlängerten, doch das ist wahrscheinlich genauso ein Mythos wie der, dass Napoleon im Jahre 1797 den Karneval verboten haben soll – nichts deutet darauf hin, dass er das wirklich getan hat.

Mit dem Karneval wurde in Venedig nicht nur während der tollen Zeit ein gutes Geld verdient, sondern es waren gerade die Masken, welche schon sehr bald zum Exportschlager wurden. 1436 etablierte sich unter dem Dogen Foscarini die Zunft der *maschereri* (Maskenmacher) als Untergruppe der Malergilde, von denen sie tatkräftig unterstützt wurden. Bis 1820 hatte Venedig quasi ein Monopol auf die Herstellung von Masken, die zu Hunderttausenden ins europäische Ausland verkauft wurden, bis sie zunächst von französischer Billigware starke Konkurrenz bekam, eine Rolle, die heute China übernommen hat. Aber es gibt noch einige echte *maschereri* in Venedig, bei einem von ihnen habe selbstverständlich auch ich meine zwei Masken herstellen lassen (eine traditionelle schwarze Halbmaske für „offizielle" Bälle und Anlässe sowie eine moderne, mit einem erotischen Motiv bemalte).

Eine schöne Geschichte ist aus der Karnevalssaison von 1818 bis 1819 überliefert. Man beachte bitte an dieser Stelle, dass die Karnevalssaison hier auf fast zwei Jahre ausgedehnt wurde, was offiziell dem Besuch Kaiser Franz I. zu verdanken war, der sich mit den Venezianern „gut" stellen wollte, die aber dem Habsburger Herren sehr misstrauisch gegenüberstanden. Zu Ehren des hohen kaiserlichen Besuchs wurde jedenfalls ein Elefant in die Stadt gebracht. Er sollte vor allem die kaiserliche Familie ergötzen, doch es kam anders. Schwere Geschütze wurden zur Begrüßung des Kaisers abgefeuert und erschreckten das Tier derart, dass es aus seinem Gehege ausbrach und „schreckliche Verwüstungen in der Stadt anrichtete", wie ein überliefertes Amtsblatt zu berichten weiß. Nach einer wilden Hetzjagd durch die halbe Stadt suchte der gereizte Elefantenbulle schließlich Zuflucht in der Kirche Sant'Antonin. Dort wurde er zunächst mit Gewehrsalven beschossen, als diese nichts ausrichten konnte, musste eine Kanone hergebracht werden. Durch ein in die Außenwand gebohrtes Loch wurde dann auf das arme Tier mit Kanonenkugeln geschossen, bis es seinen Verletzungen erlag. Der Kadaver wurde anschließend für 800 Florin an das Naturhistorische Museum der Universität Padua verkauft (der Geschäftssinn der Venezianer kennt keine Grenzen), wo er schließlich verrottete.

Wie bereits eingangs erwähnt, ist der venezianische Karneval heute nach außen hin ein buntes Spektakel für die Touristenströme, welche sich an den bezahlten Schauspielerinnen und Schauspielern in ihren aufwendigen Kostümen erfreuen. Die Venezianer feiern, wie bereits erwähnt, hinter Türen, die den meisten Touristen verschlossen bleiben. Für all jene, welche sich einen Kindheitstraum erfüllen wollen und bereit sind, ein Vermögen dafür auszugeben, gibt es den *ballo del Doge*, eine etwas kitschige und sehr teure

Kostümparty mit internationalem (meist anglo-amerikanischem) Publikum, die man irgendwo zwischen Wiener Opernball und Wiener Life-Ball einordnen kann – nur Italienisch wird hier nicht gesprochen, geschweige denn Venezianisch. Auch nicht wirklich authentisch wird der Ball im Spielkasino, das ein wenig an Las Vegas erinnert, ausgetragen. Der Ball im Teatro la Fenice hat mir hingegen gut gefallen, wenngleich auch er nicht wirklich venezianisch war. Der Ball im Ridotto-Saal des Monaco Grand Canal findet immerhin an einem historischen Ort – nämlich dem ersten offiziellen staatlichen Spielkasino der Welt – statt und die tiefen Einblicke ins Dekolleté, welche die Damenwelt auf den Fresken gewährt, entführt uns in die erotisch-frivole Welt der Serenissima im 18. Jahrhundert. Die offiziellen großen Bälle mit Ticketverkauf sind es nicht, die den Mythos *carnevale* ausmachen, aber immerhin können sie kleine Einblicke in eine Welt gewähren, die sonst überhaupt nicht zugänglich wäre.

Dafür kann man die traditionellen Karnevalsköstlichkeiten heute das ganze Jahr über genießen. Früher galt der *sestiere* Castello als das Zentrum der Zuckerbäcker und Konditoren, weil hier vor allem Zuwanderer vom Balkan und aus Griechenland ihre Kunstfertigkeit zeigten. Heute sind die bekannten Konditoreien auf die gesamte Stadt verteilt und heißen beispielsweise *colussi* (bekannt für die *baicoli*), *barozzi*, *rizzardini*, *targa*, *tonolo* oder *trevisan*. Neben den Klassikern wie *fritole* und *fritelle* (in diversen köstlichen Varianten) kann man auch das venezianische Maisgebäck *zaleti*, die süßen Ringe namens *bussolai*, die mit Schmalz und Melasse gebackenen *pevarini*, die venezianischen Baisers *dolce di albumi alla veneziana*, das beliebte Schmalzgebäck *crostoli* (auch *galani* genannt) oder die Mandelgebäcke *amaretti* und *fregolate* verkosten, um einige Beispiele aus dem venezianischen Süßwaren-Universum anzuführen. *Fagottini di venezia*, süße im Ofen gebackene Teigtaschen mit einer Rosinen-Orangen-Füllung, sind leider eine selten gewordene Spezialität. Die *crema fritta* hingegen wieder eine Delikatesse, die ihresgleichen sucht; wer könnte dieser Versuchung einer panierten und in Schmalz gebackenen Vanillecreme widerstehen? Wohl kaum jemand. Denn das Rezept ist ein schönes Beispiel dafür, was die Faszination „Venedig“ ausmacht – eine wunderbare, absolut selbstverständliche und unkomplizierte „Leichtigkeit“ des Seins, die schlicht und einfach unvergleichlich ist.

Crema fritta (alla venexiana)

200 g Mehl (Typ 00) | gut 800 ml Vollmilch | 150–200 g Zucker | 4 Eier | 1 Zitrone | 1 Prise Salz | Semmelbröseln (Paniermehl) | Öl, Schmalz oder Butterschmalz zum Ausbacken | echter Vanillezucker nach Geschmack

---

Zucker und Eigelbe schaumig rühren, dann das Mehl, den Zitronensaft und nach und nach die Milch einarbeiten. Den Topf auf den Herd stellen und die Masse langsam erhitzen, dabei ständig rühren bis sie eindickt – aufpassen, dass sie nicht zu Kochen beginnt!

Die Creme auf eine mit Öl eingefettete Marmorplatte (ersatzweise eine beschichtete Form) gießen und glatt streichen. Erkalten und 24 Stunden rasten lassen. Danach die festgewordene Creme in Rauten oder Würfel schneiden.

Die verbliebenen Eiweiße mit etwas Zucker zu leichtem Schnee schlagen, die portionierten Creme-Würfel zuerst im Eischnee, danach in den Semmelbröseln wenden. Im heißen Fett rundherum goldbraun backen, danach sofort mit Vanillezucker bestreut auftischen oder eine Karamellsauce dazu reichen. Sehr gut schmeckt auch eine klassische Vanillecreme aus 500 ml Milch, 125 g Zucker, Zitronenabrieb, Mark einer Vanille, 6 Eidottern und 2 Eiweißen; Milch aufkochen, alle anderen Zutaten vermischen, Milch etwas abkühlen lassen, Eiergemisch einrühren, alles auf den Herd stellen und auf kleiner Flamme eindicken lassen bis man eine schöne Creme hat.

Fave dei morti

Wörtlich übersetzt heißt dieses süße Gebäck so viel wie „Pferdebohnen der Toten". Die Tradition, der Toten am 2. November (Allerseelen) eines Jahres mit einem süßen Gebäck zu gedenken, hat in Italien eine lange Tradition und geht bis auf die Römerzeit zurück.

Betrachtet man die Überlieferung, so wird die Ambivalenz, wie man mit den Verstorbenen umgehen solle, sehr deutlich: Auf der einen Seite war die Trauer um die verstorbene Person, auf der anderen Seite die omnipräsente Totenfurcht, der unterschiedliche Vorstellungen von einem Weiterleben nach dem Tode zugrunde liegen.

In Venedig war das umso intensiver zu spüren und zu erleben, da man quasi inmitten der Verstorbenen lebte. Es gab zwar Friedhöfe, doch nicht mit ausreichendem Platzangebot. Daher wurden die Gebeine der Verstorbenen einfach unter den Gehwegen und Straßen der Stadt beerdigt, auch auf Plätzen oder am Rand von Kanälen, selbstverständlich ebenso in der Nähe von Kirchen oder, wer es sich leisten konnte, in den Kirchen selbst – Namen wie Campo dei morti oder Calle dei morti erinnern noch daran, dass man Tote einfach hier begraben hat. Ich konnte leider nicht eruieren, ob die heutigen Touristenströme noch immer über die Überreste verblichener Venezianer trampeln und was sie dazu sagen würden, wenn sie es wüssten … Die Sitte, Tote in der Stadt oder im Straßengraben unterzubringen, hatte erst mit Napoleon ein Ende, da erstens zahlreiche Kirchen säkularisiert wurden und zweitens die Bestattung verboten wurde. Alle Beerdigungen durften per napoleonischem Dekret ab sofort nur mehr auf der Isola San Michele vollzogen werden (zentraler Friedhof von Venedig wurde San Michele aber erst 1837).

Es ist der Stadt Venedig anzumerken, dass sie seit eh und je ein Platzproblem hat und nicht so recht wusste, wohin mit all den Toten. So kam man 1565 auf die Idee, auf der Insel Sant'Ariano (wo nur ein aufgelassenes Nonnenkloster dem Verfall preisgegeben war) ein Ossarium zu errichten, in dem Gebeine zwischengelagert werden konnten. Es sollte anders kommen. Nachdem die Insel mit einer Mauer umgeben war, schaffte man alles hierher, was an Gebeinen unter den Pflastersteinen zu finden war – mit dem Ergebnis, dass sich die Gebeine hier bis heute sichtbar türmen, ohne jede erkennbare Erinnerung; Anonymität für die Ewigkeit sozusagen. Die Gebeine wurden hier nur aufgeschüttet, nicht irgendwie beigesetzt und zudem geplündert, da man menschliche Gebeine auch bei der Herstellung von Zucker verwendete!

Bei aller verständlichen Neugier würde ich an dieser Stelle dennoch von einem Besuch der Insel Sant'Ariano abraten; ich selber war im Rahmen von Buchrecherchen tatsächlich einmal dort und habe mir durch die Stacheln von Büschen etliche Schürfwunden und Hauteinritzungen zugezogen, nur um zu sehen, dass außer Ziegelmauer, Gebeinen und Büschen nichts zu sehen ist.

Es ist aber schon interessant, dass die Venezianer offenbar kein Problem damit hatten, dass ihre Verwandten wild unter Pflastersteinen begraben waren. Das war bei den antiken Römern anders, um wieder zum Thema zurückzukehren.

Die antiken Römer hatten noch keine einheitliche Idee, wie ein Leben nach dem Tode aussehen könnte und daher war es Sache des Individuums, ob es sich ein Leben im Paradies, ein Leben im Schattendasein oder etwas ganz anderes vorgestellt hat. Zudem existierten keine einheitlichen Bestattungsrituale so wie heute; die einen Leichen wurden bestattet, die anderen verbrannt und in Urnen beigesetzt. Einig war man sich in der Antike nur darin, dass die Toten die Geschicke der Lebenden in irgendeiner Form beeinflussen – aus diesem Grund wollte man der Ahnen gedenken und sich mit ihnen vorsichtshalber gutstellen.

War eine Person verstorben und samt seiner liebsten Gegenstände bestattet oder verbrannt (alles Rituale, wie wir sie heute auch noch pflegen), wurde das Opferschwein geschlachtet. Zu Hause mussten sich dann alle Hinterbliebenen einer „Feuer und Wasser"-Reinigungszeremonie unterziehen und auch das Haus wurde „gereinigt". Ein Leichenschmaus (das Totenmahl) schloss die Zeremonie ab und mündete in die neuntägige Trauerzeit.

Im Ablauf eines Jahres gab es dann mehrere Feste zum Gedenken der Toten. Die offiziellen, also staatlich festgeschriebenen, waren die sogenannten *parentalia* vom 13. bis 21. Februar; an diesen *diei religiosi* waren alle Tempel geschlossen und es durfte nicht geheiratet werden. Die meisten Gedenktage waren jedoch privater Natur, so besann man sich am Geburts- und Sterbetag des jeweiligen Verstorbenen; an *dies natalis* und *festi dies anniversarii* hielten die Hinterbliebenen am Grab des jeweils Verstorbenen ein Totenmahl ab.

Einen eher okkulten Charakter hatten hingegen die *lemuria* am 9., 11. und 13. Mai. Die Römer gingen davon aus, dass an diesen Tagen nächtens die hungrigen und dementsprechend übel gelaunten Totengeister um die Häuser streichten und auf Suche nach Nahrung in diese einzudringen versuchten. Um diesem Unfug entgegenzutreten, wurde ein seltsames Ritual vollzogen, das Ovid in seinen *Fasti* ziemlich genau beschreibt: Um Mitternacht wusch der Hausvorstand seine Hände mit reinem, klarem und unschuldigem Quellwasser, berührte sein Gesicht mit den Daumen, wandte sich um und warf schwarze Bohnen mit abgewendetem Gesicht hinter sich – dazu rief er neunmal: „Dieses Opfer werfe ich von mir, um mich und die meinen freizukaufen." Die Römer stellten sich vor, dass die Geister die Bohnen aufsammelten, um den Hunger zu stillen, und dann der Aufforderung des Hausvorstandes folgten, das Haus zu verlassen und die Angehörigen in Ruhe zu lassen.

Aus diesem Bohnen-Okkult sind im Laufe der Zeit viele unterschiedliche Totenkultgebäcke hervorgegangen. Sehr bekannt sind beispielsweise die *ossi da morto* (kleine Knochen aus Biskuitteig) oder die *fave*, von denen hier die Rede ist.

Nun sind aber ausgerechnet die *fave* keine Bohnen, sondern sogenannte Acker- oder Pferdebohnen, die zur Gattung der Wicken gehören, nicht zu den Gartenbohnen. Warum man im Laufe der Zeit nicht wie die Römer Bohnen, sondern Pferdebohnen für ähnliche Rituale hergenommen hat, hängt wahrscheinlich mit der Legende von Proserpina (Persephone) zusammen. Sie war eine römische Gottheit, Gattin des Pluto und Herrscherin über die Unterwelt, in die sie von ihrem Gemahl entführt wurde – Pluto entführte mit Erlaubnis von Jupiter in einem von vier schwarzen Rössern gezogenem Gespann die junge Proserpina von den Hängen des Ätna in die düstere Unterwelt und machte sie zu seiner Gemahlin. Die untröstliche Mutter Ceres konnte bei ihrem Gemahl Jupiter aber erzwingen, dass Proserpina nur die Hälfte des Jahres in der Unterwelt verbringen musste. Der Proserpina-Totenkult wurde bei weiblichen Verstorbenen angewandt.

Weil Proserpina aber mit einem Gespann von Rössern entführt wurde, hat man wahrscheinlich zunächst dem Totengebäck die Form eines Pferdes (*cavallo*) gegeben, dann aber in der Form der *fave* (Pferdebohnen) eine wesentlich leichter herzustellende Variante gefunden. Anfangs wurde zum Gedenken an die Toten ein einfaches Mahl aus Pferdebohnen aufgetischt, das von den Klöstern an die Armen als Ausspeise verschenkt wurde – der Adel mochte das einfache Gericht nicht so sehr und beschloss die süßen Varianten vorzuziehen.

Im Zusammenhang mit den *fave* stößt man in Venedig auf eine kleine Kuriosität. Die Chiesa di Santa Maria della Consolazione o della Fava ist Sitz der Oratorianer von Venedig. Die Oratorianer sind kein kirchlicher Orden, sondern eine Glaubensgemeinschaft von Priestern und Laien, die zusammen das Oratorium bilden. Die Gemeinschaft des Oratoriums geht auf Philipp Neri (er ist auf einem Barockgemälde in der Kirche zu sehen) zurück, der diese Glaubensgemeinschaft im Rom des 16. Jahrhunderts gründete. Das erklärt zwar den Namen Santa Maria della Consolazione, nicht aber die Tatsache, warum die Kirche heute allgemein als „della Fava" bekannt ist. Nüchterne Historiker tun das einfach damit ab, dass eine Familie namens Fava, die aus Ferrara stammte, großzügig spendete – doch dafür gibt es keinen Beleg.

Allerdings findet man rund um die Kirche sowohl eine Ponte della fava als auch einen Campo della Fava. Der Name soll von einem zwielichtigen Händler stammen, der hier Pferdebohnen verkauft haben soll – allerdings sollen ihm die dicken Bohnen auch zur Tarnung gedient haben, denn sein Haupterwerb war das Schmuggeln von Salz, das er in den Säcken der Bohnen versteckt gehalten haben soll. Als eines Tages eine anonyme Anzeige erfolgte (für solche Anzeigen gab es spezielle Briefkästen, sie waren also an der Tagesordnung) und die *Provveditori al sal* (Salzverwalter; sie achteten auf die Einhaltung des staatlichen Monopols auf Salzerzeugung und Handel) mit den *birri* (Polizei) vor der Tür standen, sollen diese in den Säcken – oh Wunder – nichts als Pferdebohnen vorgefunden haben. Voll Dank und Demut warf sich der Händler vor das Gnadenbild der Madonna und ward fortan ein ehrlicher Mann.

Noch ein kleines, aber feines Detail am Rande: Der Legende nach soll der berühmte Maler Botticelli, als er über die Ponte della Fava schlenderte, eine wunderschöne Frau aus der Kirche kommend wahrgenommen haben – betört und fasziniert von ihrer Schönheit soll sie die Vorlage zu seinem berühmten Muschelbild gegeben haben. Die Muschel wählte der Maler demnach deshalb, weil sich neben dem Eingangsportal der Kirche eine solche Muschelschale (sie gehörte zum einstigen Oratorium) befindet, und der Maler diese in das Bild einbeziehen wollte, um für immer daran zu gedenken, wo er die schönste aller Frauen gesehen hatte.

Vielleicht sollten wir beim Genuss eines süßen *fave* auch daran denken, dass Schönheit vergänglich ist und wir mit Sicherheit viel länger tot sein werden, als wir am Leben bleiben dürfen.

Bleibt nur noch zu klären, warum die *fave die morti* in dreierlei Farben daher kommen – sie sind nämlich weiß, rot und braun und treten immer und ausnahmslos in gemischter Form auf und das nicht ohne Grund.

Die Farbe Weiß steht im symbolischen Denken für Trauer und Tod. Die Farbe Braun ist die Farbe des Herbstes, der Traurigkeit und (seit den Römern) auch die der Demut. Schließlich noch die Farbe Rot, welche Feuer und Blut symbolisiert, sie steht für das Opferblut Christi sowie für die Buße.

Früher wurden die *fave dei morti* übrigens nur weiß und braun gebacken – Rot kam erst später dazu. Faszinierend, wie alles einen Sinn ergibt, wenn man Rezepte – vor allem Brauchtumsrezepte – genauer betrachtet.

Fave dei morti

100 g Pinienkerne | 100 g Zucker (vorzugsweise Staubzucker) | 1 Eiweiß | etwas Kakaopulver | 1 EL Alkermes (roter Saft der Schildläuse)

Die Pinienkerne fein zerstampfen, Eiweiß und Zucker mit dem Schneebesen oder Mixer aufschlagen – danach alles sorgfältig vermischen und die Masse in drei gleiche Teile separieren. Einer wird gelassen, wie er ist, einer wird mit Kakao vermengt und der dritte mit roter Farbe versetzt. Mit einem Teelöffel kleine Häufchen auf ein Backpapier setzen und im Ofen bei milder Hitze backen.

PAX TIBI MARCE
EVANGE LISTA MEUS

Fritole veneziane

Schmalzgebäck – in Venedig *fritole* genannt – ist im gesamten Nord-Osten (sowie in anderen Teilen Italiens) beliebt und wird vor allem um Weihnachten und zum *carnevale* genossen. Besonders beliebt sind die Teigkugeln seit jeher in *la serenissima*, wo die süßen Teigkugeln nicht nur zu Festtagen genossen werden, sondern die sogenannten *fritole veneziane* dienten hier als eine Art Streetfood.

Das Wort *fritole* – oder auch *la frìtola* – ist venezianischer Dialekt und wird *fritoe* beziehungsweise *fritoea* ausgesprochen; im Italienischen werden die kleinen goldbraunen Teigkugeln *frittelle* oder *frittolla* genannt. An vielen Ecken fanden sich im historischen Venedig sogenannte *fritoler* (bedeutet so viel wie „Schmalzbäcker"), die in großen Kesseln über Feuer Schweineschmalz erhitzten und darin das Gebäck knusprig goldbraun frittierten – man aß es frisch aus dem Kessel direkt aus der Hand. Und bis heute ist diese frische Variante die beste, wenngleich kaum mehr erhältlich, denn es gibt in Venedig keine echten *fritoler* mehr, diese sind seit Ende des 19. Jahrhunderts vollkommen aus dem Stadtbild verschwunden.

Gegen Ende des 18. Jahrhunderts erlangten die venezianischen *fritoler* eine so große wirtschaftliche Bedeutung, dass sie sich in einer Zunft zusammenschlossen, der sogenannten *corporazione dei fritoler*. Immer neue, immer fantasievollere Kreationen dachten sich die *fritoler* aus, um die verwöhnte Kundschaft zu begeistern. Sie verfeinerten den Teig mit Rosinen, Sultaninen, Pinienkernen, Grappa und Rosenwasser oder griffen zu Reis, Kürbisblüten, Meeresfrüchten, Fisch und sogar *baccalà*, um eine neue Geschmacksrichtung zu definieren.

Die *fritole* waren so beliebt, dass sie auch in der Kunst Einzug fanden. So war beispielsweise Orsola, die Protagonistin in Carlo Goldonis 1755 speziell für den *carnevale* verfassten Komödie *Il campiello*, eine *frittolera* – dies ist eine der bekanntesten Komödien Goldonis, sie spielt auf einem kleinen Platz (*campiello*) und handelt von Liebe, Eifersucht, falschen Eheversprechen, Zank und Versöhnung. Kaum ein Werk gibt das kleinbürgerliche Milieu des alten Venedigs so authentisch wieder wie dieses großartige Schauspiel, das übrigens 1756 im Teatro San Luca uraufgeführt worden ist.

Einer der Schmalzbäcker wurde sogar weit über die Stadtgrenzen hinaus berühmt; es handelt sich um den legendären Zamaria, der sogar auf historischen Bildern (z.B. von Pietro Longhi oder auch einem Stich von Canaletto) zu finden ist. Zamaria – oder besser „Zamaria di bignè", wie er liebevoll genannt wurde – muss eine echte Berühmtheit und wahrscheinlich auch ein Meister seines Fachs gewesen sein.

Der Überlieferung nach war auch Zamaria anfangs ein fliegender Händler ohne fixen Verkaufsladen. Er baute seinen Stand für gewöhnlich am Campo San Gallo unweit des Markusplatzes auf – und zwar inmitten des Platzes. Für gewöhnlich wurden drei Kupferkessel in Betrieb genommen, zur Hochsaison – sprich zu *carnevale* –, waren es durchaus auch mal doppelt so viele. Gleich vier Köche, eine Handvoll älterer Damen (die mit ihrer Erfahrung für die perfekte Beschaffenheit des Teiges sorgen mussten), und ein Feuerknecht standen in seinen Diensten – es muss vor allem zur Karnevalszeit, wenn das Tageslicht früh in der Lagune versinkt, ein wahres Feuerspektakel gewesen sein, das sich da dem Zuseher bot: Die lodernden Feuer und die blitzblanken Kupferkessel tauchten den kleinen Platz sicherlich in ein gespenstisches Licht aus Feuer und Glut. In so einem teuflischen Ambiente schmeckten die zuckersüßen Krapfen gleich noch mal so gut – damals wie heute zählte auch beim Essen der Showeffekt oft mehr als die eigentliche Nahrung. Zamaria wurde ein reicher Mann und hochverehrt; er war, was man heute weiß, einer der ersten, der Honig durch Zucker ersetzte, was seinen Krapfen eine besonders intensive Süße verliehen hat. Schon bald konnte er sich ein eigenes Ladengeschäft am Campo San Gallo kaufen, eine Gedenktafel erinnert noch heute an ihn. Doch Zamaria war ein bodenständiger und geschäftstüchtiger Mann und vergaß offenbar niemals seine Wurzeln: Obwohl er mittlerweile ein richtiges Geschäft sein eigen nannte, baute er seinen Stand auch weiterhin auf – nur halt nicht mehr am Campo San Gallo, sondern an verschiedenen anderen Orten der Stadt.

Das Schöne für uns ist, dass das Rezept (wahrscheinlich nicht in seiner Originalform, aber immerhin an dieses angelehnt) erhalten geblieben ist: „Am Vorabend die Hefe auflösen und einen Teig zum Ausbacken vorbereiten, beides vermengen und stehen lassen. Am nächsten Tag ist der Teig schön und wunderbar aufgegangen. Nun gibt man ein Glas Aquavit hinzu, mischt dann Rosinen der Sorte Smirne (besonders große Rosinen) hinein und den Teig sehr kräftig schlagen. Portionsweise in reichlich allerbestem Öl ausbacken." Interessant ist, dass Zamaria den Teig über Nacht hat ruhen lassen und statt dem üblichen Schmalz bereits damals ein feines Öl verwendet hat.

An die ehrwürdige Zunft der *fritoler* erinnern viele Orte in der Stadt – einer der bekanntesten ist das Restaurant Vecio Fritolin im Stadtteil Santa Croce. Patronin Irina ist eine gastronomische Institution und bis heute mit ihrem Wissen um die venezianische Küche eine nahezu unverzichtbare Bereicherung für die Kulinarik der Lagunenstadt. Auch wenn die Küche des feinen Restaurants den Schwerpunkt auf Fisch und Meeresfrüchte sowie BIO-Gemüse aus der Lagune legt (was nicht zuletzt an der Nähe zum Rialtomarkt liegt), so versteht es sich von selbst, dass man hier auch allerfeinstes „Schmalzgebackenes" serviert bekommt – und daher gehört beispielsweise der legendäre *fritto misto* hier zu einem der besten Venedigs.

Im Auslagenfenster des Vecio Fritolin wird auf eine Legende hingewiesen, die in vielen unterschiedlichen Facetten nicht nur in Venedig, sondern etwa auch in Triest oder Klagenfurt erzählt wird – die Sage ist in Venedig unter dem Titel *„Povero Fornaretto"* (Der arme Bäckerjunge) bekannt, wobei sich das „arm" nicht aufs Finanzielle bezieht, sondern auf das Leid, das ihm zugefügt worden sein soll.

An einem Morgen im März des Jahres 1507 befand sich Piero, der Sohn und Lehrbursche eines Bäckers (daher der Name *fornaretto*), in der Calle della Mandola auf dem Weg zur Arbeit, als er etwas Funkelndes und Glitzerndes entdeckte. Er hob den Gegenstand auf und bestaunte die kunstvoll mit Edelsteinen besetzte silberne Messerscheide, die er plötzlich in den Händen hielt. Voll des Glücks über den wertvollen Fund eilte Piero damit zu seiner Verlobten Annella, die ganz in der Nähe als Hausmädchen diente, und erklärte ihr, dass sie dafür so viel Geld bekommen würden, dass sie endlich heiraten könnten. Sie aber bat ihn mit schwerem Herzen, den Fund wieder dahin zu bringen, wo er ihn herhatte, damit sie der rechtmäßige Eigentümer wiederfinden könne, wenn er danach suche. Piero hastete zum Fundort zurück und sah nun bei Anbruch des Tageslichts, dass im Winkel eines Hauses ein Mensch im Eck lehnte, der zu schlafen schien. Piero hielt ihn für betrunken und dachte, dass es der Besitzer der Messerscheide sein müsse. Also versuchte er, dem Mann aufzuhelfen, doch als er ihn zur Seite drehte, sah er, dass der Mann tot war – schlimmer noch, er war ermordet worden, denn Blut trat aus einer Stichwunde an der Seite heraus, das seine Bäckerschürze rot einfärbte. Es sollte noch schlimmer kommen, denn Piero erkannte in dem Mann Alvise Guoro, den Cousin des Dienstherrn seiner Verlobten.

Inzwischen belebten sich die Gassen und zwei Leute erblickten Piero, wie er blutbefleckt mit der Messerscheide in der Hand den Toten hielt, und riefen ihm zu, dass er das Weite suchen solle (die Gegend war für ihre vielen Raubüberfälle berühmt-berüchtigt, noch heute erinnert der nahe gelegene Rio Terà dei Assassini an die vielen Mörder, die hier ihr Unwesen trieben). Doch zu spät, die Wachen waren bereits da und nahmen Piero fest; er wurde verhört, gefoltert und unter den Qualen der peinlichen Befragung gestand er schließlich einen Mord, den er nie begangen hatte. Es folgte konsequenterweise der Richterspruch: zuerst enthauptet, dann geviertelt, und schließlich an den dafür vorgesehenen Haken in der Stadt aufgehängt werden.

Just als Piero zwischen den beiden Säulen am Markusplatz (dem Schauplatz aller Todesurteile) zur Hinrichtung aufgebahrt war, eilte ein Diener aus dem Haus von Annellas Dienstherrn herbei: „Mein Herr hat gerade den Mord gestanden – aus Eifersucht habe er den Cousin seiner Frau erschlagen, weil diese ein Verhältnis hatten, er habe sie in flagranti erwischt und kurzerhand den Nebenbuher erstochen!“ Doch er erreichte den Markusplatz zu spät, die totbringenden Worte „giustizia è fatta" waren gesprochen und Piero nicht mehr unter den Lebenden.

Seltsamerweise ist diese Geschichte nicht in den Archiven der Stadt verzeichnet (oder in den Hunderttausenden von Akten noch nicht gefunden worden). Sie überlebte nur als Legende, die daran erinnern soll, welch fatale Konsequenzen ein Justizirrtum – mehr noch: ein erzwungenes Fehlurteil – haben kann.

Verschiedene historische Quellen berichten von einem Öllämpchen, das irgendwo hinter dem Dogenpalast brennen soll und niemals verlöschen darf, um die Erinnerung an das Fehlurteil wach zu halten – ich habe das Lämpchen trotz intensiver Suche und Befragung von Ortskundigen und sogar Mitarbeitern des Dogenpalastes sowie der Basilika bis heute nicht finden können. Immer wenn ich in der Nähe bin, halte ich die Augen offen, vielleicht erblicke ich einmal das Licht. Ansonsten soll die Geschichte dazu dienen, Menschen, Anwälte, Gerichte und nicht zuletzt Richter zu mahnen, dass sie stets an die Konsequenzen eines Irrtums zu denken haben. So wie es die Sage wohl zu verstehen geben möchte.

Fritole sind im heutigen Venedig Sache der Konditoreien, Bäckereien und einiger Restaurants mit traditioneller Küche. Die echten venezianischen *fritole alla veneziana*, deren Rezept seit dem 16. Jahrhundert immer vom Vater zum Sohn (!) weitergegeben wurde, wurden von Bartolomeo Scappi, Koch des Heiligen Vaters Pius V., in seinem Werk „*L'arte di cucinare*" (1570) beschrieben und bestehen aus einem Teig, der aus Weizenmehl, Eiern, Milch (original: Ziegenmilch), Zucker (ursprünglich: Honig) und Bierhefe hergestellt und mit Rosenwasser, Sultaninen und/oder Pinienkernen verfeinert wurde; einige historische Rezepte schlagen zusätzlich die Verfeinerung mit einer Safranmischung vor (heute sagen wir in der Küchensprache dazu „Safranreduktion": Sie besteht aus in lauwarmem Wasser und Weißwein aufgelösten Safranfäden – verwendet wird nur der abgeseihte Sud). Die *fritole* wurden nach einer gewissen Ruhezeit in Schweineschmalz kräftig farbgebend ausgebacken und mit Zucker bestreut genossen.

Anfänglich war das Backen von *fritole* reine Männersache, erst ab dem 18. Jahrhundert wurden sie ebenso von Frauenhand gezaubert und so fanden auch Butter, Grappa, Gewürze wie Vanille, Blumen, Gemüse, (Berg-)Kräuter, Trockenfrüchte oder gar Zitrusfrüchte (abgeriebene Zitronenschale wird bis heute nicht als Sakrileg empfunden) ihren Weg in die *fritole*, um sie zu veredeln. Aus dem Teig wurden dann kleine Kugeln geformt und diese anschließend in heißem Schweineschmalz goldbraun ausgebacken. Warum die Teigkugeln so kostbar gehandelt wurden, erklärt sich mit der Tatsache, dass sie mit Zucker – einst eines der kostbarsten aller Handelsgüter – bestreut wurden. In den weniger exklusiven Varianten wurde Honig statt Zucker genommen.

Die typischen venezianischen *fritole* haben einen maximalen Durchmesser von 4 Zentimetern und sind vollkommen naturbelassen. Es gab zwar immer schon Experimente mit verschiedenen Geschmacksrichtungen, aber original war und ist das nicht. Heutzutage gibt es sogar *fritole ripiene* – also wie Krapfen mit Marmelade, Konfitüre oder Creme gefüllte *fritole*. Das sind dann aber eher Krapfen denn *fritole*.

Fritole veneziane

500 g Mehl (Farina 00 oder noch besser: Manitoba-Mehl) | 25 g frische Bierhefe | 250 g warme Milch (original Ziegenmilch) | 80 g kalte, geschmolzene Butter (nimmt man heute gerne, wurde früher nicht gemacht) | 2 große Eier, bei Raumtemperatur leicht geschlagen | 80 g Honig oder Puderzucker | 50 g lauwarmes Wasser (oder Grappa) | 100–150 g Sultaninen | 100 g Pinienkerne | 1 Prise Salz | Schweineschmalz | evtl. einige Tropfen Rosenwasser | Zucker zum Dekorieren

---

Die Sultaninen in etwas lauwarmem Wasser (oder Grappa) einweichen. Das Mehl in eine Rührschüssel sieben und mit einer Prise Salz, Honig oder Zucker, Butter, Eiern, Pinienkernen sowie den trocken getupften und mit Mehl bestaubten Sultaninen locker vermischen, nach Belieben einige Tropfen Rosenwasser dazugeben.

Die Hefe in der Hälfte der Milch auflösen und ebenfalls dazugeben. Alles zu einem Teig verarbeiten, dabei nach und nach die restliche Milch untermischen. Wenn man einen geschmeidig-glänzenden Teig hat, so wird dieser abgedeckt und 1–2 Stunden an einem warmen Ort rasten gelassen, wobei er sein Volumen verdoppelt.

Das Fett erhitzen und jeweils einen Esslöffel Teig darin ausbacken. Die *fritole* sind fertig, wenn sie auf beiden Seiten hellbraun sind, dann herausheben, abtropfen lassen und mit dem Zucker bestreut servieren.

Tipp: Den Teig mit dem Mark einer Vanilleschote und/oder etwas abgeriebener Zitronenschale verfeinern.

Liquore al caffé

Die venezianischen Patrizier genossen schon immer gerne ein Schlückchen aromatischen und vor allem süßen Likör – und gerade der an sich bittere Kaffee wurde durch das exzentrische Süßen zum Hochgenuss. Neben den Kaffeelikören waren die aus dem Süden Italiens stammenden Kreszenzen wie Anisschnäpse, Mandelliköre und der sogenannte *rosolio*, ein Likör mit dem unverwechselbaren Aroma der Rose, besonders begehrt. Manche dieser Elixiere waren (und sind es heute noch) so teuer, dass man sie aus fingerhutgroßen extra für den Likör-Genuss agengefertigten Kristallgläsern nippte. Der traditionsreichste aller Venezianischen Liköre ist sicherlich der bereits angesprochene Kaffeelikör, gefolgt von einem Likör namens *fior di latte* (aus weißer Schokolade und Grappa) und dem Zabaionelikör, welcher auf einer mit altem Marsalla hergestellten Zabaione (mit erhöhtem Alkoholanteil für die bessere Lagerung) basiert (dazu bei der Zabaione mehr).

Welche Bedeutung die Liköre hatten, lässt sich auch daran festhalten, dass Carlo Goldoni einige von ihnen in seinen Werken verewigt hat, so zum Beispiel den *rosolio de canela* und den *ratafia* (beide im „I Morbinosi" 1759).

Für den *rosolio* lässt man die Kronblätter (aus der inneren Blüte stammend) von Rosen in extrem hochprozentigem Grappa ziehen, nach einigen Tagen wird das Ganze dann gefiltert (die Blüten dabei gut ausgedrückt, um die ganze aromatische Essenz zu erhalten), gezuckert und mit (damals aus hygienischen Gründen destilliertem) Wasser auf Trinkstärke von rund 24 Prozent gebracht. Dieses sehr traditionelle Getränk wurde früher pur genossen, später dann noch mit Blättern und Blüten von beispielsweise Angelika, Minze oder auch Gewürzen wie Zimt, Nelke oder Anis abgewandelt – aus Gründen der „Produktsicherheit" mussten aber abgewandelte Rezepte auch so genannt werden, so war der bei Goldoni beschrieben *rosolio de canela* also ein Rosenlikör mit Zimt.

Der Frauenversteher und -verführer Casanova hingegen nutzte für seine Eroberungen bevorzugt den etwas süßeren und gehaltvolleren *ratafia*, ein Likör, der ursprünglich aus Katalonien stammt, aber im damaligen Europa an fast allen Herrschaftssitzen und in allen Patrizierfamilien in den unterschiedlichsten Abwandlungen geschlürft wurde. Der echte *ratafia catalana* ist ein Likör aus schwarzen Nüssen (fermentierte grüne Nüsse) und Kräutern. Bei der französischen Variante handelt es sich um eine Mischung aus Traubenmost und Weinbrand. Interessant ist in diesem Zusammenhang, dass sich im amerikanischen Bundesstaat Louisiana, wo sich die spanische und französische Kultur zu einer besonderen Form des Kreolischen mischte, eine dritte Version entstanden ist, die aus einem Tresterbrand besteht, der mit Orangensaft, Zitronensaft, Zitronat, Mandarine, Lorbeerbeeren, Wildkirschen, Quitten, Erdbeeren, Nüssen und vielem anderen mehr zu einer fruchtig-süßen Essenz wird. Die damalige Männerwelt war der Ansicht, dass Frauen alle Hemmungen fallen lassen würden, wenn man ihnen nur genug *ratafia* (bevorzugt in Kombination mit Champagner) zu trinken gäbe; eine bis heute gut funktionierende Marketingmasche, denn es ist nicht ganz unwahrscheinlich, dass die Erzeuger selbst dieses Gerücht in Umlauf gebracht haben.

In Venedig selbst war der Kaffee schon immer beliebter als der Kakao. Die *ciocolata calda* (französisch *chocolat chaud*), eine Art geschmolzene Schokolade, die mit den Fingern gedippt wurde, war der Serenissima natürlich bekannt, doch richtig bekannt hat man sich schon sehr früh zum Kaffee. Das hatte zur Folge, dass die Schokolade in Venedig niemals die Bedeutung erlangen konnte, welche sie beispielsweise in Florenz, Turin oder auch Paris hatte. In Venedig drehte sich alles um den Kaffee – nicht nur genussmäßig, sondern auch wirtschaftlich und sogar poetisch. Carlo Goldoni schwärmte genauso für Kaffee wie Giorgio Baffo (1694–1768), der vielleicht größte Porno-Poet aller Zeiten. Ohne jede Scham hält er in vollendeter Obszönität einen wahren Lobgesang auf üppige Brüste, ausladende Hintern, erigierte Schwänze, einladende Vulven und alles (!) liebkosende Lippen. Während meines Studiums lernte ich in Venedig einen (mittlerweile leider verstorbenen) Historiker kennen, der mir erzählt hat, dass Venedig im 18. Jahrhundert eine bis heute beispielslose Freizügigkeit der Erotik auslebte und dies auch von der Obrigkeit geduldet wurde – wie sonst hätte ein mittlerer Beamter wie der Patrizier Giorgione Baffo, der noch dazu im hohen Kriminalgericht der Quarantia tätig war, ungestraft solche Verse verfassen können, die noch heute auf jedem Index landen würden.

Baffo war in den frühen 30er-Jahren des 18. Jahrhunderts Protektor und Lehrmeister des jungen Casanova. Er kümmerte sich um ihn als dieser krank war, in Padua halb verhungert in ärmlichsten Verhältnissen lebte oder auch darum, dass der Bub eine gute Schulbildung genoss – Casanova dankte es ihm auf Lebenszeit. Baffo schrieb seine Verse übrigens in venezianischem Dialekt – es waren Verse, die auch das Volk verstehen sollte, wenngleich er sie auch gerne in Kaffeehäusern persönlich vorgetragen hatte: Er genoss den Beifall und Applaus dabei genauso wie das peinlich berührte Gelächter. Denn Baffos Duftmarke war, dass er immer mit einer grandiosen Obszönität abschloss; so wie beim Kaffee selbst, über den er frei übersetzt dichtete: „Männer stecken ihre Nasen genauso gerne in eine Tasse Kaffee wie in die *figa* schöner Frauen.“ (Die Damenwelt möge mir an dieser Stelle die fachlich motivierte Obszönität bitte verzeihen, denn jede andere Beschreibung der weiblichen Natur hätte nicht vermittelt, mit welcher Sprache Baffo gearbeitet hat.)

Es wundert nicht, dass in einem derart lustvollen Umfeld für den Kaffee eigens geschaffene Stätten geschaffen werden mussten; 1645 eröffnete am Markusplatz das erste Kaffeehaus Europas seine Pforten, 1683 die *bottega del caffè* mit Rösterei und Geschäft an selbigem Ort.

Doch bis es so weit war, hatte der Kaffee eine lange Geschichte hinter sich. Ab etwa der Mitte des 15. Jahrhunderts wurde der Kaffee in der arabischen Welt populär. Im Jahre 1454 soll ein Scheich namens Gemaleddin im Jemen die ersten Kaffeeplantagen angelegt haben. In der zweiten Hälfte des 15. Jahrhunderts verbreitete sich der Kaffee dann über die Pilgerstätten

Mekka und Medina in der gesamten arabischen Welt. Schon früh entfachte bei Kaffee – genauso wie beim weit weniger anregenden Kakao – die Frage nach der Legitimität des Genusses; ein Streit, der nicht zuletzt religiös motiviert war. Letztlich konnte sich der Kaffee aber – auch dank dessen, dass er beim Adel und den Patriziern so beliebt war – durchsetzen. Die Türken sorgten schließlich für seine Verbreitung; da sie 1517 sogar Mekka und Medina besetzt hielten und fast alle Kaffeeanbaugebiete der damaligen Welt beherrschten, wurde der Kaffee zu seinen Anfängen in Europa auch „Türkentrunk" genannt.

1554 eröffnete das erste Kaffeehaus der Welt in Konstantinopel und bald beherrschten Kaffeehäuser das Straßenbild im gesamten Süd-Ost-Europäischen Raum. Nachdem Europa das bittere Getränk der Türken anfänglich noch skeptisch betrachtete, war Venedig wieder einmal einen Schritt voraus und ließ sich das Getränk päpstlich „legitimieren". Mitte des 17. Jahrhunderts war der Bann dann endgültig gebrochen und der Handel begann zu florieren – Venedig, London, Amsterdam und Hamburg wurden die Zentren eines bald die gesamte Welt umspannenden Kaffeehandels. Nach Venedig eröffneten in ganz Europa Kaffeehäuser, doch nirgends wurde es zu einem derartigen Kulturgut wie in Wien, wo das Kaffeehaus zum Zentrum der geistigen Elite wurde.

Mit der Verbreitung des Kaffees rund um den Globus hatte Venedig nichts zu tun, das war Sache der Niederländer und anderer Kolonialstaaten, die mithilfe afrikanischer Sklaven ihre Plantagen errichteten und bewirtschafteten – was heute allerdings weitgehend unbekannt ist, ist die Tatsache, dass die Venezianer sehr wohl in den aktiven Sklavenhandel verstrickt waren; und das nicht erst zu Zeiten des Kolonialismus, sondern genau genommen seit eh und je. Doch über dieses dunkle Kapitel venezianischer Geschichte wird gerne geschwiegen.

Der *caffè* ist neben Wasser das beliebteste alkoholfreie Getränk Venedigs, wobei die Venezianer ihren Kaffee sehr gerne „*corretto*" (korrekt) trin-

ken, was bedeutet, dass man einen guten Schuss Grappa in den Kaffee schüttet. Ganz nach dem Motto „ohne Alkohol ist auch keine Lösung" wird dieser zumeist von der Männerwelt gerne nach einer Mahlzeit zu sich genommen oder auch schon mal am Vormittag zur Auflockerung oder wann immer man Lust auf etwas Belebendes hat. Mit der 1928 gegründeten Antica Torrefazione Caffè Girani hat die Serenissima noch (!) eine eigene Rösterei, die ganz nach der traditionellen Methode arbeitet, einen Besuch wert sind im Übrigen auch die Torrefazione Cannaregio und das Geschäft Caffè del Doge in Rialto, der aber südlich von Padua geröstet wird. Der nach venezianischem Stil geröstete Kaffee ist derart populär, dass es ein Caffè del Doge-Kaffeehaus mittlerweile auch in Tokyo gibt.

Während der Kaffee bis heute im Mittelpunkt des Genusses steht, so sind die Liköre – abgesehen von denen, die man für den *Spritz* (auch bekannt als *Sprizz* oder *Veneziano*) braucht – nicht mehr ganz so modern. Die große Kunst des Likörherstellens gerät im heutigen Venedig immer mehr in Vergessenheit und nur mehr wenige Lokale wie zum Beispiel das berühmte Caffè Florian bieten heute noch hausgemachte Liköre an. Nachstehendes Rezept habe ich von Enza, einer lieben venezianischen Freundin und ehemaligen Besitzerin eines kleinen Kaffees, die ihren Kaffeelikör noch selbst macht. Sie meinte, dass der venezianische *liquore al caffè* traditionell so hergestellt werde. Ob das tatsächlich stimmt, konnte ich nicht verifizieren, doch schmeckt er wunderbar und das ist letztlich alles, was zählt.

Liquore al caffè

1 kg Zucker | 150 g gemahlener Kaffee (für Espresso oder auch Türkischen Mokka) | 3–3,5 l starker Grappa (52%), vorzugsweise ein fassgelagerter | nach Belieben Zimtstangen oder Vanilleschote zum Aromatisieren

---

Den gemahlenen Kaffee mit 300 Milliliter kochend heißem Wasser überbrühen und 10 Minuten ziehen lassen, dann den Kaffee gründlich filtern.

Den Zucker mit 500 Milliliter Wasser zu einem heißen Sirup kochen, dabei immer wieder abschäumen. Den gefilterten Kaffee dazugeben und mehrfach aufkochen. Alles nochmals durch ein sehr feines Sieb oder ein Tuch filtern, dann auf Zimmertemperatur abkühlen lassen. Mit dem Grappa vermischen und mit 2–3 Zimtstangen in eine fünf Liter fassende Flasche füllen. Verschließen und mindestens 3 Wochen ziehen lassen.

Tipp: Wer den Likör süßer mag, nimmt 1,5–2 kg Zucker und entsprechend weniger Grappa.

Pan di San Marco / Marsapan

Oftmals wird einem ja die Geschichte aufgetischt, dass die wunderschöne goldgelbe Panier des Wiener Schnitzels daher stammen solle, dass sich die Venezianer – als das Vergolden von Speisen verboten wurde – wieder der „alten“ Technik des Panierens und in Fett Ausbackens erinnert haben sollen. Tatsächlich kannte man in Venedig schon immer eine Kochtechnik, bei der Speisen mit Teig umhüllt in Fett goldgelb ausgebacken werden – sie stammt ursprünglich aus Byzanz und war in Venedig seit jeher derart beliebt, dass man sich ihrer nicht erinnern musste, weil sie omnipräsent tagtäglich hundertfach verwendet wurde.

Was die Wiener unter Panier verstehen, also das Mehlieren, in Ei Tauchen und anschließend in Semmelbröseln Wenden, bevor das Ausbacken in Fett folgt, kennt man in Venedig noch keine 200 Jahre. Es existieren keine Aufzeichnungen, die belegen könnten, dass eine derartige Technik früher in der Serenissima praktiziert worden ist. Rezepte wie die *rane dorate* verwenden zwar eine Panier und werden in Fett gebacken, allerdings handelt es sich dabei nicht um historische Rezepte, sondern um Gerichte, die um 1850 in der damaligen *cucina povera* – wahrscheinlich durch österreichischen Einfluss – entstanden sind.

Das alles mag spitzfindig klingen, ist aber insofern wichtig und interessant, weil in Venedig tatsächlich Speisen vergoldet wurden – nur eben andere, und zwar ohnedies bereits sündhaft teure Süßspeisen mit reichlich (damals schier unerschwinglich teurem) Zucker und exotischen Gewürzen, die sich kaum jemand leisten konnte. Eine solche Süßspeise ist das *marsapan*, bei uns als Marzipan bekannt. Diese Leckerei wurde – und wird noch heute (!) – in Venedig kunstvoll modelliert und verziert, wobei auch Blattgold eine Rolle spielen darf – und im Falle des Marzipans nicht nur optisch, denn der leicht herbe, metallische Geschmack des Blattgolds harmoniert wunderbar mit der (für unseren Geschmack) leicht aufdringlichen Süße des venezianischen Marzipans.

Der einzig erlaubte Schmuck der Gondeln

Die Herkunft des Marzipans liegt genauso im Dunkeln wie sein Name; man nimmt zwar an, dass Marzipan schon im Mittelalter in Persien hergestellt worden ist, doch richtig belegt ist das nicht. Auch über den Namen wird viel diskutiert, in Venedig ist man der Ansicht, dass der Name aus der Lagunenstadt stamme, und hat dafür eine (durchaus plausible) Erklärung: Sie stützt sich auf den ursprünglichen Namen, *pan di san marco*, was „Brot des heiligen Markus" bedeutet; Markus ist ja bekanntlich der Schutzpatron der Stadt. Im Lateinischen würde es *marci panis* lauten, aus dem dann *marsapan* wurde, unser heutiges Marzipan.

Unklar ist jedoch, ob die Venezianer den Marzipan direkt durch den Orient kennengelernt haben oder über den Umweg Spanien. Zweites ist eher unwahrscheinlich, wenngleich die Spanier vor den Venezianern einen Kult um den Marzipan gemacht haben. Der „Marzipan de Toledo" ist auch heute noch (neben beispielsweise Lübeck, Nürnberg, Reval/Tallin oder auch Sizilien) einer der berühmtesten weltweit. In Venedig wurde Marzipan erstmals um 1250 erwähnt, wo es – wie viele Süßwaren damals – vor allem von Apothekern hergestellt wurde. Der Grund dafür war, dass Marzipan nicht nur als feines Konfekt diente, sondern auch als Arznei gegen Verstopfungen, Blähungen und als Potenzmittel! Zur Zeit des Barock kam die große Stunde des Marzipans, denn die Zuckerbäcker entwickelten aus der leicht modellierbaren Masse kunstvolle Schau- und Prunkstücke, die in Venedig üppig mit Gold verziert worden sind. Und was gut für den Marzipan war, das war auch gut für andere Süßspeisen – bald wurde alles mit Gold überzogen, was irgendwie süß und teuer war.

Nun war es ja nicht so, dass Venedig erst im 16. Jahrhundert den Prunk und den Luxus für sich entdeckte. Seit Jahrhunderten berichteten Besucher von der Verschwendungssucht der Patrizierfamilien in der Serenissima. Da ist von Geschirr die Rede, das gänzlich aus Zucker gefertigt wurde; Teller, Kelche, Messer, Gabel, Löffel und die gesamte Tischdekoration wie Vasen, Blumengestecke oder Luster – alles soll aus Zuckermasse gefertigt worden sein, um vor allem Herrscher aus fernen Ländern zu imponieren. Die Venezianer entwickelten hierfür Techniken für geschmolzenen Zucker, die sie von den Glasbläsern übernommen hatten und formten Kunstwerke aus Zuckermasse, die in ihrer Zeit weltberühmt wurden (aber leider nicht haltbar waren, weil sie entweder gegessen wurden oder mit der Zeit dahingeschmolzen sind). Leider ist das Handwerk weitgehend ausgestorben und die schönen Zuckerfiguren nur mehr selten in den Auslagen venezianischer Konditoren auszumachen.

Venedig erlangte nach der Herrschaft über die orientalischen Handelswege einen (selbst für heutige Verhältnisse) unvorstellbaren Reichtum, der dazu führte, dass die Serenissima um die 15. Jahrhundertwende gleichbedeutend für Ausschweifungen jeglicher Art und ungeheuren Luxus stand. Doch die Venezianer sind im Grunde ihres Herzens Kaufleute und die meisten Kaufleute haben etwas gegen Verschwendung; vor allem, wenn sie keinen Zweck erfüllt. Nicht, dass die Venezianer dem Konsum abgeneigt sind, aber Geld ausgegeben wird nur dann, wenn es Sinn macht. Und so gibt es neben den Schilderungen von Prunk und Luxus, von mit Blattgold umhüllten Süßspeisen oder Exzessen aller Art auch jene, die davon berichten, dass die Venezianer ihr Geld am liebsten in neue Waren, neue Geschäfte oder auch Handelsbeziehungen steckten – oder in ihre überaus aufwendige und teure Außenpolitik mit einer fast beispiellosen militärischen Präsenz gepaart mit rücksichtslosem Egoismus.

Aufgrund dieser Außenpolitik war die Stadt immer darauf bedacht, dass genügend Geld in der Kriegskasse – das ist in diesem Fall durchaus wörtlich zu nehmen – war. Um dafür zu sorgen, dass die Verschwendung nicht überhand nehmen konnte, wurden immer wieder neue sogenannte Antiluxusgesetze entwickelt. Penibel und fast schon paranoisch wurde jeder Lebensbereich der Bewohner der Serenissima geregelt: Wer wie und wo wohnen durfte, war das eine, welches Amt er ausüben durfte das andere, schließlich wer in welche Kirche und zu welcher Zeit gehen durfte und wieviel maximal gespendet werden konnte. Es war fast wie ein Wechselspiel – je reicher die Bewohner wurden, desto mehr Antiluxusgesetze wurden geschaffen.

1511 nahmen die Gesetze langsam absurde Ausmaße an: Es wurde festgelegt, welcher Betrag für Kopf- oder Halsschmuck aufgewendet werden konnte – so schreibt ein Gesetz beispielsweise vor, dass eine Patrizierdame eine fünfzig Dukaten teure Perlenkette nur dann tragen durfte, wenn das Dekolleté ansonsten in keiner Weise geschmückt ist. Und für die Herren der Schöpfung galt, dass der Gesamtwert aller an den Fingern getragenen Ringe vierhundert Dukaten nicht überschreiten durfte. Die Damenwelt fand das ungerecht und fand in der teuren Spitze einen Ersatz – da sie ein heimisches Produkt war, wurde deren Tragen nicht geregelt. Bald wurden Ohrgehänge und Ketten aus Spitze entwickelt, die teurer waren als jeder Goldschmuck.

Auch die Ausgaben im Privatbereich wurden von der Serenissima vorgeschrieben. So wurde geregelt, wer wieviel Stoff verwenden dürfe und welche Verzierungen erlaubt seien. Ein anderes Gesetz schrieb das Innenleben der Palazzi vor: „Niemand darf Laken verwenden, die mit Gold und Silber oder Seide geschmückt sind, ebenso sind mit Gold, Silber oder Juwelen verzierte Kopfkissen, Kissen oder Decken unzulässig.“ Ich denke, das wird ein „verschmerzbares“ Gesetz gewesen sein, denn wer will schon gern sein Haupt auf harte Juwelen betten?

Die Stadt griff immer weiter in das Privatleben ein; um das Steueraufkommen zu sichern, wurde alsbald auch das Verzieren mit Gold geregelt. Als Erstes waren die Gondeln dran, denn die reichen Patrizier nutzten diese als Prunkboote und nicht wenige von ihnen waren so reichhaltig gestaltet wie der *bucintoro* des Dogen. Seitdem dürfen die Gondeln nur mehr das „schlichte kleine Schwarze“ tragen und als einzige Verzierung ist die kleine Reling erlaubt – nicht aus Gold, sondern aus dem wesentlich preiswerteren Messing.

1514 kam dann jenes, das die Antiluxusgesetze der Serenissima fast zur Farce werden ließen – ab diesem Zeitpunkt musste das Vergolden der

Speisen unterlassen werden, was eigentlich nur die Süßspeisen betraf und unter diesen vor allem den Marzipan. Ich kann mir beim besten Willen nicht vorstellen, dass die Venezianer so viel von dem picksüßen Zeug gegessen haben, dass dafür Goldmengen zum Verzieren gebraucht wurden, die auch nur ansatzweise relevant für so ein Gesetz gewesen wären. Aber es ging ja auch um eine Symbolkraft – und vergoldete Speisen waren sicher eine Provokation gegenüber schlechter Situierten.

Hochzeiten waren jene Gelegenheiten, die es den Bessergestellten erlaubten, den Reichtum augenfällig zur Schau zu stellen. Doch auch hier begrenzte ein Gesetz aus dem Jahre 1526 den Wert der Geschenke an den Bräutigam und natürlich auch die Zahl der Esseneinladungen. Darüber hinaus wurde verboten, anlässlich von Hochzeiten „Rebhühner, Fasane, Pfauen und Jungtauben" aufzutischen – warum auch immer Pfau und Jungtaube, ich habe kein einziges Rezept recherchieren können, das darauf hingewiesen hätte, dass so etwas überhaupt gegessen wurde. Und Rebhühner wie Fasane waren gleichermaßen alltäglich (weil in der Lagune im Überfluss zu finden), sodass wohl kaum eine reiche Hochzeitsgesellschaft diese überhaupt aufgetischt hätte. Aber auch kandierte Früchte und Marzipanobst waren untersagt.

Doch für die Hochzeiten (und andere große anlassbezogene Feierlichkeiten) wurde eine Art Hintertür entwickelt. Wurde gegen eine der Auflagen verstoßen, mussten sowohl die Gäste als auch die Lieferanten Bußgelder bezahlen. Und damit gewinnt die venezianische Kuriosität der Luxusgesetze an Klarheit: Die Bußgelder wurden zum eigentlichen Luxusgut, weil sie durchaus beträchtlich waren!

Nebensächlichkeiten wie auffällige Kleidung (die sicher nicht alltäglich getragen wurde) oder Speisen, die man ohnedies nur zu Anlässen genoss, oder auch Produkte, die ansonsten kaum Wert hatten (wie die eben beschriebenen Rebhühner und Fasane), wurden so mit einem Mal zu teuren Luxusartikeln. Wer mochte, konnte sich auf Diamanten betten und zahlte halt doppelt für das Unbequeme – einmal an den Lieferanten, den zweiten Betrag in die Staatskasse. Das Zahlen von Bußgeldern wurde zum Statussymbol. Durch diese Zahlungen wurden gleich zwei Herzen in einer venezianischen Kaufmannsseele bedient: Man konnte seinen Reichtum nämlich doppelt zur Schau stellen, weil man sich zum einen „verbotene" Wirtschaftsgüter leisten konnte und zum anderen der „schöne" und auch noch gemeinnützige Umstand des Bußgeldes dazukam, den man mit sozialem Denken argumentieren konnte und sich so als Gönner der Stadt zu präsentieren vermochte, da man die verbotenen Früchte ja nur deshalb bestellte, um einen (mehr oder minder) freiwilligen Beitrag in die Staatskasse zu tätigen.

Letzteres ist übrigens bis heute in vielen traditionsbewussten Familien Venedigs üblich: Bei einer Hochzeit oder einem „runden" Geburtstag werden Unsummen ausgegeben – aber auch Unsummen an die Stadt, Kirchengemeinde oder gemeinnützige Einrichtungen gespendet. Aus diesem Grund war ich nur wenig verwundert, dass ein venezianischer Freund bei seiner Hochzeit mit Blattgold verziertes Marzipan aus einer Manufaktur in Estland hat einfliegen lassen – weil seine Frau von dort stammte, wie er meinte. So gesehen gewinnen die Antiluxusgesetze, denn unterm Strich gerechnet waren die sogenannten Bußgelder nichts anderes als eine (freiwillig) zahlbare Luxussteuer.

Marsapan

300 g geschälte Mandeln | 300 g Zucker | 2 Eiweiß | ein wenig Limonenabrieb oder auch Rosen- oder Orangenwasser (oder auch *Aroma Veneziana*)

Die Mandeln in einem Mörser fein zerstampfen. Eiweiße ganz leicht anschlagen. Dann zuerst einen Esslöffel Zucker in die Mandelmasse einarbeiten, dann einen Esslöffel Eiweiß – so fortfahren, bis alle Zutaten verbraucht sind und man eine homogene Masse hat, die man je nach Gusto mit Limonenabrieb, Rosen- oder Orangenwasser oder auch *Aroma Veneziana* verfeinert.

Aus der Marzipanmasse werden kleine Kugeln oder Halbmonde modelliert und diese auf ein mit Backpapier ausgelegtes Backblech gelegt. Im temperierten Ofen 15 Minuten lang mehr trocknen als backen lassen – dabei aber die Tür nicht öffnen. Dann den Ofen abschalten und die Tür erst öffnen, um den Marzipan herauszuholen, wenn er abgekühlt ist.

Sprumiglie

Sollte es mein Rhythmus zulassen, so wandle ich in den Morgenstunden gerne über den Campo Santa Maria Formosa; ich kann nicht erklären, warum dem so ist, dass ausgerechnet dieser Platz meinen Gefallen findet, aber es ist in Venedig so vieles unerklärlich, dass man sich darüber keine Gedanken zu machen braucht. Der Campo Santa Maria Formosa gibt eine gute Gelegenheit, zu erklären, dass das für Fremde sehr verwirrend wirkende Straßennetz Venedigs gar nicht so ein Durcheinander ist, wie es scheint. Betrachtet man nämlich die Straßen, welche vom Platz wegführen genauer, so fällt eines auf: Zwei Wege führen von hier zum Arsenal, zwei hin zum Rialto und zwei direkt nach San Marco. Somit bot der Platz zu Zeiten der Löwenrepublik sehr gute Möglichkeiten, um eines der drei wichtigsten Zentren seiner Zeit rasch zu erreichen. Und andere größere Plätze sind strategisch ähnlich gestaltet. Wir begeben uns nun in die Calle del borgoloco (unter einem *borgoloco* verstand man in Venedig eine Art Arbeiterwohnheim, aber auch eine Unterkunft für Gastarbeiter oder Handlungsreisende) und gelangen zum Campo Marina, wo wir die Pasticceria Italo Didovich aufsuchen, die stadtbekannt ist für ihre süßen Leckereien. Venezianer kommen vor allem wegen der köstlichen Brioches hierher, meinereiner wegen der Atmosphäre und dem außerordentlich guten Kaffee. Neben den Brioches wird man hier – wie in vielen anderen Pasticcerien der Stadt – seltsame, dem Baiser ähnliche bunte Gebilde vorfinden. Dieses *sprumiglie* genannte Gebäck ist sehr typisch für die Stadt und stammt aus einer Zeit, in der man mit Zucker und Vanille Reichtum dokumentieren konnte; denn *sprumiglie* bestehen ausschließlich aus echtem Vanillezucker (feiner Kristallzucker mit Vanilleschoten aromatisiert) und Eiweiß.

Im Gegensatz zum Salz, das unter staatlichem Monopol stand, war der Zucker ein freies Handelsgut – allerdings über Jahrhunderte fast ausschließlich vom Clan Corner di San Luca dominiert. Grund dafür waren deren ausgedehnte Besitztümer auf der Insel Zypern, damals eines der Zentren der Zuckerproduktion. Der italienische Jerusalem-Pilger Pietro Casola schrieb

Blick auf Santa Maria Formosa

Ende des 15. Jahrhunderts: „Der Überfluss an Zuckerrohr und dessen Herrlichkeit in Zypern ist gar nicht zu beschreiben. Der Patrizier Frederico Cornaro aus Venedig hat bei Limassol ein großartiges Besitztum, Episkopi, wo man so viel Zucker macht, dass ich glaube, die ganze Welt müsste daran genug haben. Der beste geht nach Venedig und man verkauft davon alle Jahre mehr. In dieser Gegend, sollte man glauben, könne niemand sterben, so reizend ist es zu sehen, wie man den feinen und den weniger feinen Zucker macht und wie die Leute, fast 400 sind es, an der Arbeit sind. Geräte haben sie so vielerlei, dass ich in einer anderen Welt zu sein glaubte, und Kochkessel von einer Größe, dass es niemand für wahr halten wird, wenn ich sie beschreibe…"

Es waren einmal mehr die Araber, welche das Zuckerrohr bereits im 7. Jahrhundert auf Zypern anpflanzten. Die kostbare Pflanze mit ihrem süßen Saft stammt eigentlich vom Melanesischen Archipel und gelangte dann über das Indus-Tal, den Persischen Golf und das Zweistromland bis an die syrische Mittelmeerküste – von hier brachten sie Kolonisten nach Zypern. Jahrhundertelang war die Zuckerproduktion eher ein lokales Unterfangen, weil die Herstellungsmethoden auf Zypern nicht wirklich bekannt waren. Als dann aber die in der Zuckerherstellung bewanderten, darüber hinaus handwerklich sehr begabten „fränkischen" Flüchtlinge nach dem Verlust ihrer Güter im Heiligen Land 1291 nach Zypern kamen, wendete sich das Blatt. Die „Franken" brachten die Technologie und setzten ihr altes Handwerk fort. Der kämpferische Johanniter-Orden schloss sich der Mission „Zucker" an und baute sich in Kolossi ein Zuckerimperium auf. Schon bald war Zypern das Zentrum für die Zuckerproduktion – sowohl den Anbau als auch die Verarbeitung betreffend.

In unmittelbarer Nachbarschaft zu den Johannitern, nämlich im Gebiet von Episkopi, residierten die bereits angesprochenen Cornaros (di San Luca). Diese venezianische Familie bestand aus international tätigen Bankiers und Kaufleuten. Ihnen war es bereits 1366 – also schon lange vor der

Inbesitznahme Zyperns durch die Venezianer – gelungen, der Zypern beherrschenden Dynastie der Lusignan, umfangreiche Ländereien abzukaufen. Die kaufmännische Weitsicht wurde belohnt, denn das Zuckerrohr machte die Corner di San Luca zu einer der reichsten und damit einflussreichsten Familien Venedigs. Der Dauerstreit Venedigs mit Genua schwächte zwar auf lange Sicht gesehen die venezianische Position, doch der Handel mit Zuckerrohr blieb davon weitgehend verschont. Die einen mögen Kriege führen, die anderen halten sich heraus und machen ihre Geschäfte – damals wie heute das gleiche Spiel.

Durch eine dynastische Verbindung kam Zypern 1468 tatsächlich zu Venedig. In diesem Jahr heiratete Katharina Cornaro, die Tochter des Dogen Marco Corner, niemand geringeren als Jakob II. von Lusignan, den König von Zypern. 1473 verstarben der König und das gemeinsame Kind, sodass Katharina Königin von Zypern wurde. Sie übergab die Insel 1489 an Venedig, nachdem ihr Bruder Giorgio Corner sie eindringlich dazu „überredet" hatte, als Königin abzudanken; eine vor Zypern ankernde venezianische Flotte unterstrich die Absicht der Serenissima, die Herrschaft über Zypern erlangen zu wollen. Als Entschädigung für Zypern erhielt die letzte Königin von Zypern das wunderschöne Örtchen Asolo samt Burg und durfte sowohl Titel und Rang einer Königin behalten – die letzten zwanzig Jahre ihres Lebens verbrachte sie als Mäzenin im Kreis von Dichtern, Denkern und Künstlern. *Gli Asolani* heißt das vielleicht bekannteste Werk des Humanisten Pietro Bembo, einem herausragenden Mitglied des kunstsinnigen Kreises von Katharina.

War für die Venezianer zunächst der zypriotische Zucker das Maß aller wirtschaftlichen Interessen, so kamen alsbald das hier gewonnene Salz sowie Weizen und Baumwolle hinzu. Der Zucker hatte nicht nur die Funktion, das süße Leben zu bereichern, sondern wurde – ähnlich wie das Salz – zum Konservieren benötigt. Ohne ihn wären keine Marmeladen, Konfitüren, Kompotte oder das berühmte venezianische *mostarda fina veneziana* (eine pikante Sauce aus Früchten – früher Apfel und Quitte, heute auch andere), Zitronen- oder Melonenschale, Süßmost, Senfessenz und Zucker, die vor allem zu *cotechino* wunderbar mundet) oder eine traditionelle, bereits seit dem 13. Jahrhundert bekannte *cotognata* (eine Art Quittengelee, aber auch Quittenmostarda) nicht denkbar.

In Zypern vertrat ein sogenannter *Rettore* die Serenissima, eine Art Behörde, die aus einem Statthalter und zwei *consigliere* (Beamte, Berater) bestand und direkt dem Rat der Zehn unterstellt war, der vor allem darüber wachte, dass die Steuern pünktlich einlangten. Die Abgaben waren hoch, denn Venedig sah sich gezwungen, zur Finanzierung seiner Kriege und Tributleistungen (vor allem an das mamlukische Ägypten, ab 1520 an den osmanischen Sultan, der Ägypten annektiert hatte) die Abgaben ständig zu erhöhen. Es war also nur eine Frage der Zeit, bis soziale Unruhen entstehen mussten. Diese Spannungen entluden sich 1562 in einem Bauernaufstand, der von einem gewissen Iakovos Diassorinos angezettelt wurde – der Aufstand wurde niedergeschlagen und der Rädelsführer 1563 hingerichtet. 1566 kam es zu einer erneuten Hungerrevolte, als die Zyprioten ein mit Weizen beladenes Schiff am Auslaufen aus dem Hafen von Nikosia hindern wollten. 1570 fiel die Insel dann an die Osmanen, der wirtschaftliche Schaden für Venedig war überschaubar, weil man Zucker und andere Güter längst aus dem Westen importierte, mit Zypern war aber ein strategisch wichtiger Versorgungsplatz für den Osthandel verloren gegangen und es wurde für Venedig immer schwieriger, die Handelsrouten an die Levante zu versorgen und zu schützen.

Der Historiker Etienne de Lusignan berichtete 1573 in seinem in Bologna erschienenen Werk „*Chorograffia et breve historia universale dell'isola di Cipro*" von alarmierenden Entwicklungen: „Die Insel erzeugt ziemlich viel Zucker auf den Gütern zu Lapithos, Achelia, Ktima, Chrysochou, Episkopi und Kolossi; an anderen Orten war dies auch der Fall, aber weil man mehr Gewinn mit weniger Auslagen bei der Baumwolle findet, wird jetzt nur mehr wenig Zucker erzeugt (...) Die Baumwolle gibt den besten Ertrag auf Cypern, weshalb sie viele die Goldpflanze nennen."

Was Lusignan hier beschreibt, ist das, was den Venezianern den Abschied von Zypern erleichterte, denn die zypriotische Zuckerrohrkultur war dem Untergang geweiht – in nur drei Jahrzehnten kollabierte zwischen 1570 und 1600 der einst so blühende Wirtschaftszweig. Entscheidend dafür war die immer stärker werdende Konkurrenz der klimatisch noch günstiger gelegenen und damit wesentlich effizienteren Plantagen in den neuen europäischen Kolonien auf Madeira, den Kanaren und anderen westafrikanischen Inseln oder dem beginnenden Anbau in Lateinamerika. Die Venezianer – ihres Zeichens auf den Handel konzentriert – verlegten daher bereits 1540 ihre Interessen und importierten nur mehr einen kleinen Teil ihres Zuckers aus Zypern.

Nach Zypern war Madeira das neue gelobte Land des süßen Stoffs. Im Jahre 1420 unternahmen die Portugiesen erste Anpflanzungsversuche, nachdem sie Zuckerrohrsprösslinge in Sizilien erworben hatten. Und schon bald darauf auch auf den Kapverdischen Inseln, den Azoren und Sao Torne. Die Venezianer importierten diesen *zucchero di Medera* aus Lissabon, der bereits um 1500 herum als Billigzucker berühmt-berüchtigt war. Als dann ab 1540 der noch preiswertere Zucker aus Brasilien kam, der noch weiter unter dem Preis aller europäischen Erzeuger gehandelt wurde, war dies der endgültige Niedergang der Zuckerindustrie von Zypern über Sizilien und Andalusien bis Madeira, die Kanaren und Kap Verden. Geblieben ist den Venezianern zunächst der Handel mit Zucker, aber noch mehr die Liebe zur Zuckerbäckerei.

Die Venezianer entdeckten, dass man auf bestimmte Weise geschmolzenen Zucker wie geschmolzenes Glas formen konnte und schufen, wie bereits erwähnt, wahre Kunstwerke aus ihnen. Die Zuckerbäckerei wird in der Serenissima bis heute hochgehalten und es gibt keine Bäckerei und keine Konditorei, die nicht mindestens ein Dutzend süßer Köstlichkeiten für die venezianischen Zuckergosch'n parat halten würde. Die Frage ist nur, ob diese oder auch die fremden Süßgaumen auch nur eine einzige Sekunde darüber nachdenken, welch jahrhundertealte Tradition und Geschichte sich hinter dem Zucker verbirgt. Ich gebe es zu, ich ebenfalls nicht – aber nur deshalb nicht, weil ich kein „Süßer“ bin …

Sprumiglie

200 g feiner Kristallzucker, mit echter Vanille aromatisiert (einfach aufgeschnittene Vanilleschote im Zucker ziehen lassen) | 4 Eiweiß

Die Eiweiße zu Schnee schlagen, dabei nach und nach den Zucker einarbeiten. Das fertige, steif geschlagene Gemisch in einen großen Spritzsack füllen und damit Haufen ähnlicher Gebilde, beliebiger Größe und Form auf ein Backpapier spritzen. Den Ofen auf 100 Grad vorheizen, die *sprumiglie* über Nacht bis zum nächsten Morgen darin trocknen lassen.

Hinweis: Heute werden diese Baisers in Venedig meist in unterschiedlichen Farben gefärbt.

Testa di moro

Der venezianische *testa di moro* ist kulinarisch gesehen etwas anderes als die in Österreich üblichen Schwedenbomben, eine Schaumspeise mit Schokoguss. In Venedig versteht man unter *testa di moro* eine Maronensüßspeise mit Bitterschokolade. Rezepte, die im Namen Bezeichnungen wie „Neger" oder „Mohr" in sich haben, werden in jüngerer Zeit wegen der rassistischen Konnotation in einigen Ländern größtenteils vermieden. Manch einem mag das übertrieben erscheinen, doch bei einem näheren Blick in die Geschichte Venedigs wird offenkundig, dass die Rassenproblematik durchaus ein Thema ist und die Vorwürfe, dass derartige Rezeptnamen diskriminierend seien, nicht ganz unberechtigt sind.

Wenn in Venedig vom „Mohr" die Rede ist, dann fällt den meisten Menschen sicherlich zuerst die tragische Geschichte von Othello, jenem Feldherrn ein, der aus Eifersucht zuerst seine abgöttisch geliebte Ehefrau Desdemona ermordete, um sich dann selbst das Leben zu nehmen. Was weitaus weniger bekannt ist, dürfte die Tatsache sein, dass die Vorlage zu diesem Shakespeare-Klassiker eine Erzählung aus der Sammlung *„Hecatommithi"* des Italieners Giraldo Cinthio (auch Cinzio) war, einer in ganz Europa bekannten und beliebten Novellensammlung nach dem Vorbild von Boccacios Decamerone. Der deutsche Titel dieser Erzählung lautet: „Der nach Venedig überbrachte Mohr" und beginnt mit einem Seesturm vor Zypern, den Shakespeare aber nicht übernimmt. Was das Ur-Werk von Cinthio so bemerkenswert machte, ist vor allem die Tatsache, dass sich Desdemonia vor dem Senat offen zu ihrer Sexualität bekannte; die Originalausgabe muss eine wahrhaftige Sammlung von pornografischen Ausdrücken und vulgären genitalbezogenen Flüchen gewesen sein – vieles davon ist bereits frühzeitig zensiert worden und leider nur fragmentarisch überliefert.

Auf ein besonders interessantes Detail soll hier näher eingegangen werden: Während sich Shakespeare in weiten Teilen genau an die Handlung des Originals hält, so hat er das Ende nach seinen Ideen abgewandelt. In der Originalerzählung von Cinthios bereut der Maure (in der Erzählung wird er nur Maure genannt und hat keinen Namen) die Ermordung seiner Frau nicht und flieht aus Venedig, getötet wird er erst später (Selbstmord begeht er keinen). Die Schuld an der Tragödie legt Cinthio der Desdemonia auf die Lippen: „Europäische (weiße) Frauen begehen einen Fehler, wenn sie die heißblütigen, unberechenbaren Männer anderer Nationen ehelichten." Und das war im Grunde auch die (offizielle) Haltung Venedigs zu den Mohren.

Welchen Umgang die Venezianer generell mit den Farbigen pflegten, lässt sich anhand der verschiedensten Kunstwerke feststellen, die in den Antiquitätengeschäften der Stadt ausgestellt sind. Die Rede ist hier vor allem von den Kronleuchtern, Stehlampen, Kerzenleuchtern und ähnlichen Kunstgegenständen, die bunt gekleidete farbige Menschen darstellen. Und nein, es ist keineswegs Zufall, dass diese einen Kerzenständer oder eine Lampe halten.

Betrachtet man die Gewänder genauer, fällt auf, dass die Figuren die typischen Hausdiener-Uniformen tragen, wie sie in venezianischen Patrizierfamilien üblich waren. Wenn ein Mohr im Dienergewand einen Kronleuchter auf dem Kopf trägt oder eine farbige Dame im Kleid einer Haussklavin oder gar Kurtisane einen Kerzenleuchter hält, ist das eine Form der bewussten Erniedrigung und Part einer der dunkelsten Geschichten Venedigs, die heute gerne verschwiegen wird, nämlich der überaus lukrative Sklavenhandel.

Venedig war – neben Städten wie Genua, Barcelona, Neapel, Sevilla und Valencia – eines der Hauptzentren des mediterranen Sklavenhandels, vor allem Männer für die Landarbeit wurden gehandelt, aber auch Eunuchen für den Orient, Hausdiener und Dienerinnen und Sexsklavinnen. Die meisten Sklaven wurden auf speziell dafür vorgesehenen Raubzügen am Balkan inklusive Griechenland, am Schwarzen Meer, bei den Turkvölkern oder in Afrika rekrutiert. Es gab ganz unterschiedliche Verwendungen für Sklaven, während im Orient eher Frauen gekauft wurden, die in den polygamen Gesellschaften Liebesdienste verrichten mussten und Kinder gebären sollten, so waren in Ägypten vor allem Kaukasier begehrt, die als Militärsklaven – sogenannte Mamluken – nicht nur hohe Führungspositionen erreichten, sondern auch hohe Preise erzielten. In Südwesteuropa waren kaukasische Frauen wegen ihrer hellen Haut besonders als Sexsklavinnen begehrt, auf Kreta, den Balearen, in Andalusien oder in weiten Teilen Mitteleuropas arbeiteten Sklaven vor allem in der Landwirtschaft.

Venedigs Sklavenhandel war spezialisiert auf Hausdiener und Dienerinnen, Sexsklavinnen und Landarbeiter – das hat vor allem mit den Handelspartnern im Osten und Westen zu tun. Während in Spanien Landarbeiter gebraucht wurden, konnte Venedig im polygamen Orient viel Geld mit Eunuchen und Sexsklavinnen verdienen – und auch in Venedig selbst gehörte es zum guten Ton, dass man sich unterschiedlichste Hausbedienstete hielt, vom Hausmeister angefangen, über Küchenhilfen bis hin zu Putzfrauen und Liebesdienerinnen waren in den Patrizierfamilien zumeist mehrere Sklaven tätig. Weitere Einsatzgebiete für Sklaven bot das Militär.

Es ist überliefert, dass Sklaven – insbesondere dunkelhäutige – auch in Venedig sehr wohl misshandelt wurden; insbesondere die Händler gingen wenig zimperlich mit ihnen um. Sie wurden zwar nur selten ausgepeitscht, wie das auf den Plantagen in Übersee an der Tagesordnung war, aber immerhin doch geschlagen, gedemütigt, misshandelt oder vergewaltigt.

Venedig wäre aber nicht Venedig, wenn es nicht auch eine Gegenseite hätte. So sind zum Beispiel die beiden Hirten am Glockenturm ebenfalls Farbige, die sogar *mori di venezia* genannt werden. Den beiden Männern, die mit einem Hammer auf die Glocke einschlagen, wird allgemein wenig Beachtung geschenkt. Auf den ersten Blick schauen die beiden *mori* ziemlich gleich aus – dennoch sind sie verschieden. Der Unterschied ist im Bart zu finden; einer trägt einen langen, ungepflegten Bart, der andere keinen. Der bärtige Mohr wird „*il vecchio*“ (der Alte) genannt, der andere „*il giovane*“ (der Junge) – und dieses Merkmal erklärt ein besonderes Detail. Die beiden schlagen stündlich mit ihren Hämmern auf die Glocke ein (jeweils so viele Schläge wie es Stunden hat), doch mit einem speziellen Unterschied: Der alte Mohr schlägt die Glocke zwei Minuten vor der vollen Stunde, was die Vergangenheit symbolisiert, während der junge Mohr zwei Minuten nach der vollen Stunde schlägt, was das Kommende symbolisiert. Diese bewusst ungenaue Schlagtechnik hat in Venedig zum Sprichwort geführt: „Die Mohren ticken nicht richtig." – und das ist in der Tat (leider) nicht nur scherzhaft gemeint.

Der Uhrturm ist ein Fixpunkt für alle Venedigtouristen, denn sein Torbogen ist der Eingang zur *mercerie*, der wichtigsten Einkaufsstraße von Venedig, wo Männer heutzutage ihre Damen mit Schuhen oder Handtaschen beglücken (der Name *mercerie* stammt von den *merci preziose* ab, womit die besonders wertvollen Handelsgüter gemeint sind, die früher hier gehandelt wurden). Und hier in der *mercerie* findet man auch Juweliere, die den sogenannten *moretto veneziano* verkaufen – ein sehr exklusives und wertvolles Werkstück aus Gold und reichhaltigem Edelsteinbesatz, das einen prachtvoll gekleideten orientalischen Sultan darstellt. Vor dem Reichtum des Orients hatte Venedig in seiner Frühgeschichte Respekt, bis es diesen für die eigenen Interessen zu nutzen wusste, wenn nötig mit allen zur Verfügung stehenden Mitteln.

Testa di moro

400 g getrocknete Maronen | 1 l Vollmilch | 125 g Bitterschokolade, gerieben | 100 g Zucker | Rum nach Geschmack

---

Am Vorabend der Zubereitung die Maronen in der Milch einweichen, dann am Tag der Zubereitung auf ganz kleiner Flamme kochen bis die Kastanien die gesamte Flüssigkeit aufgesogen haben. Die Masse in ein Sieb gießen, das braune Häutchen abziehen und alles fein pürieren (eventuell einen Mixer verwenden).

Die feine Maronenmousse in eine Schüssel füllen und mit der fein geriebenen Schokolade, Zucker sowie einem Gläschen Rum vermischen. Zu Kinderfaust großen Kugeln drehen, diese in Portionskelche füllen und nach Belieben mit geschlagener Sahne, Likörkirschen, Minze oder Ähnlichem garnieren.

Hinweis: Es gibt hierfür in Venedig noch ein weiteres Rezept, das ebenfalls aus in Milch gekochten und anschließend pürierten Maronen besteht. Diese werden allerdings mit Mascarpone, zerlassener Butter, etwas Schlagsahne sowie mit im Wasserbad mit Zucker aufgeschlagenen Eidottern (in die etwas Gelatine eingearbeitet wurde) vermengt – zu diesem ebenfalls zu Kugeln (Mohrenköpfen) geformtem Maronenmousse reicht man in Alkohol eingelegte frische Feigen.

Zabaion

Bei der Zabaion handelt es sich um die vielleicht bekannteste Nachspeise der Serenissima. Die Rezeptur wird niemand Geringerem als Bartolomeo Scappi (1500–1577) zugeschrieben, einem der berühmtesten Köche der Renaissance. Eines gleich vorweg: Eine echte Zabaion wird mit Marsala-Wein und nicht mit Weißwein, Rotwein oder Champagner gemacht.

Mit der Zabaion verbinde ich unzählige Erinnerungen und fast wäre eine spezielle Zabaion der Grund dafür gewesen, dass ich für immer in der Serenissima geblieben wäre. Weil das Erlebte aber einen schönen Einblick in das „geheime" Leben der Serenissima gibt, möchte ich die Geschichte hier erzählen: Eines schönen Tages im Jahre 1991 traf ich mich in Venedig mit einem Münchner Kunsthistoriker. Dieser stand in den Diensten meines Onkels und war eigentlich damit beauftragt worden, mir, dem jungen Studenten, für universitäre Recherchen zur Seite zu stehen und die Türen zu den wichtigen venezianischen Bibliotheken zu öffnen. Doch was den Historiker und mich verband, war nicht allein die Liebe zur Geschichte und zur Kunst, sondern auch die zu gutem Essen und Trinken, weshalb der erste gemeinsame Weg nicht der zu den heiligen Hallen der Weltliteratur, sondern der in die eher als profan zu bezeichnenden Räumlichkeiten eines der besten Restaurants der Stadt war. Nach dem mit sechs Gängen eher üppig ausgefallenen Mittagsmahl begaben wir uns ins berühmte Caffè Lavena, wo schon Richard Wagner seinen Kaffee zu schlürfen pflegte. Hier trafen wir uns mit einem jungen Pianisten (der auch auf die türöffnenden Dienste des Herrn Doktor hoffte) und einem weltberühmten Glasantiquitätenhändler, mit dem ich mich später anfreunden sollte. Nach einigen *corretti* im Lavena war es Zeit für ein Abendessen, das bei Lina im Hotel Gabrielli Sandwirth eingenommen wurde – ein Tisch war schon lange vorreserviert. Nach einem zweiten opulenten Mahl – diesmal sollten es acht Gänge werden –, begab ich mich zu Bett, absolut zufrieden und mit mir und der Welt im Reinen.

Am nächsten Tag trafen wir uns beim Glashistoriker und es wurde erst einmal gegessen. Es gab unfassbar gute frisch gebackene Salzkekse mit einer herrlichen Anchovis-Creme, dazu einen erfrischenden Spritz-Select. Und ja, ich bekam auch meinen Kontakt zur Bibliothek, doch der Herr Bibliothekar war gerade außer Haus – ich sollte ins Antico Martini kommen, da sei er beim Mittagessen. Zu *spaghetti alle vongole veraci* (Spaghetti mit „echten" Vongole aus der Lagune) und göttlichen *costolette d'Agnello* (Lammkoteletts) erklärte mir der Bibliothekar, dass das, was ich für meine Recherchen bräuchte, länger dauern würde – mindestens zehn bis vierzehn Tage benötigten sie, um die Unterlagen aus dem Archiv zu suchen, und ich sollte dann nochmals mindestens eine Woche einplanen, weil das Material so umfänglich sei. Ich dürfte es auch nur vor Ort studieren, kopieren sei nicht möglich.

Gut, dachte ich mir, suchst du dir eine kleine Wohnung und bleibst gleich vor Ort und verlebst einige Zeit in der Serenissima – irgendwie ja nicht ganz so verkehrt. Es war gerade Anfang Februar und somit Karnevalszeit, daher doppelt interessant. Über den Glashistoriker und seine Kontakte war das mit der Wohnung kein Problem und innerhalb einer Stunde erledigt; und das mit dem Karneval auch, weil der einer der wichtigsten *carnevalisti* Venedigs war und Vorsitzender der bedeutendsten *compagnia*. Als ich dann gefragt wurde, ob ich denn an der einen oder anderen Sitzung teilhaben wolle, brachen alle Dämme und ich tauschte das trockene Studium der Historie gegen das feuchtfröhliche Karnevalsleben der venezianischen Gesellschaft.

Auf einer dieser Sitzungen, bei denen nicht weniger getrunken als gegessen wurde, habe ich Emilia kennengelernt. Wie ich später erfuhr, entstammte sie einer der vornehmsten Patrizierfamilien der Serenissima mit einer Familiengeschichte, die bis in die Zeit der *case vecchie* zurückreicht und einem Reichtum, der schier unbeschreiblich ist. Doch als wahrer Bohème war ich mehr an ihr als am Reichtum der Eltern interessiert und wie das Leben so spielt, entwickelte sich zwischen uns so etwas wie eine erotische Spielerei.

Eines Tages lud mich Emilia zu sich in ihren Palazzo ein. Sie hatte bereits zu Lebzeiten ihren eigenen Palazzo bekommen und diesen einerseits zu

Wohnzwecken genutzt, andererseits aber auch zu einer Art Veranstaltungszentrum ausgebaut, wo sie während der Karnevalssaison diverse Maskenbälle veranstaltete. Alles sehr exklusiv und nicht für die breite Öffentlichkeit bestimmt – bei Eintrittskarten, die damals schon bei zweitausend Deutscher Mark lagen (das war richtig viel Geld Anfang der 1990er Jahre) war das auch offensichtlich.

Doch, was ich dort erleben sollte, war schier unglaublich – und auch wenn es wie eine „Fantasia" klingen mag, so war es doch wahr. Sie hatte in einem ihrer Badezimmer eine spezielle Wanne einbauen lassen; diese wurde nicht allein mit warmem Wasser gespeist, sondern auch – ähnlich einem Wurstkessel – über die Seitenwände und den Boden beheizt. Den Grund dafür sollte ich kennenlernen. Emilia hatte nicht nur den Reichtum der Serenissima hinter sich, sondern auch ihre versteckte Dekadenz. Und ihre Art der Dekadenz war es, in warmer Sahne oder in Zabaion zu baden. Kein Scherz, die Wanne wurde vor meinen Augen mit einigen Dutzend Straußeneiern und Zucker befüllt, dann kam ein Diener mit einem großen Stabmixer und verrührte alles schaumig, bevor der Wein (Masala war dann doch zu schade) und Rum zugefügt wurden – als ich sah, dass der „Koch" die gesamte Flasche Rum in die Wanne schütten wollte, nahm ich sie ihm aus der Hand und meinte, dass ich den Rest trinken wolle. Als der Weinschaum fertig gekocht war, meinte Emilia, dass wir nun gemeinsam darin „baden" werden. Auf meine Frage, ob das nicht ein wenig „überzogen" sei, in einer Zabaion zu baden, antwortete sie nur lapidar, dass eine Wannenfüllung nicht mehr kosten würde als ein Flakon ihrer Badewässerchen. Gut, das war ein Argument …

Einige Tage später wurde ich von einem Butler des Hauses zu einem Termin gebeten; mir schwante Böses, als ich erfuhr, dass Emilias Vater mich zu sprechen wünschte. Offenbar hatte er mitbekommen, mit wem seine lebenslustige Tochter ihren frivolen Zeitvertreib pflegte. Ich wurde in einem Palazzo am Canal in ein Arbeitszimmer geschoben, das größer war als meine gesamte Wohnung. Vor einem marmornen Kamin stand ihr Vater in einer perfekten Montur, die mir aufgesetzt erschien und irgendwie an Rosamunde-Pilcher-Filme erinnerte. Er bat mich, auf einem viel zu weichen Sofa Platz zu nehmen; aus diesem war jedes schnelle Entkommen unmöglich. Dann fragte er mich nach meiner Familie aus, welchen Beruf die Eltern hätten und vieles mehr. Dann erzählte er mir von sich und seiner Familie, von der jahrhundertealten Geschichte des Hauses und verwies auf unzählige Orden, die diverse Ahnen gesammelt hätten und auf Urkunden mit schweren Siegeln, die dokumentieren sollten, in welch traditionsbewusstem Hause ich weilen würde. Das Gespräch war eigentlich nett bis die unerwartete Frage auftauchte, ob ich beziehungsweise meine Familie einen Adelstitel hätten. Als ich verneinte, verzog sich sein Gesicht, und er fragte weiter, ob mir irgendein Verwandter aus Urzeiten bekannt sei, der vielleicht adelig hätte sein können – ich verneinte wieder und erwähnte, dass ich keine Ahnung hätte, wer meine Vorfahren seien und es mich auch nicht wirklich kümmern würde. Das war die falsche Antwort. Der Vater meinte darauf nur lapidar, dass er seiner Tochter viel Spaß mit mir wünsche, aber geheiratet wird ein Adeliger – damit war die Audienz beendet.

Das Weitere ist kurz erzählt. Es sollte so kommen, wie der Vater schon erwähnte: Solange ich noch für meine Studien in Venedig weilte, durfte ich Emilia treffen. Aber kaum war ich nach Wien zurückgekehrt, hat sie sich dem Willen der Familie gebeugt und jeden Kontakt zu mir abgebrochen. Und obwohl ich in den Folgejahren noch auf vielen Karnevalsveranstaltungen war, habe ich sie nie wieder gesehen.

Was die Zabaion betrifft, die ich einst auf so hocherotische Art vernaschen durfte, sollte ich noch eines Besseren belehrt werden. Es war mein Kollege Stefano, ein Koch, der sich ganz der venezianischen Küche verschrieben hat, der mich in die *Dogale Confraternita del Baccala mantecato* brachte. Von ihm habe ich das beste Zabaion-Rezept überhaupt erhalten – samt Einweisung in seine Zubereitung ist es nachstehend geschrieben.

Grande amico Stefano, Altmeister der venezianischen Küche

Bei Stefano war ich im Laufe der Jahre mit etlichen Freunden, Geschäftspartnern und Kollegen. Und immer gab es nach einem großartigen Stefano-Menü eine Zabaion als Dessert. Er zelebrierte die Zubereitung förmlich, das muss man erlebt haben. Zuerst wurde der kupferne Rechaud aufgebaut, samt Wasserbad und Kessel. Dann kamen die Zutaten: Eier, Zucker, eine Karaffe Marsala und Zimt. Zunächst wurden die Eidotter mit dem Zucker schaumig geschlagen und anschließend war es immer wieder eine Freude, in die etwas verdatterten Gesichter zu blicken, wenn Stefano in seine Zabaion nicht ein Gläschen Marsala gab (wie man das gewohnt ist), sondern die gesamte Karaffe! Abgeschmeckt mit ein wenig Zimt kam die Köstlichkeit in große Gläser und es war immer wieder ein wunderbarer süßer Abschluss …

Die Faszination des Gerichts ist bis heute ungebrochen und macht die Zabaion zu einem der berühmtesten und beliebtesten Desserts der italienischen Küche überhaupt. Doch nur den allerwenigsten Menschen wird bekannt sein, dass diese Nachspeise ursprünglich nicht aus Venedig stammt.

Im berühmten Werk „*L'arte di ben cucinare*" von Bartolomeo Stefani, das 1662 in Mantua erschien, finden wir ein Rezept mit dem schönen Namen „*per far ua zambalione*", also wie man eine Zambalione zubereitet. Dafür solle man frische Eier mit feinem Staubzucker und Weißwein aufschlagen und in einer gebutterten Form auf milder Hitze kochen. Das Ganze wird mit Zimt gewürzt und ist damit nichts anderes als eine Wein-Zabaion. Im Originalrezept soll man dann noch Pistazien schälen und fein gestoßen mit dem gleichen Wein zu einer Pistazien-Milch verarbeiten. Das Rezept wird speziell als Proviant für die auf Pirsch gehenden Jäger empfohlen – sie sollten diese Speise als kraftspendendes Abendessen genießen, wobei die Pistazienmilch über die Zambalione gegossen werden soll.

Kraft spendet die Zabaion jedenfalls – besonders wenn man sich auf der Pirsch befindet.

Zabaion

6 Eidotter | 12 EL Zucker | 400 ml Marsala | 1 Prise Zimt

Version 1 – traditionell:

Die Eidotter mit dem Zucker in einer Schüssel schaumig schlagen bis man einen blass-gelben, fast weißen Schaum hat. Dann den Marsala hinzugießen und alles zu einer samtigen Creme schlagen, die mit einer Prise Zimt verfeinert wird. Die Zabaion in größere Schalen füllen, aus der man die Masse trinken kann.

Version 2 – Stefanos Version:

Eidotter mit Zucker schlagen, bis die Masse fast weiß ist. Dann den Marsala und den Zimt dazugeben und alles in einem Kessel über einem Wasserbad (80–90 Grad) schlagen, bis man eine schaumig-geschmeidige Creme hat. Diese vom Herd nehmen und in Dessertschalen füllen.

Hinweis: Wer mag, kann auch noch etwas Rum in seine Zabaion geben.

Adressen La Cucina Veneziana

Agriturismo Le Saline
Via della Sparesera, 4,
30013 Lio Piccolo
Tel.: +39 329 603 1651

Agriturismo Tiepolo
Via Ca' Tiepolo, 37,
30013, Cavallino-Treporti
Tel.: +39 041 530 0828

Al Diavolo e l'Acquasanata
Calle della Madonna, 561,
30121 Venezia
Tel.: +39 041 277 0307

Bacareto da lele
Ramo Quinto Gallion
O del Pezzetto, 183,
30135 Venezia
Tel.: +39 347 846 9728

Bacaro „Pane Vino e San Daniele" à neuer Name!: Trattoria Anzolo Raffaele
Via Giacomo Matteotti, 5,
33028 Tolmezzo UD
Tel: +39 0433 890708

Bistrot de Venise
Calle dei Fabbri, 4685,
30124 Venezia
Tel.: +39 041 523 6651

Caffè del Doge
Venezia Rialto, Calle dei Cinque,
San Polo, 609,
30125 Venezia
Tel.: +39 041 522 7787

Caffè Florian
Piazza San Marco, 57,
30124 Venezia
Tel.: +39 041 520 5641

Caffè Lavena
Piazza San Marco, 133/134,
30124 Venezia
Tel.: +39 041 522 4070

Cucina da Mario
Fondamenta della Prefettura,
30124 Venezia
Tel: +39 041 528 5968

Da Fiore
San Polo, 2202,
30125 Venezia
Tel.: +39 041 721308

Dal Nono Colussi
Calle Lunga S. Barnaba, 2867A,
30123 Venezia
Tel.: +39 041 523 1871

Gemüsehof I Sapori di Sant'Erasmo
Via Boaria Vecia,6,
30124 Venezia VE
Tel: +39 041 528 2997

Grand Hotel des Bains
Lungomare Guglielmo Marconi, 17,
30100 Venezia
Tel.: +39 041 260 2309
Seit 2010 geschlossen.

Graspo de Ua
Sestiere San Marco 5094 |
Calle dei Bombasieri,
30124 Venedig
Tel.: +39 041 520 5644

Harry's Bar
San Marco, 1323,
30124 Venezia
Tel.: +39 041 528 5777